经济所人文库

刘小玄集

中国社会科学院经济研究所学术委员会 组编

中国社会科学出版社

图书在版编目（CIP）数据

刘小玄集/中国社会科学院经济研究所学术委员会组编.
—北京：中国社会科学出版社，2022.5
（经济所人文库）
ISBN 978 - 7 - 5203 - 9777 - 3

Ⅰ.①刘…　Ⅱ.①中…　Ⅲ.①企业改革—中国—文集
Ⅳ.①F279.21 - 53

中国版本图书馆 CIP 数据核字（2022）第 031014 号

出　版　人　赵剑英
责任编辑　王　曦
责任校对　殷文静
责任印制　戴　宽

出　　　版　中国社会科学出版社
社　　　址　北京鼓楼西大街甲 158 号
邮　　　编　100720
网　　　址　http://www.csspw.cn
发　行　部　010 - 84083685
门　市　部　010 - 84029450
经　　　销　新华书店及其他书店

印刷装订　北京君升印刷有限公司
版　　　次　2022 年 5 月第 1 版
印　　　次　2022 年 5 月第 1 次印刷

开　　　本　710×1000　1/16
印　　　张　22.25
字　　　数　323 千字
定　　　价　126.00 元

总　序

作为中国近代以来最早成立的国家级经济研究机构，中国社会科学院经济研究所的历史，至少可上溯至 1929 年于北平组建的社会调查所。1934 年，社会调查所与中央研究院社会科学研究所合并，称社会科学研究所，所址分居南京、北平两地。1937 年，随着抗战全面爆发，社会科学研究所辗转于广西桂林、四川李庄等地，抗战胜利后返回南京。1950 年，社会科学研究所由中国科学院接收，更名为中国科学院社会研究所。1952 年，所址迁往北京。1953 年，更名为中国科学院经济研究所，简称"经济所"。1977 年，作为中国社会科学院成立之初的 14 家研究单位之一，更名为中国社会科学院经济研究所，仍沿用"经济所"简称。

从 1929 年算起，迄今经济所已经走过了 90 年的风雨历程，先后跨越了中央研究院、中国科学院、中国社会科学院三个发展时期。经过 90 年的探索和实践，今天的经济所，已经发展成为以重大经济理论和现实问题为主攻方向、以"两学—两史"（理论经济学、应用经济学和经济史、经济思想史）为主要研究领域的综合性经济学研究机构。

90 年来，我们一直最为看重并引为自豪的一点是，几代经济所人孜孜以求、薪火相传，在为国家经济建设和经济理论发展作出了杰出贡献的同时，也涌现出一大批富有重要影响力的著名学者。他们始终坚持为人民做学问的坚定立场，始终坚持求真务实、脚踏实地的优良学风，始终坚持慎独自励、言必有据的学术品格。他们是经济所人的突出代表，他们的学术成就和治学经验是经济所最宝贵的财富。

抚今怀昔，述往思来，在经济所迎来建所 90 周年之际，我们编选出版《经济所人文库》（以下简称《文库》），既是对历代经济所人的纪念和致敬，也是对当代经济所人的鞭策和勉励。

《文库》的编选，由中国社会科学院经济研究所学术委员会负总责，在多方征求意见、反复讨论的基础上，最终确定入选作者和编选方案。

《文库》第一辑凡 40 种，所选作者包括历史上的中央研究院院士，中华人民共和国成立后的中国科学院学部委员、中国社会科学院学部委员、中国社会科学院荣誉学部委员、历任经济所所长以及其他学界公认的学术泰斗和资深学者。

《文库》第二辑共 25 种，在延续第一辑入选条件的基础上，第二辑所选作者包括经济所学术泰斗和资深学者，中国社会科学院二级研究员，经济所学术委员会认定的学术带头人。

在坚持学术标准的前提下，同时考虑的是入选作者与经济所的关联。他们中的绝大部分，都在经济所度过了其学术生涯最重要的阶段。

《文库》所选文章，皆为入选作者最具代表性的论著。选文以论文为主，适当兼顾个人专著中的重要篇章。选文尽量侧重作者在经济所工作期间发表的学术成果，对于少数在中华人民共和国成立之前已成名的学者，以及调离经济所后又有大量论著发表的学者，选择范围适度放宽。为好中选优，每部文集控制在 30 万字以内。此外，考虑到编选体例的统一和阅读的便利，所选文章皆为中文著述，未收入以外文发表的作品。

《文库》每部文集的编选者，大部分为经济所各学科领域的中青年学者，其中很多都是作者的学生或再传弟子，也有部分系作者本人。这样的安排，有助于确保所选文章更准确地体现作者的理论贡献和学术观点。对编选者而言，这既是一次重温经济所所史、领略前辈学人风范的宝贵机会，也是激励自己踵武先贤、在学术研究道路上砥砺前行的强大动力。

《文库》选文涉及多个历史时期，时间跨度较大，因而立意、观点、视野等难免具有时代烙印和历史局限性。以现在的眼光来看，某些文章的理论观点或许已经过时，研究范式和研究方法或许已经陈旧，但为尊重作者、尊重历史起见，选入《文库》时仍保持原貌而未加改动。

《文库》的编选工作还将继续。随着时间的推移，我们还会将更多经济所人的优秀成果呈现给读者。

尽管我们为《文库》的编选付出了巨大努力，但由于时间紧迫，工作量浩繁，加之编选者个人的学术旨趣、偏好各不相同，《文库》在选文取舍上难免存在不妥之处，敬祈读者见谅。

入选《文库》的作者，有不少都曾出版过个人文集、选集甚至全集，这为我们此次编选提供了重要的选文来源和参考资料。《文库》能够顺利出版，离不开中国社会科学出版社领导和编辑人员的鼎力襄助。在此一并致谢！

一部经济所史，就是一部经济所人以自己的研究成果报效祖国和人民的历史，也是一部中国经济学人和中国经济学成长与发展历史的缩影。《文库》标示着经济所90年来曾经达到的学术高度。站在巨人的肩膀上，才能看得更远，走得更稳。借此机会，希望每一位经济所人在感受经济所90年荣光的同时，将《文库》作为继续前行的新起点和铺路石，为新时代的中国经济建设和中国经济学发展作出新的更大的贡献！

是为序。

于 2019 年 5 月

编者说明

　　《经济所人文库》所选文章时间跨度较大，其间，由于我国的语言文字发展变化较大，致使不同历史时期作者发表的文章，在语言文字规范方面存在较大差异。为了尽可能地保持作者个人的语言习惯、尊重历史，因此有必要声明以下几点编辑原则：

　　一、除对明显的错别字加以改正外，异形字、通假字等尽量保持原貌。

　　二、引文与原文不完全相符者，保持作者引文原貌。

　　三、原文引用的参考文献版本、年份等不详者，除能够明确考证的版本、年份予以补全外，其他文献保持原貌。

　　四、对外文译名与今译名不同者，保持原文用法。

　　五、对原文中数据可能有误的，除明显的错误且能够考证或重新计算者予以改正外，一律保持原貌。

　　六、对个别文字因原书刊印刷原因，无法辨认者，以方围号□表示。

作者小传

刘小玄，女，1953年生于南京，1985年进入中国社会科学院经济所工作。

1969—1978年，在江苏农村插队；1978—1982年，在南京大学经济系学习；1982—1985年，在中国社会科学院研究生院经济系学习。研究方向为微观经济学、企业和产业理论、转型经济学。

1985年进入中国社会科学院经济研究所工作，在职期间，担任微观经济学研究室副主任，二级研究员，博士生导师；先后主持并完成了4项国家级科研项目，即国家社会科学基金和国家自然科学基金研究项目，其中1项国家自然科学基金项目获得该基金的优秀等级评价并获得了孙冶方经济科学奖。此外，负责若干中国社会科学院重点研究课题和创新工程项目，其研究成果分别获得中国社会科学院第一届、第三届、第五届和第八届优秀科研成果奖。多次赴英国牛津大学、英国诺丁汉大学、英国阿斯顿大学和瑞典哥德堡大学等地学习进修并进行合作研究。在国内外经济学期刊发表论文数十篇，出版专著六本。

刘小玄进入社科院经济所工作之际，正值经济改革席卷中国大地之时，她在这个过程中做了大量的经济研究工作，为改革贡献了绵薄之力。其间，刘小玄参加大大小小数十项调研课题。最早的调研项目是20世纪80年代中期，中国社会科学院第一批引进的国际合作研究项目，也是国内最早引进的国际化项目。该项目对全国800多家国有企业发放了包含数百个变量的调查问卷，问卷的时间跨度为10年，从而形成了数百万观察值的大数据库。后来，得到世界银行的支持和合作，再次形成各类企业尤其是包含乡镇企业的大数据库。这些合作研究开创了国内第一次大规模的数据搜集和调研工作，为国内的经济研究带来了可以进行量化研究和实证检验的新方法与新思维。刘小玄在这些项目的研究中获益良多，尤其在调研过程中，注重观察许多书本上学不到的知识，对现实经济具有浓厚的兴趣和敏锐的感觉，由此奠定了经济学研究生涯的良好基础。除了上述国际合作研究项目外，她还负责国家统计局、国家发改委和国家工商联等一系列国内招标研究项目，取得了一系列优异的学术成果。

在每个项目的研究过程中，刘小玄都力求做到一丝不苟，严谨对待，坚持长期不懈的努力。由于以大数据为基础，采用了当时国内不多见的计量经济分析技术，这些实证研究的成果，在中国经济改革发展史上具有一定的文献价值。在中国经济改革和转轨的相关文献中，也具有一定影响力。刘小玄的研究成果除了具有一定理论学术价值，也为促进中国的改革与发展，提供了许多积极有效的政策建议，做出了应有的贡献。

在20世纪八九十年代至21世纪的这几十年间，正是中国经济改革大踏步前进的发展阶段，伴随着这个过程，刘小玄在国内外经济学期刊发表了数十篇紧密结合中国改革实践的论文和研究报告，为推动中国的经济改革添砖加瓦。其中，《经济研究》20多篇，《中国社会科学》3篇，《管理世界》3篇，《经济学（季刊）》3篇，《中国工业经济》3篇，还有《经济评论》《中国劳动经济学》《世界经济文汇》，等等，以及国外经济学期刊，例如《发展经济学期刊》（*Journal of Development Economics*），《比较经济学期刊》（*Journal of Comparative Economics*），《中国经济评论》（*China Economic Review*）；《法经济学期刊》（*Journal of Law and Economics*）等，同时还出版了若干关于市场化经济转型和企业改革的专著。

在长期的国有企业改革的实践调研和实证研究过程中，刘小玄力求从理论上总结关于国有企业改革的实践经验，为进一步规范国有企业改革提供理论依据。这些总结最终形成了理论模型。该模型的论文发表在《经济研究》上之后，获得了孙冶方经济科学奖。这个奖不仅是对刘小玄个人研究努力的高度肯定，也可以说是那个时代改革经验的结晶。此外，刘小玄关于企业经验数据的实证研究，关于企业、市场与政府的转型理论研究，与同时代的许多研究成果一起，共同反映了那个时代改革发展的主旋律。

1991 年年初，刘小玄去英国牛津大学进修一年，学习了现代经济学的一系列理论和方法，得益于牛津大学的计量分析技术的指导，在学术上打下了良好基础。进修期间正值苏联与东欧剧变，她还专程考察了当时东欧剧变中的匈牙利和捷克的经济发展情况，从实践中深刻理解了从计划经济转轨为市场经济所经历的过程。1994—1995 年，刘小玄获得王宽诚基金会资助，再赴英国牛津大学进修。此后的 1995 年、1997 年、1999 年、2002 年、2005 年分别获得瑞典哥德堡大学资助进行合作研究，主要从事关于企业生产率的经验研究和分析方法。相关的研究成果分别于 1998 年和 2003 年发表在国外期刊 *Journal of Comparative Economics* 上。

2007 年，刘小玄赴英国诺丁汉大学进行合作研究，与该校教授 Alexander 和 Song 合作完成学术论文 "Internal Finance and Growth：Micro-econometric Evidence on Chinese Firms"，并于 2011 年发表在 *Journal of Development Economics* 上。2011 年，刘小玄赴英国 Aston 大学，与该校教授 Du Jun 合作，完成论文 "Selection, Staging and Sequencing in the Recent Chinese Privatization"，该论文于 2015 年发表在 *Journal of Law and Economics* 上。这些海外学习和研究背景，为刘小玄的学术水平提高打下了良好的基础。

2008 年，刘小玄获得复旦大学新政治经济学中心"改革 30 年"的全国招标项目，撰写《奠定中国市场经济的微观基础》一书，于当年年底出版。该书获中国社会科学院第八届优秀科研成果奖（二等奖）。后来由一家国际出版公司（Cengage Learning Asia Pte Ltd.）把该书翻译成英文，面向全球发行，成为中国向海外推荐的中国企业改革开放的重要参考书。2018 年，在以上 30 年改革过程的研究基础上，刘小玄完成了对于改革开放 40 年的经验总结，于上海人民出版社/格致出版社出版了《新兴市场经济下企业发展 40 年》一书。在这两本书里，刘小玄全方位地、详尽地描述了中国企业的改革历程，描述了国企改革的突破、民企发展的艰辛，并从理论上试图对此做出合理阐释。这些著作对于研究中国改革开放历史，尤其是企业改革发展的历程，提供了全方位的、有深度的观察视角，具有重要的文献价值。

目　录

企业的收入刺激效应分析[*]

改革后的中国国有企业总的说既没有完全摆脱政府控制而依赖市场，任凭价格调节生产，也不再完全依靠计划去决定生产什么，生产多少。到1987年止，在我们调查的403家国有企业中，依赖市场和依赖计划的企业各占10%左右。但在这两个10%之外的领域，也就是介于两者之间的中间地带，企业主要根据什么来决定自己的产品呢？这是一个需要研究的问题。

改革以来扩大企业自主权最明显的表现有两方面：一是生产经营方面的自主权，如生产决策、定价决策、购买和销售的自主权，其目的是通过引入市场机制，以间接的收入增长来刺激企业增加产量；二是收入分配方面的自主权，如利润留成、奖金分配和工资增长方面的自主权，其目的在于以直接的收入份额的扩大来刺激企业增加产量。由于这两种自主权的扩大不一定是同步的，也不一定是成比例地进行的，因此，企业从两种不同自主权扩大中所得到的收入增长效应也是不同的。本文主要考察在工资收入增长与利税或产值增长挂钩的体制下（或者类似的挂钩体制，如奖金留利与利税按一定比例增长，等等）收入刺激供给增长的效应如何。

一

改革以来，工资收入（包括奖金在内）对产量供给的刺激作用

---

* 本文系中国社会科学院经济研究所"国有制改革研究"课题阶段性成果之一，课题主持人为董辅礽、唐宗焜。

是较为明显的。从 1980 年至 1987 年工资收入增长率和产值增长率的相关性中可以看出这种刺激效应的存在（见表1①）。

表1　　　　　　　　**工资收入增长率与产值增长率的相关性**

增长年份	1983/1980	1984/1983	1985/1984	1986/1985	1987/1986
相关系数	0.2897	0.4378	0.2376	0.0829	0.2642
P 检验值	0.0001	0.0001	0.0001	0.0001	0.0001
样本数量	384	391	396	400	402

在现行收入分配体制下，工资收入和产量是相互依存、互相决定的。对于企业来说，为了获取更多的可支配收入就必须努力增加产量。而对政府来说，为了达到更大的产量增长和相应的利税增长目标，就必须以一定的收入增长来刺激和促进产量增长。两者的依赖关系决定了这种相关性。在这种相关性中，从企业的角度来看收入的决定具有关键性意义，并在很大程度上左右着产量的变化。

企业预期或计划下期收入增长率主要根据以下因素：（1）上期工资收入总额；（2）预期通货膨胀率；（3）一定时期内潜在的产量或利税增长能力；（4）工资收入增长与产量利税增长的相应比例关系；（5）奖金税或收入调节税。工资收入总额是上级部门给企业核定的工资基数，也是企业确定下期收入的最低目标。在此基础上，企业通常要考虑到通货膨胀率，因为通货膨胀率会直接使职工收入贬值，保证实际收入维持不变也是企业确定目标的重要依据。除此之外，收入增长与产量利税增长的相应比例以及奖金税或收入调节税对确定收入目标都具有重要作用，它们决定了企业收入增长的幅度和收入增长的临界点与停止点。当收入与效益增长的挂钩比例较低时，企业的收入增长幅度亦较低，通常需要较大比例的产量和利税增长才有可能使企业收入获得高增长。同样，当奖金税或收入调节税的起征点较低时，也会抑制企业的收入增长。

---

① 为保持著者行文原貌，文中涉及的图表样式、数据除有考证外均不作修改。全书下同。

对于企业来说，上述因素主要是外部环境所决定的。这些外生变量规定了企业自身可控变量的变化范围和界限，给出了收入变化的大致空间，至于收入如何在其中变化，则主要取决于潜在的产量或利税增长能力。这种潜力往往受多种因素的制约，企业为使工资进一步增长，只要能使产品价格、市场需求等因素有所提高就可以实现目标。在本文所涉及的范围内，企业的外部交易条件一般未加考虑。因此以下只从企业内部的产量潜力来考察。

在收入增长与效益增长比例既定的条件下，产量的潜力是决定实际工资高低的关键因素。产量潜力是企业预期的或估计的产量，它主要依赖于生产能力的大小和一定的工资收入对生产的刺激弹性的高低。作为固定资本的生产能力是基本不变的，在短期内可视作常量。有意义的变量则是与固定资本相结合的收入刺激弹性。这样的弹性可称为产量的收入弹性，即收入变动的比率所引起的产量变动的比率。它可以表示为 $\dfrac{\Delta Q}{Q} \Big/ \dfrac{\Delta W}{W}$，其中，Q 为产量，W 为工资收入，$\Delta Q$ 和 ΔW 表示产量和工资收入的增量。因此该式也可表明每单位产量变动的比率所产生的收入比率变化。这种弹性越小，则需要越多的工资增长才能达到同样的产量增长；反之，弹性越大则需较小的工资增量即可达到目的。这样，对于企业的产量潜力的估计和预期，实际上就成为对产量的收入弹性的估计和预期。

对于实际的收入弹性的估计和把握是企业决定产量目标，从而决定下期工资增长率的最重要因素。通常认为，既然收入增长率与利税增长率之间存在着一定的比例关系，那么这种弹性也就是事先规定好了的。然而，这只是名义上的弹性。实际弹性并不会与它完全一致。名义弹性和实际弹性的差异对企业产生了重要影响，直接影响企业的收入刺激效应的变化。

二

工资增长与效益增长挂钩制十分明确地规定了产量或利税与工

资收入增长的弹性关系，也就是按照某种事先估计的收入弹性来促进企业的发展，并规定企业与国家之间收入分配的份额。其他一些改革方式，例如从税后留利提取奖金的方式，也具有类似的规定，只不过收入增长与利税增长两者的比例弹性关系不是十分明显，需要折算之后才能得到。因此我们的分析主要以工资收入与效益增长挂钩制为基础来展开，以便能通过这种明显的弹性关系来把握收入刺激效应的变化。

工资与效益增长挂钩制核定了企业的工资总额基数和利税上交基数，规定了两者之间的挂钩比例。只要利税基数增长，工资基数也可按一定比例相应增长，如若利税下降，则工资亦按一定比例下降。这种挂钩比例实际就是一种名义上规定的弹性关系。以 Q 代表产量基数或利税基数，W 代表工资收入基数，则 $\dfrac{\Delta Q}{Q} \Big/ \dfrac{\Delta W}{W}$ 表明了两者变化的比率关系。当然，这种名义弹性与实际收入对产量利税的供给弹性并不一定一致。

企业在确定下年度生产计划时，通常根据其所需要和可能的工资增长率目标，按挂钩比例推算出相应的利税或产量增长目标，然后把目标利润或产量和一部分预期收入增长额分解为各种具体指标，逐一承包到各车间班组科室。当产量目标实现的同时，也就实现了相应比例的收入增长目标。

令 Q 表示产量，W 为工资收入（含奖金），用图 1 表示两者关系则有：

当工资收入增长达到 7% 时，即达到征税基点，产量增长面临第一个临界点；达到 12% 时，征税率将进一步提高，产量增长又面临第二个临界点。在每一个临界点之后企业则需要增加更多的产量才能得到与原先相同的工资增长，因此曲线表现为一个越来越平缓的趋势，它表明工资收入增长越来越不容易。但是，由于工资可以进入成本，因此这种临界点往往能达到较高水平，产量增长因而也有较大余地。而在早期的奖金制中，由于奖金从税后留利中开支，奖金税的第一个临界点就足以使大多数企业不再有增加产量的动机了。

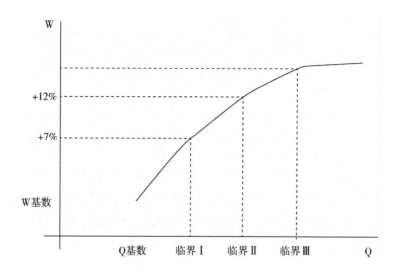

图1　产量与工资收入的关系

　　期初企业确定生产计划时，一般是按挂钩比例规定的名义弹性进行的；但在期末实际产量完成时，却是实际的供给收入弹性在发挥作用。因为企业在实行其计划的过程中总是会留有余地，并按照其实际经验来进行。如实际弹性越大于名义弹性，企业的期末实际产量就越有可能超过挂钩比例规定的期初产量目标。结果实际可提取的收入增长额亦高于期初计划的工资增长额，也就会刺激产量的连续增长。以保定变压器厂为例，该厂1985年实行工资增长与效率增长挂钩制，挂钩比例为0.8∶1。在1985年至1987年的3年中，产量连续不断大幅度增长。厂领导认为，这主要在于工资的刺激效应，也可以认为，这是由于实际弹性大大高于名义弹性的结果。

　　反之，如果企业对于实际弹性把握不当，小于名义弹性，则会造成连锁反应式的产量下降和收入下降。假定挂钩比例为1∶0.8（产量比工资收入），实际弹性为1∶0.9，以月为期考察情况见表2：

表2　　　　　　　　　　**以月为期考察产量与工资收入增长率**

	计划产量增长率（%）	计划工资收入增长率（%）	实际产量增长率（%）	实际工资收入增长率（%）
第一个月	10	8	9	7.2
第二个月	9	7.2	8	6.4
第三个月	…	…	…	…

当计划产量增长10%时企业只能提取8%的工资增长额，但实际上需要支出9%才能实现目标，因此企业必须降低目标。但每降一次目标，可提取的相应的工资额总是达不到实际需要额，这样企业必然面临无法解脱的困境。

所以，企业只要确信实际供给弹性是处在名义规定的弹性边际之内，那么就可以确保目标产量或利税的实现；否则，企业就必然与上级讨价还价，力求提高挂钩比例。由于企业对此的经验把握一般比较准确，所以在与政府部门共同确定这种挂钩比例时通常处于有利地位。在多数场合，企业的实际弹性是不会小于名义弹性的。只是在少数例外情形下，或是无法预料的外部变化，或是经营者对实际弹性的估计误差，才会造成工资收入和产量的下降。

三

实际弹性大于名义弹性的结果使得企业的实际工资收入不断高于预期工资收入，进而刺激产量不断增长，那么这种收入刺激效应能否持久呢？

职工的工资收入预期值通常是根据实际弹性，即根据经验而形成的，而企业则依据名义弹性规定的比例提取工资。这样，在实际弹性大于名义弹性的情形下，企业实际发放的工资收入亦必然大于职工的预期工资收入。在这种增长的不断刺激下，职工的工资收入期望值也不断地提高。在新的经验基础上又会逐渐形成新的预期工资收入。实际弹性会随着这种期望值的不断提高而降低，从而越来越接近于挂钩比例规定的名义弹性。当两种弹性达到一致时，企业的产量增长也就达到了边际。这时，企业的预期产量等于实际产量，预期工资收入亦等于实际工资收入，两者按照挂钩比例同步变化。一旦超出这个边际，即实际弹性小于名义弹性时，企业的产量和工资都会因此而下降。因此，挂钩比例或名义弹性确定了企业供给增长的边际。随着实际弹性越来越接近于名义弹性，实际收入超过预期收入的差额也会越来越小，收入刺激效应亦越来越弱。

为了进一步把握收入刺激效应的变化趋势，我们根据 403 家国有企业对 1980—1987 年的产量和工资奖金的变化状况做了测定，得出以下产量供给的收入弹性的估计值（见表 3）。

从上述的测算来看，供给的收入弹性在 1980 年处于最佳状态，然后便逐步下降，直至 1985 年下降到最低点，之后两年又有所上升，这表明了收入的刺激效应所产生的相应变化。自 1979 年企业扩大收入分配自主权，恢复奖金制度以后，这种收入刺激效应明显促进了产量增长，1980 年的弹性估计值表明了这种显著的效果。从 1983 年至 1985 年，弹性逐步下降，收入的刺激效应显然不佳。1985 年起逐步扩大推广了工资总额与企业经济效益挂钩模式之后，又使收入的刺激效应有所上升（据 1987 年的数据，样本企业 403 家中已有 213 家企业实行了这种挂钩制），不过仍然未能达到 1980 年的水平。

表 3　　　　　　　403 家企业的产量供给的收入弹性估计值

年份	1980	1983	1984	1985	1986	1987
弹性估计值	0.8876	0.7314	0.7181	0.7039	0.7399	0.7691

注：（1）上述弹性估计值主要根据 $Q = b_0 + b_1 W$ 的回归方程求得 b 的估计值，然后将 b 代入弹性公式 $\dfrac{dQ}{dW} \cdot \dfrac{W}{Q}$ 而求出。

（2）观察值 Q 采用总产值指标，W 采用工资总额与实发奖金额之和，即职工实际收入总额。在实行工资与利税增长挂钩制之后，部分企业不再单独提取奖金，而是从工资总额的增长额中提取若干作为奖金使用。

（3）回归方程中两观察值的相关性分别大于 0.7（1980 年）和大于 0.8（1983—1987 年）。各年的 b_1 的估计值的 P 检验值均为 0.0001。

（4）由于产量供给还受其他因素影响，这里所依据的一元回归方程的估计值的精确度要受影响，但是由于产量增长率与收入增长率的较高相关性，使这一估计值仍有一定价值，至少可以从中看出某种大致的变化趋势。

　　造成这种状况的原因何在？以下仍试图从名义弹性与实际弹性的关系来解释。任何一个企业都存在着一种上级政府部门给它确定的名义弹性，即产量或利税增长多少才能增加相应比例的收入的规定。不管是实行挂钩制还是在挂钩制之前的奖金制，都存在着这么一种实际上的比例关系。在实行奖金制期间，企业的名义弹性通常很高，即企业要增加相当多的利税和产量才能得到一定的奖励基金。然而企业的实际弹性却并不比名义弹性高多少。随着在收入刚性的经验基础上形成的收入预期值的不断提高，随着劳动资源的边际效益不断递减，企业的实际弹性也不断下降。当企业感到缺少足够的可支配收入去刺激产量增长时，实际弹性就已接近或等于名义弹性了。这时，收入刺激效应下降的趋势就是不可避免的了。实行工资收入与效益挂钩制，实际上提高了挂钩比例，使名义弹性的边际降低了，加上同时推出的其他一些改革措施如承包制等都增加了企业对其收入的支配权，刺激企业经营管理者挖掘企业各种资源潜力的积极性。因此企业的实际弹性也有所提高。这样，在实际弹性和名义弹性之间形成了较大的差距，所以产生了较强的收入刺激效应。

四

　　尽管工资收入增长与利税增长挂钩制在目前还有些潜力可挖，似乎还处在上升阶段，但是它也与奖金制一样，由于实际弹性收敛于名义弹性的趋势，它也面临着收入刺激效应下降的趋势。在调查中发现，某些企业已经与政府部门讨价还价提高了挂钩比例，但尚未发现有降低挂钩比例的企业。

　　当然，挂钩机制内部也存在着一些缓冲机制，它可以使得收入刺激效应下降的趋势有所缓和。作为企业的经营管理者，为了给自己留有发展的余地和后劲，至少在其任期的几年中他们不会在短期内使实际工资收入大大高于上期的实际工资收入，从而可能造成后来的收入刺激弹性降低的可能。一般地他们总是使下期工资水平比上期有所上升，即使实际工资提取额可以大大高于上期工资总额时，他们通常也不会立即全部发给职工，而是把一部分存入企业的工资基金账户，转入下期作为后备工资基金，以便在遇到各种意外时以丰补歉。当然，更主要的是为了保持一种较为持久的刺激弹性。

企业经营管理者是缓冲机制的唯一承担者。如果有足够的利益刺激力量，他们就会努力扩大企业的实际供给弹性，不限于在劳动资源上做文章，而可能充分挖掘其他资源的价值，以便用同样的劳动代价来扩大供给能力。这样，企业的实际弹性与名义弹性的差距会继续保持下去，收入刺激效应也不会很快下降。但是，企业经营管理者要具有这种较大的缓冲力量，还必须具备更独立的利益动机。若是他们只能处在政府与企业职工这种二元结构之中，或者是偏向于政府，成为国家在企业的委托人，或者是偏向于职工，成为职工向国家讨价还价的代理人，那么这种收入刺激效应的下降趋势就无法有效地改变。

在挂钩比例既定的情况下，设法提高实际弹性并保持其不下降是提高企业效率的途径。但是，如果挂钩比例过低，即名义弹性过高，则挂钩边际会使企业缺少刺激力量，阻碍供给增长。反之，如果这种比例过高，即名义弹性太低，又会使企业缺乏必要的约束和缓冲力量，企业会处在很容易提高收入的地位，结果使收入期望值不断提高而引起弹性下降。

总之，单纯依靠挂钩比例的确定来促进企业发展和约束企业的收入膨胀是不可能的。过高和过低的挂钩比例都有弊端。因为对于政府来说挂钩比例越低越好，但这会约束企业产量供给的增长；对于企业来说，挂钩比例则是越高越好，但这又会导致实际弹性的不断下降。这种二元的机制通常会导致两难的困境。摆脱这种两难的境地不在于选择某种合理的挂钩比例，而在于选择某种合理的机制，这种机制具有内在的约束力量去抑制实际弹性的下降。一般来说，挂钩比例即名义弹性应当与实际弹性保持一个较大的距离，这样可以给企业以较大的余地刺激供给的增长，而不至于过早地到达边际。同时，由于约束和缓冲机制的作用，企业既具有必要的刺激力量去增加供给，又不会使实际供给弹性下降，这样则可有效促进效率的提高。

（原载《经济研究》1990 年第 5 期）

企业自主权差异的实绩效应及其原因[*]

改革以来，企业有了不同程度的生产、供销的自主权，企业对外部市场环境有了一定的积极的反应，因而它们的市场行为具有初步的合理性。但是，由于这些自主权在不同企业之间具有很大的差异，因此，这种差异在企业之间就形成了对企业行为的不同的约束结构。本文通过对实际调查的统计数据[①]的分析，试图发现在企业的经营自主权结构与其实绩之间存在着的某种必然联系，并试图探讨决定和影响这种自主权结构的重要因素，以期通过这种方式能够更深刻地理解影响企业实绩差异的制度性因素和市场因素。这对于如何从外部促进企业改善实绩具有重要意义。

一 经营自主权的基本结构

企业的经营自主权是指产、供、销方面的自主权，不是企业内部的管理自主权。每个企业都具有一定程度的经营自主权，但亦受到一定程度的计划控制，两者此长彼消：自主权多一些，计划控制就少一些；反之，自主权少一些，计划控制就多一些。因此，当我们讨论自主权结构时，实际上就是从另一个角度讨论计划控制结构的问题。

企业的经营自主权的基本结构可从表1的分布中看到。每个企

　　* 本文为中国社会科学院经济研究所"国有企业改革与效率"课题组第二阶段研究的分析报告之一。课题组负责人为董辅礽、唐宗焜。

　　① 本文所采用的数据为769家国有企业从1984年至1989年的截面和系列的混合数据集。因此，分析结果所包含的不仅有企业之间的差异效果，而且包含企业自身的动态差异效果。

业都是处在这种基本结构之中，即具有一定程度的计划产值比例，计划价格原料比例和计划价格销售比例的综合一体化结构。在生产、销售和购买三个环节之间，自主权实际上是不同步发展的。如果我们作一个交叉分布就可以容易地看到，并非具有全部计划产值份额的企业都能得到全部的计划价格原料，也不是无计划产值任务的企业就不能得到计划价格原料。同时具有100%计划产值比例的观察值中，只有约一半可得到相应为100%的计划价格销售份额，而没有计划产值任务的企业中也只有不到一半能具有市场价格销售自主权。同样的不一致程度也表现在原料购买和产品销售两环节之间。计划价格销售比例为100%的观察值中，只有约1/4能得到全部计划价格原料，而计划价格原料比例为100%的观察值中，则有约2/3为全部计划价格销售。

表1　计划产值、计划价格原料、市场价格销售额和市场价格原料比例的频率分布

SQ	100%	70%—100%	30%—70%	0—30%	0	总计
观察数值	695	970	392	346	652	3055
占比（%）	22.7	31.8	12.8	11.3	21.3	100
SM	100%	70%—100%	30%—70%	0—30%	0	总计
观察数值	459	320	573	434	734	2520
占比（%）	18.2	12.8	22.7	17.2	29.1	100
MR	100%	70%—100%	30%—70%	0—30%	0	总计
观察数值	1123	318	229	171	915	2756
占比（%）	40.7	11.5	8.3	6.2	33.2	100
MMP	100%	70%—100%	30%—70%	0—30%	0	总计
观察数值	423	450	557	334	504	2268
占比（%）	18.7	19.8	24.6	14.7	22.2	100

注：①表中数据经过四舍五入处理。下同。
②SQ为计划产值占总产值的比例，SM为计划价格原料占总原料的比例；MR为市场价格销售额占总销售额的比例，MMP为市场价格原料占总原料的比例。

对上述要素分别进行回归分析，则可进一步看到它们之间的相互关系和变化趋势。计划产值比例与计划价格原料比例的相互依存的正相关性比较明显。计划产值比例每变化 1 单位，可引起大约18% 的计划价格原料比例的变化；反之，后者变化 1 单位，可导致大约20% 的计划产值比例的变化。计划产值比例与市场价格原料比例则是负相关关系，其负相关程度基本与计划产值比例与计划价格原料比例的正相关程度相一致。此外，计划产值比例变化 1 单位，可导致22% 的计划价格销售额比例的相应变化，但后者的变化几乎不影响前者。同样，计划价格原料比例影响计划价格销售额的变化程度为21% ，但后者却不影响前者的变化。所以，计划价格销售环节在一定程度上受计划价格原料和计划生产的影响，但这种影响只是单向的，不具反馈性。

企业经营自主权结构中诸要素相互之间的不一致性导致了企业面临着多重的限制和选择，它们只能在这种特殊的结构中去实现其所能得到的最优化选择。

二　不同经营自主权下的不同实绩

由于各个企业所处特定的结构不同，势必会产生不同的结果。改革引进的新的刺激机制与不同程度自主权的结合，便会产生不同的组合效果。一些企业取得了明显的经济效益，另一些则未能。企业之间的经济效益的差距是由什么决定的？它们在多大程度上与自主权结构密切相关？这儿的分析将为此提供一些实证性的解释。

为便于进行外部环境和经营自主权结构的比较，必须抽象掉内部管理因素，只单纯地以人均净产值、人均利润、人均留利和人均奖金这些指标来近似地代表企业实绩，以便通过这些指标的差异来看外部经营环境的差异，考察自主权结构的差异对企业效益或实绩的影响（见表2）。这里之所以选择上述指标，是由于它们与企业的利益动机和行为目标具有某种联系，因而能在一定程度上反映和比较实绩差异的原因。

表 2　　　　　　对人均净产值、人均利润、人均留利和人均
奖金的回归结果

因变量 / 虚拟变量	AQ（n = 3027）		AP（n = 3021）		AR（n = 2756）		AB（n = 3011）	
	系数	T 值	系数	T 值	系数	T 值	系数	T 值
SQ1（100%）	0.213	4.77	0.122	3.4	-0.005	-0.08	-0.466	-3.39
SQ2（70%—100%）	0.16	3.86	0.081	2.41	0.25	4.12	-0.178	-1.39
SQ3（30%—70%）	0.178	3.4	0.094	2.21	0.34	4.45	0.225	1.39
SQ4（0—30%）	0.123	2.24	0.065	1.47	0.17	2.20	0.093	0.56
SQ5（0）	0.00		0.00		0.00		0.00	
因变量 / 虚拟变量	AQ（n = 2481）		AP（n = 2312）		AR（n = 2313）		AB（n = 2313）	
	系数	T 值	系数	T 值	系数	T 值	系数	T 值
SM1（100%）	-0.19	-4.87	-0.04	-0.88	-0.15	-2.17	-0.48	-2.87
SM2（70%—100%）	-0.13	-2.71	-0.02	-0.35	-0.07	-0.9	-0.31	-1.73
SM3（30%—70%）	-0.06	-1.58	0.014	0.366	0.06	0.98	0.06	0.42
SM4（0—30%）	-0.05	-1.26	0.129	3.03	-0.09	-1.29	0.30	1.87
SM5（0）	0.00		0.00		0.00		0.00	
因变量 / 虚拟变量	AQ（n = 2720）		AP（n = 2728）		AR（n = 2537）		AB（n = 2713）	
	系数	T 值	系数	T 值	系数	T 值	系数	T 值
SR1（100%）	0.119	4.32	0.026	2.31	0.06	1.46	-0.075	-0.69
SR2（70%—100%）	0.04	0.76	0.06	3.01	0.21	2.56	0.085	0.43
SR3（30%—70%）	0.136	3.02	0.059	3.24	0.15	2.03	0.405	2.24
SR4（0—30%）	0.134	3.43	0.07	4.48	0.08	1.30	0.57	3.68
SR5（0）	0.00		0.00		0.00		0.00	

注：AQ、AP、AR、AB 分别为人均净产值、人均利润、人均留利和人均奖金；n = 观察值数目，SQ1、SQ2、SQ3、SQ4、SQ5 分别为不同比例的计划产值分组，SM1、SM2、SM3、SM4、SM5 分别为不同比例的计划价格原料分组，SR1、SR2、SR3、SR4、SR5 分别为不同比例的计划价格销售分组。

（1）影响人均净产值差异的自主权因素。以计划产值的不同比例的分组作为虚拟变量对人均净产值进行回归的结果表明，人均净产值的高低基本上按照比例大小来排列，当计划产值为100%时，人均净产值最高，而后逐渐递减，直至比例为0时降到最低点。因此，计划产值控制度与产量仍然有着较强的正相关关系。但是，在以计划价格原料分组作为虚拟变量的回归中，情形恰好相反，人均净产值随着计划价格原料比例递减而递增。当计划价格原料比例为100%，其人均净产值最低，而在另一极端，则人均净产值最高。两者之间存在着明显的负相关性。在以计划价格销售比例分组的回归中，各组之间的差异并不表现为某种递减或递增的趋势，而是某种不规则的分布，其中第一、第三、第四组的人均净产值明显高于其他组。这表明，计划价格销售这一变量似乎对人均净产值并无某种有规律的影响。（2）影响人均利润差异的因素。以计划产值份额作为虚拟变量的回归结果与对人均净产值的回归结果的分布相同，基本上逐渐递减，表现为正相关趋势。计划价格原料份额的回归结果却并不相同，除了第四组的人均利润明显较高之外，其他各组之间的差异并不十分明显。而计划价格销售份额的结果却表明第二、第三、第四组的人均利润处于较高水平，开始显示了某种规则性的分布。（3）影响人均留利差异的因素。在对人均留利的回归分析中，以计划产值比例为变量的回归结果明显不同于产值和利润模型。居于中间位置的第二、第三、第四组的人均留利明显高于其他两组。这个结果不再表现为正相关趋势，而是两头低、中间高的差异分布状态。在以计划价格销售比例为变量的回归中，第二、第三组的人均留利处于较高水平。差异的分布也类似于两头低、中间高的状态。在以计划价格原料比例为变量的分析中，第三组的人均留利明显高于其他组。（4）影响人均奖金差异的因素。不同比例的计划产值份额分组的回归结果表明，第三、第四组的人均奖金明显高于第一、第二组，但与第五组并无明显的统计差异。不同比例的计划价格销售分组的回归结果表明，第三、第四组的人均奖金明显高于其他分组。而不同比例的计划价格原料分组的结果则是第四组的人均奖金水平最高。

综合起来看，对人均净产值和人均利润的回归分析表明，计划产值的控制程度与其呈正比例的相关性，即计划控制程度越高，其人均净产值和人均利润也越高。这表明计划系统对企业的产量水平高低仍有着一定控制能力。在促进产量供给的增加方面，计划控制仍在发挥着不可忽视的作用。但是，计划价格原料比例与人均净产值却为负的相关性，即计划价格原料所占份额越多，其人均净产值也就越低。这表明计划价格原料对生产具有某种约束作用。实际上，这是紧缺原材料对生产的约束。当然，企业的产量水平低并不一定意味着其利润或留利水平也低，就像计划产值比例高的企业，其产量水平高也并不意味其人均留利、人均奖金也高。因此，对人均留利和人均奖金的回归分析表明，与人均净产值差异的分布明显不同的是，不论哪一组变量，其差异分布都表现为两头低中间高的状态，即中间分组的人均留利和人均奖金水平明显高于完全的计划或完全的市场自主权这两端分组。

三　影响和决定结构差异的因素

为什么不同的经营自主权结构会产生不同的产值、利润、留利和奖金的效果，从而影响到企业的实绩并造成明显差异？固然，这种自主权结构是直接造成不同实绩的重要原因，但究竟是哪些因素在影响和决定着自主权或计划控制结构？考察这些问题对于进一步从更深层次理解实绩差异的原因是至关重要的。

以下分别用企业规模、企业隶属关系、产业作为虚拟变量，对计划产值比例、计划价格原料比例和计划价格销售比例这些计划控制变量进行回归（见表3），以便考察这些因素对计划控制结构或市场自主权结构形成哪些具有差异的影响。

在对计划产值比例的回归中，以企业隶属关系做变量的分析发现，隶属中央的企业的计划产值比例并不高于其他种类企业。而计划产值比例明显高于其他种类企业的却是省属企业（大约高出中央企业 15 个百分点），县属企业的计划产值比例也较高（大约高出中央企业 13 个百分点）。

在规模和隶属关系的交叉分组中，规模对计划产值比例的影响几乎都被隶属关系的影响所抵销。由规模形成的计划产值比例的差异几乎看不出来。在大型企业中，计划控制程度高的是省属和县属企业，分别高出中央企业 18 个百分点和 33 个百分点。在中型企业中，计划控制程度最高的是省属企业，高出中央企业 23 个百分点。在小型企业中，计划控制程度最高的是县属企业，约高出省属企业 32 个百分点。

企业所属产业的性质在形成自主权差异上也有着重要的决定性作用。虽然在产供销三方面的自主权上，产业因素的影响有所不同，但总的来看，采掘业、能源自来水业、纺织业的各种计划程度都明显高于其他部门，而机械电子工业，虽然在生产和销售上较少受计划控制，但在原料供给上却受到一定的计划约束。

对产业和隶属关系进行交互分组，再进行回归分析，可以看到，隶属关系对于形成计划控制结构具有重要影响，而在不同产业之间形成的自主权差异实际上反映了各级政府对不同市场进行不同干预的结果。一般来说，越是供不应求的部门，如采掘业等，就越受各级政府的计划控制；而在供大于求的部门，情况则相反。由于产业结构直接与这种市场供求结构紧密相关，所以倘若直接用市场供求关系作为变量进行回归分析，则可以测定纯粹的市场因素对自主权差异的影响。

表3　　　　　　　　对产供销的计划控制变量回归分析的结果

变量	SQ（n=3055）		SM（n=2586）		SR（n=2848）	
	系数	T检验值	系数	T检验值	系数	T检验值
FD 1	0.056	2.22	0.02	0.81	0.027	0.35
2	−0.022	−1.08	−0.02	−1.03	−0.031	−0.57
3	0.00	—	0.00	—	0.00	—

续表

变量	SQ（n=3055）		SM（n=2586）		SR（n=2848）	
	系数	T检验值	系数	T检验值	系数	T检验值
FG 1	0.05	0.52	0.316	3.88	0.023	0.10
2	0.207	2.17	0.202	2.52	−0.031	−0.13
3	0.009	0.09	0.08	1.02	−0.23	−1.01
4	0.183	1.91	0.03	0.39	−0.002	0.00
5	0.00	—	0.00	—	0.00	—
Ind 1	0.508	13.14	0.177	3.89	0.225	1.81
2	0.277	7.24	−0.187	−4.9	0.259	2.68
3	0.346	14.0	0.194	6.94	0.147	1.85
4	0.223	7.17	−0.06	−1.76	−0.316	−3.34
5	0.399	6.99	−0.06	−1.04	0.317	1.87
6	0.195	8.65	−0.07	−0.30	0.026	0.39
7	0.214	8.52	−0.046	−1.78	−0.06	−0.85
8	0.00	—	0.00	—	0.00	—

注：SQ 为计划产值比例，SM 为计划价格原料比例，SR 为计划价格销售比例。FD 为企业规模变量，其中1、2、3 分别为大中小规模。FG 为企业隶属关系变量，其中1、2、3、4、5 分别为中央、省、地市、县和其他。Ind 为产业变量，其中 1 为采掘业，2 为食品饮料业，3 为纺织业，4 为轻工业，5 为能源自来水业，6 为化学医药工业，7 为原料加工业（包括各种金属、非金属加工业），8 为机械电子工业。

在样本变量中，我们选取了企业主要产品的市场价格与计划价格的比例，主要产品的销售量与其产量的比例，本年总销售收入与上年总销售收入之比例，作为近似地代表市场状况的指标。分析结果表明，当企业面临的市场越有利时，其计划产值比例也越高，同时，其市场价格销售比例也越低；反之，当市场越不利时，企业的计划产值比例较低，其市场价格销售比例也越高。同样的结果在对市场价格原料比例的分析中也有所表现，企业购买自主权大小与其产品市场供求状态也是相关的。

总的来说，企业的自主权结构在企业之间、行业之间、条条块块之间都表现为具有相当差异的状态。这种差异的直接决定因素是市场、行业和隶属关系。由于各种不同的市场供求关系和产业结构，进而形成了各级政府的计划干预和放开的范围、程度、重点对象的不同，这就决定了各个企业具有不同的自主权结构，因而也具有不同的实绩效果。

四　理论总结和政策含义

经济体制从计划向市场的变革过程，导致了不同企业处在自主权变革的不同步发展的阶段。这种结构对于企业的实绩产生重要影响。不过，对企业有利的影响并不是单纯地随自主权的增加而增加。通过实绩差异与自主权的回归模型，可以看到它有如下特点：（1）自主权小而计划生产控制度高的企业仍然具有产量和利润的优势，传统计划体制仍旧在发挥一定的作用。（2）自主权最多即完全不受计划控制的企业并不具有实绩的优势，其产量、利润和留利水平都是较低的。这说明在整个国有企业的体系中，纯粹的市场机制并未能够成为主导机制。（3）处于中间结构的企业，既具有一定程度的自主权，又受到一定程度的计划控制；既非完全的计划化，又非完全的市场化，具有留利和奖金的优势。仿佛改革引进的新的刺激机制只能在这种中间结构的企业中取得较好效果。

通过各种特征变量对于自主权的回归表明，隶属关系这一制度因素有着重要的作用。各级政府都有自己的计划重点企业，根据企业在各级经济计划中的不同地位，根据经济发展的需要而给予不同企业以不同的计划控制，因此形成不同的计划结构。传统的各级隶属企业的形成就是以过去的经济发展需要为基础的，但改革后经济的发展不断打破原有的传统计划格局。新形成的计划格局的特征是，一些中央级企业或大中企业的计划控制度明显低于另一些省、县级企业或中小企业的计划控制度。因此，自主权差异的形成是伴随着中央计划经济的放权和地方政府发展经济动机的强化而来的。

各种自主权的不平衡发展也是与隶属关系密切相关的。传统计划物资分配体制、计划销售体制和计划产量控制体制的放开是十分不一致的。许多中央企业的计划产量控制有所放开后，因其计划价格原料供应和计划价格销售体制仍未相应放开，企业仍要受到传统的种种约束而不能有所发展。而许多地方企业或新兴企业在中央集权的计划系统中没有地位，但由于受到新的地方计划的积极扶持，由于较灵活的购买原料的变通方式和有利于市场销售的价格政策的促进，因而能够得到有效率的较快的发展。因此，与这种自主权相联系的企业实绩也表现出不平衡的现象。通常人们感到的某些部属大中企业不如地方企业或中小企业搞得活，这是主要原因。

但进一步的问题是，为什么有的计划要放开，有的又需要控制？地方政府计划控制的是些什么类型的企业？中央政府削弱控制的又是些什么类型的企业呢？这些都与市场因素或行业结构因素密切相关。当一种商品的供给超过需求时，企业势必会产生产品积压和生产过剩的问题。在短期内，这种问题如果也无法通过价格调整和数量调整来解决时，政府通常选择放松计划控制的方式，以便让企业自己更有效率地去解决这个问题。传统计划体制的这种较高的交易成本可以被明显地发现，它促使政府把计划控制减少到最低程度，迫使企业面向市场进行生产。在机械制造业部门，这种情形特别明显。而当一种商品的供给低于其需求时，势必出现短缺。在此情形下，政府则倾向于加强对这类短缺品行业的控制，以便通过计划方式进行生产和配给。尤其对于地方政府，这种控制有利于扩充地方经济实力。即使曾被放开过的企业，一旦生产短缺品，则又会被加以控制。因此，传统计划体制的弊病似乎只能在供大于求的市场范围内得到适当的解决，在供不应求的市场范围内却仍然无法解决。

因此，在改革时期，对产品供给和需求的调整，不仅仅采用通常的价格调整和数量调整的方式，往往还更多地采用了制度性调整或政策调整。制度因素的加入使得这种调整更具有效果。在供大于求、产品积压的领域，一旦企业具有较多的产供销决策权，它们就可面向市场灵活选择，并调整产品结构，这时原有不利的市场地位就会发生转变。但是在供不应求、短缺严重的部门中，制度性调整的效果却并不那么明显。政府对短缺品行业计划控制的结果使得与计划目标相一致的产量水平受到特别的重视，而往往使企业自身的利益目标被削弱，被淹没在政府经济发展的目标中，因此，企业的产量水平较高而人均留利和奖金水平处于相对偏低的状态。由于无法利用企业自身的潜在效率因素，这样势必使这种供给调整成为纯粹依赖政府的外延性投资来扩张供给的过程。这种供给调整将是相对缓慢的。不过，地方政府发展经济动机的强化在增加有效供给方面起了一定的促进作用。它调动了较多的利益主体来扩张"瓶颈"，使得供给对国民经济发展的制约相对减轻。

　　当然，在现实中，制度性调整并非表现出完全的放开计划不管和完全的计划控制这两个极端，而是更多地表现出某种中间过渡状态。对于部分处于不利的市场地位的企业，政府虽然没有也不必要用产供销计划进行控制，但也并非完全放任不管，而是给予各种补贴、贷款等让其维持生存。这不仅使一部分该倒闭的企业继续生存，而且使一些本可以扭转不利状况的企业维持原状。这是一些不受计划控制的企业具有较差实绩的原因。此外，大多数企业都具有不同程度的经营自主权，即使是100%的计划产值控制的企业，其购买和销售方面也未必全部是计划控制。目前可以说绝大部分企业都是在某种计划松动的决策权下进行经营的。因此，企业有可能在一定松动范围内进行局部最优选择。这种局部最优利益能在多大程度上补偿其他部分的非最优选择的损失，则取决于企业的市场优势程度和计划放开范围。

　　上述中间结构状态是从计划体制向市场体制过渡时期企业自主权的基本形式，它具有相当的稳定性。由于完全的市场化具有较大风险，而且目前尚不存在一种富有吸引力的实绩刺激效应，企业并不具有内在动力去进入完全的市场。同时，完全的计划控制对企业自身利益也是不利的。权衡两端，它们总是愿意停留在中间状态，即一种有计划保护的市场机制：当市场行情好时较多面向市场，可得到较多收益；当市场行情不好时，又可较多依赖计划保护，以避开市场风险。所以，企业处于可进可退的有利地位。如果政策没有什么实质性的变化，这种均衡状态仍能继续保持下去。

从上述分析可以看到，影响国有企业效率的外部经营因素主要在于：（1）计划控制太多而自主权太少的企业主要依赖政府的计划管理、经营和投资等，在一定程度上成为政府的职能部门，因而缺少必要的刺激力量去改善经营，提高效率，增强竞争力，实际上，还是传统计划经济的低效率经营方式。（2）具有市场经营自主权的企业，虽然没有产供销计划，但还受人财物控制，仍然可以依赖旧体制生存使其低效率地维持下去。在改善经营实绩方面，它们一方面缺少必要的激励，另一方面缺少必要的技术、资金。（3）具有一定市场自主权的企业，其效益在一定程度上来自从自主权所获得的机会。在这个意义上讲，企业并不一定必然去追求从市场竞争中获得的机会和效益，而有另一种获得效益的机会选择。这种选择在一定程度上会削弱正常的市场竞争和提高效率的来源。

针对上述三方面的效率损失，首先，需要进一步扩大短缺品行业企业的自主权。在不断增加该部门的供给能力的同时，计划控制也应当不断减少，以便增加外部市场对企业的刺激，使企业挖掘更多增产潜力。其次，对于计划放开不管的企业，还需要更多的人财物方面的自主权，与经营自主权配套才能形成较大的力量扭转较差实绩。如仍无法解决问题，必要的破产制度也是可行的。再次，一定要保持企业外部环境在政策上的一致性和稳定性。如果企业的效益差异来自各种五花八门的外部政策和计划控制的差异，那么就会严重削弱企业对外部市场作出积极反馈的内在动力。因此，使企业的外部环境中只存在或主要存在市场因素差异，使企业效益主要与市场因素相联系，这样其实绩差异才具有竞争意义。所以政策选择是为了加强市场与企业效益之间的联系，而不是削弱这种联系。为了实现这一点，计划控制还应当进一步缩小。目前，至少可以在企业的短期经营方面完全退出。最后，无论是哪种类型企业，都必须增加其激励力量，使其能对外部市场竞争作出积极反应。参与竞争的动机越强，效率提高的机会就越多，所需要的内在激励力量也应越大。因此合适的刺激机制，即以尽可能小的利益推动尽可能多的效率的提高的方式，是目前的政策选择。

（原载《经济研究》1992 年第 8 期）

国有企业与非国有企业的产权
结构及其对效率的影响*

  中国的产权结构具有十分复杂的特点。它实际上是在纯粹的中央集权计划的公有制和纯粹的分散化的私有制之间的不同程度的选择。这些选择的目的是通过增加激励来提高生产率。例如种种形式的承包制的实行都使得企业的激励机制获得不同程度的改进。然而，在中国目前的经济中，既定的产权结构究竟是一种什么状态？在经济中占绝大多数的国有、集体和乡镇这些不同所有制企业之间究竟具有何种实质性差异？这些产权结构的激励机制对企业效率有什么影响？根据我们对国有和非国有企业的调查统计数据①，本文试图描述这种产权结构及其差异，比较它们的不同特点并分析这些产权结构差异对效率所产生的影响和作用。

  把国有企业、城市集体企业和乡镇企业（这里定义为乡村的集体企业）这三种既定类型的产权制度作为分析的前提，对其进行效率测定的经验估计②，所得出的结果表明，乡镇企业的效率明显高于国有和城市集体企业，而城市集体企业与国有企业之间的效率差异并无明显区别。因此，能对这种效率差异作出解释的原因则要追溯

  * 本文是林青松主编的《中国工业改革与效率比较研究》中的一章，这是中国社会科学院经济研究所等单位和世界银行的合作研究项目，中国社会科学基金项目"国有企业与非国有企业比较研究"的主要研究成果之一。

  ① 该统计数据是在中国社会科学院经济所、国家体改委和农业部农研中心共同设计和调查的基础上得到的，世界银行对该数据调查给予了大力资助。数据包括 1986—1990 年的 967 个国有企业，366 个城市集体企业和 300 个乡镇企业。样本来自 26 个省市自治区。

  ② 由于篇幅限制，本文删掉了原来的第一节"国有、城市集体和乡镇企业之间是否存在效率差异：经验证据"。

到分析问题的出发点。

一　产权结构的差异

为了探讨造成上述效率差异的原因，我们将从上述不同类型企业的产权角度出发，考察国有企业、城市集体企业和乡镇企业的产权结构的差异。

改革以来，无论是国有企业、城市集体企业，还是乡镇企业都先后实行了各种各样的承包、租赁等合同制。这类合同制形式多样化，有包死基数承包、超额分成承包、递增包干承包，还有种种租赁合同。合同是产权研究的核心，不管是什么合同，都是在合同双方之间再分配权利（Barzel，1989）。所以，无论实行哪种形式的合同，在产权结构上无非是对财产使用权、财产处置权和剩余支配权的各种不同程度的分割和让渡。

因此，对不同类型企业产权机制的比较，不是从其形式出发，而是从其实际的财产使用权和剩余支配权出发来进行比较分析。

（一）剩余分配权的差异

对企业的剩余或利润的分配权和支配权是产权因素中最重要的。改革最核心的一环就是在作为企业所有者的政府代表和企业之间重新分配剩余，重新界定剩余的占有权，即通过改善激励机制来提高效率，其途径就是通过增加企业对剩余的支配权来实现的。

对企业剩余的占有权实际上是由三个要素来行使的，它们分别是所有者（国家或集体及其代表部门）、企业职工和厂长（经理）。它们各具有不同程度的对企业剩余的占有权和支配权，在集中的计划体制下，国有企业受到强有力的政府控制，职工和厂长都没有什么剩余占有权，随着国家作为名义所有者对企业的控制逐步削弱，企业实际所有者的力量逐步增强，职工和厂长对剩余支配权的要求亦逐步加强，形成国家、企业法人代表和职工三者共同占有和支配企业剩余权的格局。

当然，这种对剩余权的分割和对利润的再分配的结构依照不同企业的特定环境条件而有所不同。政府的限制条件不同、外部市场竞争程度的差异、企业规模的大小、内部管理层级的多少，以及一定的地区文化传统，等等，都会产生不同的影响，因而形成某种特定的实际剩余权分割或利润分配的格局。

以下我们就来考察三种类型企业实际剩余权的分配结构（见表1）。

表1 三种类型企业实际剩余权的分配结构

年份	1984	1985	1986	1987	1988	1989	1990
乡镇企业 N（家）	162	176	161	162	259	234	219
LP	0.164	0.134	0.222	0.169	0.302	0.489	0.111
GP	0.229	0.204	0.202	0.209	0.251	0.239	0.231
DP	0.570	0.605	0.549	0.525	0.434	0.333	0.580
其中：							
dp1	0.287	0.318	0.221	0.265	0.157	0.025	0.314
dp2	0.283	0.287	0.328	0.260	0.277	0.307	0.266
国有企业 N（家）			845	837	853	806	694
LP			0.055	0.210	0.187	0.291	0.156
GP			0.585	0.575	0.540	0.598	0.633
DP			0.345	0.173	0.221	0.112	0.212
城市集体企业 N（家）			292	287	307	312	252
LP			0.115	0.168	0.114	0.134	0.102
GP			0.570	0.632	0.599	0.615	0.719
DP			0.257	0.183	0.190	0.238	0.133

注：LP：职工所得与总利润之比，其中职工所得包括从利润中开支的奖金和福利。

GP：政府所得与总利润之比，其中政府所得包括所得税、调节税，上缴教育基金和能源交通基金，以及各种在利润中开支的上缴利税费，销售税不包括在内。

DP：厂长经理可支配利润与总利润之比，前者是企业留利扣除职工所得。

dp1：乡镇企业中厂长可支配利润与总利润之比。

dp2：乡镇企业利润中上缴乡镇或村政府的利税费与总利润之比（为了使乡镇企业与国有企业、城市集体企业可以直接作回归比较，故将上缴乡镇或村政府的利税费归入 DP）。

N：企业的样本数。

可以看到，乡镇企业具有与国有企业、城市集体企业不同的剩余分配格局。首先，在国家对利润的占有份额上，乡镇企业平均只有20%—25%的比例，而国有企业则具有相当高的国家占有份额，一般约占60%。城市集体企业的份额与国有企业类似。其次，在职工占有的份额上，乡镇企业一般为10%—20%，只是在特别不景气的年份，才会有些例外。国有企业和城市集体企业的该比例与乡镇企业比较相近，但比较稳定，波动较小。

乡镇企业明显不同于国有企业和城市集体企业的一个新特点在于，在乡镇企业与国家之间，多了一个乡镇或村政府。在乡镇企业的利润中，乡镇或村政府所得部分加上国家所得部分实际上大约相当于国家从国有企业利润中得到的部分，也就是说，乡镇或村政府得到的利润份额是国家少占有的那一部分。乡镇企业的这一特殊性质是有着重要意义的。

在剩余权的分配中，国家占有份额是刚性的，它与总利润是成比例的。因为企业必须首先满足承包利润的前提要求，才有分配其余剩余利润的可能性，对于职工所得份额来讲，即使是在成本之外的工资收入，即纳入企业留利中的奖金，也具有一定程度的刚性。这在表1中可以看到，在经济不景气的1989年，在总利润下降时，职工所得占总利润的相对份额明显上升，国家所得部分的相对份额不变，挤压的只是企业厂长（经理）的可支配部分。该相对份额明显下降，大大低于正常年份。

因此，从表1各相对份额的变化中可以发现，国家所得和职工所得份额都具有很大刚性。只有最后的余留部分是具有很大弹性的，而恰恰是这部分具有弹性的剩余是企业激励机制的核心部分。

许多国有企业和城市集体企业，即使在微利和亏损的情况下仍继续生产，这仅仅是为了照顾上述两种刚性的产权利益的要求而生产，而企业自身并无其他内在动力或激励。但是，乡镇企业则不然，它们更多考虑的是最后一部分剩余，不仅厂长（经理）的可支配利润，而且上缴的利润也都成为其激励的动力所在。那么，为什么国有企业、城市集体企业的上交利润不能产生像乡镇企业的那种激励呢？原因恐怕还在于国有企业、城市集体企业的主管部门并不是企业产权利益的直接受益者，与它们利益更密切相关的激励约束在其上级部门。而乡镇政府具有更多的独立于其上级政府的自身利益，这些利益与企业利益有较大的一致性。因此，乡镇政府对乡镇企业的剩余权要求往往更服从企业的效率前提。这种效率给乡镇政府所带来的好处是直接的和显而易见的。

当不一致的所有者的利益关系表现在对企业产权利益的要求中时，摩擦就是不可避免的。反之，当所有者的利益关系具有最大限度的一致性时，摩擦成本亦最小，剩余亦最大。一个公共权力的所有者不可能排除其他人去分享他努力的成果（Demsetz，1988）。在产权不能清晰定义时，其资产的收入流量又是可变的和不确定时，剩余利润的潜力取决于摩擦成本。摩擦越大，"人们发现得到其资产的充分潜力的收益是不值得的"（Barzel，1989），这时，可变的、具有很大弹性的剩余利润就会降至最低。

在纯粹的市场机制下，劳动所得由劳动市场的产权机制决定，资本所得由资本市场的产权机制决定，国家所得则由政府根据其预支出通过政治程序来决定。彼此之间并非在一个体制内决定，因此，也并无直接的冲突和摩擦。而中国的产权机制则集多种矛盾为一体，将不同的产权利益的决定机制融为一体，增加了矛盾摩擦的系数，因而增加了摩擦成本，使得在市场经济中单纯的产权收益对其所有者的激励性被大大削弱。

（二）经营管理决策权的差异

1. 管理决策权

对企业的财产使用权实际上是管理决策权。这种权力的大小程度依不同企业所有权的组织制度而有所不同。高度集中的计划经济体制下的国有企业只具有最低程度的使用权或决策权，而完全私有化的企业则具有最大的决策权；在这两个极端之间是不同程度的使用决策权的选择，改革实际上就是处在这种选择过程之中。

　　由于在企业利润的分配中存在着三种主要的产权要素对于其权益要求的冲突，体现在决策上也表现为这几种不同产权要素，即所有者、职工和厂长（经理）的相互牵制和约束。企业的所有者主要由几个主管部门所代表，厂长（经理）行使其财产使用权时要受到它们的限制。

　　在企业的全民或集体所有制（大多数乡镇企业挂名为集体所有）的名义之外的则为企业的实际利益所得者，即企业的每个成员都占有一份实际所有权，享有那份由该企业财产所带来的收入。改革后，来自企业的名义所有者的控制明显削弱，但厂长（经理）的决策权又往往受到来自企业内部职工的限制。

　　表2、表3给出了三种类型企业的管理决策权的差异。

表2　　在企业所有者及其代表限制下的管理决策权（1990年）

	D1	D2	D3	D4	D5	D6	D7	D8
国有企业								
A（%）	25.7	80.1	30.9	13.8	15.9	34.0	28.6	56.1
B（%）	47.5	19.9	51.8	50.9	15.9	16.6	57.1	37.1
C（%）	26.8	0	17.4	35.3	68.3	49.4	14.4	6.8
N（家）	933	933	933	845	933	933	878	843
城市集体企业								
A（%）	26.8	81.8	34.5	16.4	17.6	38.1	15.8	56.4
B（%）	49.1	18.2	51.5	48.7	17.0	16.4	50.3	35.1
C（%）	24.1	0	14.0	34.9	65.5	45.5	33.9	8.4
N（家）	336	336	336	304	336	336	316	296
乡镇企业								
A（%）	21.8	60.0	3.5	4.2	18.6	9.2	16.0	52.4
B（%）	20.4	24.2	29.8	23.6	27.0	11.7	59.6	35.3
C（%）	57.9	15.8	66.7	72.2	54.4	79.2	24.5	12.3
N（家）	285	285	285	284	285	283	282	252

　　注：①D1＝生产计划；D2＝厂级领导任命；D3＝招工；D4＝解雇工人；D5＝决定奖金水平；D6＝确定职工工资差距；D7＝投资和扩大生产能力；D8＝同其他企业合并。

　　A：主管部门决定的比例；B：企业与主管部门协商的比例；C：企业自行决定的比例；N：企业样本数。

　　②表中百分比经过四舍五入处理。下同。

表 3　　　　在企业内部成员限制下的管理决策权（1990 年）

	D1	D2	D3	D4	D5	D6	D7	D8	D9	D10
国有企业										
A（%）	4.3	3.4	5.2	1.7	4.0	1.8	2.0	1.8	5.5	7.4
B（%）	76.3	9.7	73.1	31.3	62.1	48.4	63.3	37.6	65.8	66.6
C（%）	8.8	84.9	13.8	14.6	9.3	16.2	23.4	36.1	14.6	19.0
D（%）	10.6	1.9	7.9	52.4	24.6	33.6	11.4	24.5	14.1	7.0
N（家）	912	784	871	902	903	839	869	665	875	812
城市集体企业										
A（%）	8.8	11.7	9.7	3.4	8.3	4.3	4.5	2.7	10.7	12.2
B（%）	79.4	13.7	72.7	27.9	65.4	52.5	62.4	33.5	65.1	69.6
C（%）	7.3	70.2	13.1	11.6	7.4	14.4	20.1	37.3	12.7	11.6
D（%）	4.5	4.3	5.0	57.1	18.8	28.8	13.1	26.6	11.4	6.6
N（家）	330	299	320	319	324	299	314	263	307	303
乡镇企业										
A（%）	19.4	19.7	28.2	22.0	20.4	19.9	9.4	9.8	19.6	26.6
B（%）	72.7	32.0	59.3	50.2	63.6	68.1	58.5	42.7	60.7	59.7
C（%）	6.8	47.2	9.6	13.4	12.0	7.6	28.2	43.2	18.2	11.9
D（%）	1.1	1.1	2.9	14.4	4.0	4.3	4.0	4.3	1.4	1.8
N（家）	278	269	280	277	275	276	277	234	280	278

注：D1 至 D8 同表 2。D9 为分配和使用利润；D10 为暂时停产。
A 为厂长自主决定的比例；B 为与厂级领导协商的比例；C 为与党委协商的比例；D 为职代会决定的比例；N 为企业样本数。

从表 3 可以看到，在受企业的所有者代表——主管部门的限制方面，无论是生产计划、招雇工人，还是在决定工资奖金、决定投资扩大生产方面，乡镇企业比起国有企业和城市集体企业来说都具有明显的较高的不受限制的决策权比例。国有企业和城市集体企业在这方面的决策权比例十分接近，几乎没什么差异。

来自企业内部成员的限制方面，国有企业厂长的自主决策权最小，城市集体企业其次，乡镇企业最大。同时，国有企业的职代会对于厂长决策的限制较多，城市集体企业亦接近国有企业，而乡镇企业在这方面几乎很少有限制。这在很大程度上是由于乡镇企业的劳动力主要受农村的劳动力市场机制的支配，其收入在相当程度上亦由劳动力市场的供求关系决定，而很少参与对企业产权权益的要求和对产权管理的决策。这样的决定机制实际上减少了不必要的摩擦，降低了摩擦成本，因而对于提高效率是有益的。否则的话，在多方参与的过程中，"协商成本将是很大的，因为对于许多人来说达成一个相互满意的协议是困难的"（Demsetz，1988）。

总之，乡镇企业的所有权与控制决策权的分离程度最高。无论是来自企业的上级政府所有权，还是来自企业内部劳动者的权益要求，在乡镇企业都只能保持着很有限的权利范围。因此，厂长（经理）能保持较大的独立自主的管理决策权。

2. 市场经营决策权

企业的市场经营决策权是其对财产权利的另一项最基本的权利，否则，企业就不能从其交换中得到预期的产品收入，从而不可能实现其使用企业财产的最基本的收入目标。

改革之前，企业的确没有自己的收入目标，只有国家的收入作为整体的目标。产权改革首先要确立企业自己的独立于政府的收入目标。也就是使得企业对企业财产的使用独立于政府的目标，因而能得到自己预期的对财产使用的效果。为了达到这个目的，让企业拥有独立的市场经营决策权是基本的前提。

企业有了市场经营决策权才能根据市场需求决定生产什么品种、生产多少，才能根据供求关系决定价格，从而决定收入。因此，没有市场经营决策权，财产使用权就是不完整的、不独立的，因而也是没有价值的、没有激励效果的。

在决定产品销售价格方面，乡镇企业不受政府限制的比例为66.6%，城市集体为46.5%，而国有企业则仅为19.6%。此外，乡镇企业不受限制的购买和销售经营决策权明显高于国有企业，城市集体企业在这方面亦接近乡镇企业。因此，在市场经营决策权方面，乡镇企业较少受到政府约束。

由于受到市场经营决策权的限制，一些国有企业和城市集体企业无法调整生产和价格，而不得不生产亏损产品。实际上，这是与企业的产权利益相悖的，是企业为了实现政府目标而做出的牺牲。从调查中可知，在国有企业中，大约有42%的企业正在生产亏损产品，大约有29%的城市集体企业生产亏损产品，而乡镇企业只有不到15%的生产亏损产品。国有企业的亏损产品中约有一半是经营性亏损，另一半是政策性亏损。城市集体企业中75%以上为经营性亏损，另外不到25%为政策性亏损。乡镇企业则没有政策性亏损的问题。

当然，生产亏损产品并不意味着企业的全部产品都亏损，而可能是部分亏损或大部分亏损。然而，这都是效率的损失。对于这些损失的补偿由政府的软预算保护。实际上，软预算保护的不仅仅是政策性亏损，也包括经营性亏损。因为这两者有时往往难以区别。更重要的是，软预算使得企业的竞争压力削弱，在缺少一定竞争压力的环境下，企业往往是低效率的。给予了较多的软预算保护的国有和集体企业面临的往往是这种缺少压力的环境，而乡镇企业则面临的是较大竞争压力的环境。在这种条件下，乡镇企业的效率产生于竞争，国有和城市集体企业的效率损失则产生于缺乏足够的竞争。

竞争压力程度的差异正是来自产权机制的差异，来自企业的市场经营决策权的独立化程度。在市场经营决策权方面受到限制的企业的收入往往也受到限制，软预算正是对这种产权利益的一种补偿。结果，这种补偿却会导致低效率，真正是"一举两失"，即双重性损失。

二　产权结构差异是效率差异的重要原因

从产权结构的比较来看，国有企业和城市集体企业与乡镇企业的确存在着较大的差异。无论是对企业财产使用的决策权，即生产决策、市场经营决策、内部工资分配和管理决策，还是对剩余利润的支配权，都存在十分明显的差异。从理论上讲产权结构的这些差异就是激励机制的差异，因而会导致不同的激励效果，造成效率的差异。但是，从经验上如何证实这一点呢？因为在实践中还存在一些其他导致效率差异的因素，例如市场的竞争状况，等等。因此，我们有必要从经验上证实这些产权结构的差异至少是造成效率差异的原因之一。

当然，理论上的有激励效果的产权机制在实证分析中不一定表现出很大优势，尤其在短期内，由于某些政策扭曲了效率与产权结构的联系，从而使得产权差异与效率差异的相关性有所削弱。但是，在较长的时期内，有利于效率的产权结构会产生出有激励效果的效率。在这两者之间，必然存在着某种不可避免的相关性。

（一）剩余支配权对企业效率的影响

不同剩余支配权的产权机制具有不同的利润分配比例。这种剩余支配权分配比例对企业效率究竟有无影响，我们把 LP、GP 和 DP，即职工所得比例、政府所得比例和厂长（经理）可支配利润的比例作为说明变量，放入生产函数中进行回归，以便考察它们对生产率的影响作用。

表 4　　　　　　　　　剩余支配权在生产函数中的回归结果

时间	1986—1990 年	1986 年	1987 年	1988 年	1989 年	1990 年
int	− 0. 325 （ − 4. 32）	− 0. 974 （ − 3. 31）	− 0. 526 （ − 3. 34）	− 0. 229 （ − 1. 51）	− 0. 296 （ − 1. 98）	− 0. 122 （ − 0. 74）
LK	0. 458 （33. 43）	0. 354 （7. 93）	0. 457 （16. 58）	0. 454 （15. 57）	0. 425 （14. 56）	0. 430 （13. 24）
LL	0. 030 （2. 934）	0. 097 （2. 23）	0. 050 （2. 46）	0. 022 （1. 09）	0. 035 （1. 73）	0. 013 （0. 58）
LLP	− 0. 016 （ − 6. 76）	− 0. 014 （ − 1. 76）	− 0. 005 （ − 1. 10）	− 0. 018 （ − 4. 00）	− 0. 025 （ − 4. 34）	− 0. 012 （ − 2. 79）
LGP	− 0. 012 （ − 1. 04）	− 0. 023 （ − 0. 57）	0. 003 （0. 12）	0. 0005 （0. 02）	− 0. 028 （ − 1. 14）	− 0. 022 （ − 0. 92）

续表

时间	1986—1990 年	1986 年	1987 年	1988 年	1989 年	1990 年
LDP	0.037 (3.664)	0.088 (1.90)	0.063 (2.54)	0.048 (1.95)	0.039 (1.62)	0.003 (0.22)
N	3643	337	881	915	820	670
Adj. R^2	0.2838	0.2100	0.2905	0.2555	0.2623	0.2435
F	289.57	18.86	73.08	63.72	59.33	44.06

注：int 为截距，LK、LL 分别为对资本和劳动变量取对数。小括号中的数值为 T 检验值，LLP、LGP、LDP 分别为对剩余支配权比例的变量取对数。参见表 1。

从表 4 中可以发现，职工所得比例对效率有着明显的负效应，而厂长可支配利润的比例则对效率有着明显的正效应。政府所得比例对效率表现为不显著的负效应。也就是说，在剩余权分配中，职工所得的比例越大，对效率的影响越不利。而政府所得比例亦对效率有一定的不利作用。只有厂长可支配利润的比例对效率有着积极的促进作用。

这样，我们可以发现效率差异的一个重要来源，这就是产权结构的差异，即各种不同的剩余权分配的结构差异。为什么它们会造成这种对效率的正效应或负效应呢？首先从职工所得比例来看，其所占份额越大，表明企业利润用于发展生产的比例越低。而且，职工的收入具有一定的刚性，尽管在短期内可能由于分享利润带来一定的激励，但这种激励会随着时间的推移逐步丧失，而使得其所分享利润的份额具有刚性化的类似于成本的性质。这是职工收入必然具有的成本刚性的属性。时间越长，这种成本属性的剩余份额与效率和利润的增长的负相关会越明显。用分享利润的方式去激励职工，似乎是得不偿失的。成本和利润这两种东西是对不同类型支出的报酬，它们的决定机制也不一样，混同在一起的话则会造成许多不必要的摩擦成本。

其次，从政府所得比例来看，政府主要通过所得税、调节税、上缴教育基金和能源交通基金等方式来占有企业利润，例如，55% 的所得税、一定比例的调节税等。一般来说，企业利润越多，政府占有亦越多。从动态来看，政府占有剩余越多，企业的边际收益与其成本相等的收敛点亦越高，企业发展生产的内在动力亦越小，所以这种关系也表现为某种负相关性。当然，这种负相关性不像职工所得比例与效率的负相关那么显著，这主要是由于政府占有的较高剩余份额会促使其易于批准对该企业的新投资的增加。

最后，从厂长可支配利润比例来看，它包括企业发展基金、厂长可支配的各种机动基金，也可能包括厂长（经理）的奖励性报酬（这种报酬往往是按一定比例或一定的规则提取的），以及厂长的工作上的消费支出。较大的企业发展基金份额必然有利于企业的效率和发展。对厂长的奖励性报酬也会有很大的激励作用，较之对职工的奖励来说，其支出较小而效果甚大。这是在等级制的生产分工条件下的激励规则，至于工作消费，例如办公楼、汽车等，不仅主管部门对此有限制，职工也会在很大程度上制约某些过分的奢侈。所以，厂长（经理）可以支配剩余部分对企业效率具有正效应是可以理解的。

（二）经营管理决策权对企业效率的影响

不同的剩余分配格局会造成效率的差异，那么不同的经营管理决策权是否也有同样的结果呢？从理论上讲也应该是这样。决策权较少受到各方面的限制的企业应是较有效率的；相反，决策权受到的干预越多，限制越多，则相对来说，其效率越低。这种假设是否成立，我们可以从经验上加以测试。

表5给出了按决策权分组的虚拟变量在生产函数中的回归结果。决策权分组以几种主要的决策权为基础，这就是生产计划、奖金水平决定、职工工资差距的确定、投资和扩大生产能力。这四种决策权是目前企业最主要的决策权，从中可以反映出企业对资产的使用权和控制权，对收入的分配权以及对剩余的支配权。

表5	决策权变量的回归结果（1990年）
int	− 0. 384　（− 2. 021）
LK	0. 436　（17. 393）

续表

LL	-0.027（-1.494）
D2	0.284（1.999）
D3	0.331（1.947）
N	1551
F	90.621
Adj. R^2	0.1878

　　注：D2 表示上述决策权部分由企业自行决定，部分由主管部门决定。D3 表示上述决策权均由企业自行决定。其余变量含义同表4。

　　上述经验分析结果可以支持企业决策权与效率相关的假设。

　　实际上，企业越具有较大的决策权，表明其越是独立于所有者的控制，表明企业的控制使用权越是分离于其所有权。在所有者的利益与企业自身利益不一致时，在存在两者之间的若干摩擦的情形下，这种较大的分离和独立是有利于企业的发展、有利于提高效率的。

　　但是，对于企业的市场经营决策权来说，却未能得到同样的结果。对市场经营决策权回归分析的结果表明，不受销售购买等限制的企业的效率反而低，受限制的企业效率则高。这种结果实际上不是说明决策权作为原因对企业的影响，而是说明了政府有倾向性地控制企业市场经营决策权的结果，即对效率高、利润多的企业实行紧的市场控制，而对效率低、利润少的企业实行放开政策。

三　结论

　　对企业效率的促进作用来源于产权主体对其报酬的合理使用，来源于产权主体的努力性支出与所得报酬的相互激励的良性循环，即支出是为了得到更多报酬或利益，所得利益又激励了更大的支出或努力。因此，企业所有者的利益是直接来自处在市场竞争体系中的企业自身，还是来自处在市场之外的政府等级体系的分配，这是决定企业产权的激励机制能否有效运行的根本原因。实际上，任何有激励性的工作都是对其激励来源的反馈。企业所有者对企业效率的积极促进正是来自企业利益的激励。

国家作为国有企业的所有者，由于其所要兼顾的利益太多，不可能与企业的自身利益保持较密切的一致性，企业主管部门作为国家所有者的代表，实际上并不是直接受益于企业，而更多地与政府内的等级控制体制的运行相关，与某个单独的企业利益相关甚小。造成这种状况的原因主要在于企业的绩效在一定程度上与主管部门的努力并非十分相关。即使主管官员努力想把其主管的企业搞好，这可能对于其晋级等是有利的，但是，企业的绩效在很大的程度上还受许多其他因素影响，例如收入激励不足、人力资源配置不合理、投资失误、市场变化等，这些都是某一主管部门所无法解决的问题，它没有协调各部门的职责和改变政策的权力。在这种情况下，很难使企业主管部门的努力性支出与其所达到的目标具有很大的相关性。因此，对主管部门的考核就失去了基本的标准。同时，因为提高企业的效率的努力并不总是能够奏效，这就使得主管部门对此丧失了大部分的激励动力，而转向以其他的方式追求其利益的实现。

乡镇企业的所有者大多为乡镇村政府及其代表，乡镇村政府处在整个政府等级体系的边缘，因而具有较大的游离于该体系之外的独立利益。在这个意义上，它们是某种相当独立的自主实体，或利益集团，这种政府所有者的特点是只兼顾较小的社区利益，以所在社区经济发展为主要目标，许多乡镇企业实际上是乡镇村政府的重要资金来源。由于乡镇村政府是乡镇企业利益发展的直接受惠者，这种利益的联系十分直接和紧密，因此，它们自然成为乡镇企业的保护者、促进者、受益者和代表者。

归纳起来，乡镇企业与国有企业的所有者代表的根本不同在于，首先，前者是企业利益的直接受惠者，而后者则不是。国有企业的所有者代表的直接利益来源于政府等级体系内的分配，而不是来源于企业通过市场体系的利益分配。乡镇企业所有者的利益主要依赖于市场分配。这是两者最重要的差异。其次，国有企业是分若干主管部门管理，不仅在利益和权力上是分开的，而且在权力上也是分头管理，各司其职，难以协调，而乡镇企业则没有这种多头管理的方式。对于较小的乡镇村政府来说，不可能也没有必要去这样做。因此它们对企业的管理目标较易实现，它们的努力与其利益能保持互为促进的相关性。

因此，从产权利益上来看，所有者及其代表能否具有独立的自主利益，而这种利益又是直接地受益于企业效率或利益，这是关系到所有者有无激励动力的问题。当国有企业所有者及其代表的利益主要依附于整个政府的等级体系，其动力不是来自企业的产权利益的激励，这样就不能产生对企业效率的促进作用。从中我们可以得到一个重要启示，这就是企业产权必须摆脱纵向的自上而下的政府体系的控制，而以具有自身利益的实体的控制为主。这样的实体得益于产权利益的激励，又反过来促进企业产权利益的进一步最大化。

从管理体制上来看，当企业是按行业由主管部门进行管理时，或当企业是由若干个部门分头管理、各司其职时，不仅无法把企业绩效与所有者代表的努力和能力联系起来（因为企业绩效的好坏很大程度上是某一部门无法决定的），使其所有者代表无法承担必要的责任、义务以及得到相应的利益，而且也会造成同行业的企业难以进行有效的竞争。因为只有具有不同利益的独立主体的所有者才是形成竞争的前提。因此，所有者对企业控制是按国家的行政职能多元化的方式，还是按市场分权的经济职能一元化的方式，这是产权体制改革要解决的重要问题。

经济发展将选择最有效率的企业，而效率又来自相应的产权结构。善于发现和总结出现有企业产权结构中能够有效促进效率的合理构成部分，这是在中国特定环境下进行渐进式改革的重要启示。

参考文献

Barzel, Yoram, *Economic Analysis of Property Rights*, Cambridge University Press, New York, 1989.

Demsetz, Harold, *Ownership*, *Control and the Firm*, B. Blackwell, 1988.

Oliver E. Williamson, *Market and Hierarchies：Analysis and Antitrust Implications*, The
　　Free Press, New York, 1975.

威廉·伯德、艾伦·盖尔伯:《为什么要工业化? ——对农村社区政府的激励》,
　　载林青松、威廉·伯德编著《中国的农村工业:结构、发展和改革》,经济
　　科学出版社1989年版。

(原载《经济研究》1995 年第 7 期)

现代企业的激励机制:剩余支配权

现代企业的发展是在产权关系不断重组和改造的基础上获得效率的提高,从而获得新的具有较好激励效果的产权制度的。"拥有许多属性的资产的不同子集总是倾向于由不同类型的人们所占有",也就是要由那些最能发现和挖掘这种资产属性的潜在价值的人们所实际占有,"结果,物质实体的所有权被分割,使不同属性的所有者独立地分离"(Barzel,1989)。本文试图分析企业的所有权职能在被分割和重组的条件下如何达到最优契约的可能性,如何获得效率提高的可能性,以及相应的理论和政策含义。

一 不同的产权职能收益

纵观各国,所有权和经营权的分离具有不同的形态和特征,但归根结底,它都表明了某种资本与依附于其上的各种职能形式相剥离的状态。资本正在以越来越纯粹的形式出现,而许多原先只能依附于资本的职能越来越取得了独立化的形式。

假若以不附加任何职能的非人格化的纯粹的资本为一初始的极端。它类似于债权,不需要去选择投资方向和经营者。这样的资本所有者类似于一般最普通的债权人。由此,他们得到的收益通常也只是相当于银行利息的水平,但也无须承担什么风险。

从初始点往前一步,出资者可成为一个不太一般的债权人。他需要选择投资于何处。若其投资于资本供不应求的行业或项目上,则可得到较高的资本回报率。如果投资选择错误,则出资者可能只得到较低的资本回报率，甚至有收不回成本的可能性。为了得到较大的收益，他就要冒较大的风险。这里较大的收益并不取决于他的资本，而取决于他的正确选择和为之承担的相应风险。也就是说，这一块高于银行利息水平的收益实际上是出资者正确投资决策的结果。但是，一旦其他出资者都涌入该行业投资，则资本回报率会下降至均衡水平。因此，依靠选择投资来得到对剩余的占有是有限的，为了得到更多的剩余则必须承担更多的风险。

下一步的发展则是出资者不仅要选择投资，而且要选择经营者的问题，这样他势必承担更大的风险，因为这不仅涉及选择投资的成功与否，还涉及选择经营者的成功与否。一旦两者都成功，出资者则会得到更高的资本回报，因为其他出资者的进入又多了一层障碍。这样出资者就能维持较长时间的高资本回报率。

第四步则是出资者在选择上述两者之外，还要控制企业的重大决策，掌握企业的市场定位，促进企业的市场占有份额的提高，等等。企业经理通常只行使日常决策，即决定某些比较确定的程序化的事务和内部管理决策。这样，出资者主要对付的是不确定性的决策，承担了不确定性的风险，因而可得到由此成功带来的全部收益回报。出资者不仅能在资本市场上获得高回报率，而且可能在产品市场竞争中得到市场定位、市场份额和质量优势等的成功。这种使企业处于长期不败之地的状况则会为出资者提供长期的高资本回报率。当然，出资者如果能同时又成为一个优秀的企业家才有此种可能。在实际中这样的概率恐怕是比较小的。

第五步可以看作另一个极端，出资者成为企业经理，掌握全部决策权和管理权。这样，他不仅可以得到不确定性决策所带来的收益或亏损，也可以得到企业日常经营决策的管理报酬。这时，出资者具有经营者和资本所有者的双重身份。实际上，在上述描述的五种不同决策职能分离状态中，还可以划分出更接近现实的更多的更细的决策职能的分离状态，但大致的划分可以提供一个抽象分析的思路，以便能从中概括出几种产权结构的模式。

从历史的发展来看，企业实际上是以与上述理论抽象对产权的描述过程相反的过程来发展的，即从企业家与出资者融为一体的角色开始，逐渐进入了越来越细的职能分工的发展过程。这种发展是不断在原先基础上进行了新的交易和谈判，然后达成了一种新的契约的结果。新契约的形成往往是在各方的原有利益不受到损害之下的帕雷托改进，因而产生了比原先的旧契约更高的生产率，而这种契约的不断改进导致产权结构的不断演化，以至成为今天存在的种种不同模式的产权结构，即完全的出资者所有制（经营者与出资者为一体者）、出资者主要控制的所有制（控制企业的重大决策）、出资者部分控制的所有制（选择投资和经营者）、出资者"用脚投票"的所有制（选择投资所在）和出资者作为债权人的所有制。

欧美国家的现代公司制较偏重于出资者主要控制的产权结构，日本的现代公司制则较偏重于出资者较少控制的产权结构。不同的国家之所以采用不同的结构模式是由其特定的经济、文化、社会和市场环境决定的，是该国在既定的社会经济土壤中，经过长期的发展、选择和协调的结果，它们都必然有其合理的基础。然而不管怎样，各国产权结构的模式似乎都存在着一种发展趋势，即朝着股权的弱化、企业法人权力的强化的方向发展。这些状况表明了一个共同特点，也就是随着社会财富的均等化，随着人力资本的普通平民化，社会越来越依靠那些能够独立于资本之外的人力资本的力量去创造财富。

二　关于剩余支配权

随着产权结构从完全的出资者所有权向部分的出资者所有权的演变，对于剩余支配权的分配问题就日益突出地表现出来。在完全的出资者所有权条件下，不存在这一问题，因为理所当然，剩余支配权是归之于出资者的。然而，一旦出资者仅仅承担部分的所有权职能。因而只有部分风险时,其所得到的资本回报率则必然会低于完全的出资者所有权条件下的资本回报率,这时则产生了剩余支配权的分配问题。

所以,首先产生的问题是,承担一部分所有权职能的企业法人是否应具有剩余支配权?由于实践中存在着种种不同的产权模式,因而对这个问题的回答也往往具有不同的答案。

产生于新古典学派的委托—代理理论主要倾向于股东具有主要剩余支配权,这是基于古典学派传统中的资本利润最大化是最有效率的理论。欧美的许多公司模式也与这一理论较一致,即股东享有很高程度的对剩余的支配权。一般来说,欧美公司往往根据公司本期收入进行灵活调整,通常占公司收益一半左右(青木昌彦,1994)。这种状况表明,这类公司模式中股东对事后剩余或利润有很大程度的支配权和控制权。

日本的公司模式从实践上和理论上都给出了与欧美模式截然不同的回答,以至于"说经营者是股东的代理人,在直觉上就很难接受"(青木昌彦,1995)。因为日本的公司并不是股东一元化控制模式。"一般股东拥有股票的目的不是控制企业的经营政策,而是以资本收益的形式实现高的收益率,剩余控制权则被交给了企业","不同于以股东的控制与经营者的市场导向性激励相结合为本质的 A 模式(指委托—代理模式——笔者注),……日本模式是向经营者大幅度地转让剩余控制权"(青木昌彦,1995)。因此,这种剩余支配权表现在日本的公司向股东支付固定比例的股利,通常每年支付的股利在股票票面价值的 10%—15%,即使暂时发生亏损,企业也会尽力维持通常的股利水平。日本公司的股利支付额与其收益的比例平均为 10% 左右(青木昌彦,1994),而支付股利之后的剩余则全部由企业支配。

正如德姆塞茨曾指出的,存在两种企业概念。一种是与经济理论中利润最大化的企业相联系的。这实际上在 19 世纪的商业世界中广泛存在,即公司化之前的企业。另一种是企业在很大程度上由管理者控制，他们可能寻求保持股东以一种最低可接受的正收益为满足，而以管理者的目标代替利润最大化目标。这就是真实世界中的现代化公司（Demsetz，1988）。欧美模式在一定程度上偏向于古典企业的模式，而日本模式则更侧重于真实世界的公司。

实际上，对这一问题的回答最早从奈特的"不确定性"的报酬到熊彼特的"创新"报酬，他们基本上都肯定了企业家的剩余支配权，在此基础上德姆塞茨表明，如果可能从利润收益中减去资本收益、管理收益、保险等，那么剩下的余额就是对于企业家在不确定性条件下所做的试验和承担纯粹意外风险的收益，这是一种职能性的收益（Demsetz，1988）。

理论上经常描述的委托人与代理人的目标冲突以及如何协调两者的问题，正是反映了剩余支配权问题上的矛盾和协调过程，究竟是经营者侵犯了股东的权益，还是股东应该给予企业或企业经营者一定的剩余支配权作为其职能收益的补偿？问题的复杂性在于，在实践中企业家和出资者的收益只能体现在利润这一共同的范畴之内，往往无法直接通过市场来较为准确地分离。因为现实存在着各种不同产权结构的企业，市场亦无法给出各种不同的收益标准，[①] 而只能给出最基本的资本报酬率，即利息率。所以承担各种不同产权职能的收益回报一般只能通过谈判、交易和契约来确定。这样，如何能够达成较高生产率的剩余支配权的分配契约或产权结构，便成为一个极其重要的问题。在这个意义上，一种资产将产生的净收入取决于对权力的描述（Barzel，1989）。而最大化的收入取决于一个双方协调和满意的契约，否则即使勉强达成了一个契约也不可能产生最大化的收入和具有较高的效率。因此，"描述和再分配所有权的合同理论是处在产权研究的中心位置上"（Barzel，1989）。所以，一种产权结构是否有效率则取决于这种合同对产权职能的描述和再分配的合理性程度。

---

① 市场可能给出一些参考标准，但需要依据本企业的具体状况在参考标准的基础上加以调整和修改。

三　产权契约的最优化

如果一个契约能产生最大化剩余或者能产生最大化效率，那么这样的契约无疑是一种最优化的选择。任何一种出资者与经营者的契约都是事前的，它只可能预见到一些约定的因素和可预见性事件带来的收入，而对于不确定性因素导致的结果则无法预见。因此，留给企业经营者寻求剩余的范围通常是这一块不可预见性的范围，留给他们去挖掘其潜力。这种行为被称为"商业试验"（Demsetz，1988），其收益就是结果所产生的剩余，企业得到的剩余越是接近于企业家非常规性的挖掘和开创性的努力，则激励效果越好，剩余就越可能达到最大化。

然而，实际上往往无法精确界定这种剩余及其范围。通常我们看到，欧美的许多公司采取的方式是规定事后收益的分配比例，例如，股东分红占收益的一定比例，经营者可支配的一定比例，等等。而日本的公司模式采取的方式则是规定事前收益的比例，股东分红按股票票面价值的一定比例进行。这样，他们得到的只是其投资的一个固定比例的回报率：当企业经营得较好时，企业股票升值，股东可以从中获益；当企业经营不好时，企业股票可能贬值，但股东仍可保持原票面价值的固定比例的收益，企业在一定范围内基本上自行承担了可能的剩余和损失，而尽量不让股东去承担。比较起来，欧美的公司股东享有较大的剩余支配权，基本上可以说是股东主权占支配地位。而日本的企业则是把股东的收益权事先加以固定，因而企业享有全部的事后收益权，可以说是企业主权占支配地位。

当然，这并不意味着日本的股东就只是一般的债权人。实际上，股东得到的股利基本相当于其作为一般债权人的回报，而其从股票升值中可能得到的资本收益则相当于对其投资选择的回报。这样，日本的股东基本上能够得到他们所应得到的回报。通过这样的市场分离收益的方式，股东得到了较为准确的投资报酬的评价。据青木昌彦的计算，日本的个人股东的税后市场收益率在最近的 20 年内，名义收益率为 17.9%，扣除通货膨胀因素后的实际收益率为 11.7%。这种收益率并不低于一般的西方公司（青木昌彦，1994）。在这里全部的事后收益或剩余支配权一方面并不影响股东的基本利益，另一方面却能带来对企业的很大激励效果，股东与企业的最优选择因而得到了一致化。

实际上，在个人出资者极为分散的条件下，他们主要依靠对投资的选择来得到剩余，至于选择企业家则是一件十分不容易的事，尤其是对潜在企业家的选择。企业家能在多大程度上获得成功取决于许多不确定因素。因此，许多分散的小股本出资者宁可选择那些已有较好绩效的企业进行投资，这样选择成本较小。在这个意义上，他们选择的是企业，而不是企业家，至于企业经营管理决策权，对于大多数分散的出资者来讲，参与成本更大，更不值得去为此操心。所以，分散的出资者通过其在资本市场的流动，寻求最好的投资场所，从而达到寻求剩余的目的，而经营者主要通过追求企业绩效和效率所产生的剩余，从而吸引资本的增加，扩大生产从而进一步扩大得到剩余的可能性。在出资者同时又是投资者的意义上，其所得收益主要是利息加上投资选择的回报。市场越是能较准确地评价出投资选择的回报率，则就越能较确定地划分出资者与企业的剩余分配界限，确定各自的剩余范围，因而使各自的剩余最大化目标都可能实现，使两者的最优目标能够彼此不冲突地得到统一。

如果我们把出资者局限在一种普通的债权所有者的范围，其余的所有者职能，包括投资选择权、生产经营权等，都看作企业家的职能，那么在这个意义上，企业家是使剩余最大化的关键承担者。出资者往往为之提供了可能性，而企业家则将其转化为必然性。由此看来，给企业家以寻求剩余最大化的较大空间是制定最优契约的重要前提。正如在出资者与企业家是一体化的古典企业中，利润最大化是最有效率的，而在现代企业中，似乎剩余最大化才是最有效率的。在一个企业没有剩余权或只有很小剩余权的契约中，这种最大化效率一般不太可能产生,因为它忽视了对产生和创造剩余的直接承担者的激励。在这个意义上,新的产权承担者的产生是反应于创造剩余的新的经济力量的。因此,能从财产中得到收益的权力来自能创造这种财产的能力。

四　关于"内部人控制"及其约束机制

在不存在资本市场的条件下,获得剩余支配权的企业被"内部人控制"就似乎不可避免。内部人控制固然有其缺陷,但在国有资本占统治地位的条件下,指望政府及其机构作为出资者代表来约束企业实际上又会导致行政干预及政企不分的结果。一些人主张利用国有的资产经营机构来约束企业,以便减少"内部人控制"的问题。实际上,这种国有资产经营机构要么成为"翻牌公司",即换汤不换药的原行政机构的翻版,要么成为一种"内部人控制"的公司。因此,一般"内部人控制"的企业需要外部约束,但如果约束它们的资产经营公司也是内部人控制的话,那么由谁来约束这类公司呢?如果这些公司缺少有效的外部约束,又怎能保证这种"内部人控制"不产生低效率的资源配置,或不对其经营的企业产生不利的约束作用呢?

那么,在"内部人控制"是无法避免的条件下,怎样形成一种有效率的约束机制呢?

政府作为出资者代表对企业的负面作用已是众所周知的。由于政府目标与企业目标不可能一致,其经常以偏离企业发展的目标代替企业自身的最优目标,往往给企业带来较低效率的结果。企业家完全可以承担出资者的很多所有权职能并带来较高效率,不能替代的只是出资者的债权身份,这也是目前中国国有企业实际存在的唯一有效的出资者所有权。因此,国有出资者仅仅保持债权人的所有权职能是有利于企业提高效率的,在约束方面政府也应以债权所有者的身份为基础,将干预权保持在其基本债权不受到损害的范围内。

当然，市场是约束机制必不可少的基础。如果说资本市场上资本价格为约束机制的实行提供了必要信号，那么这种信号首先源自商品市场。企业经营好坏最主要是在商品市场上表现出来的，企业绩效在商品市场与在资本市场的关系是因果关系。虽然商品市场不能直接像资本市场那样对企业产生接管、购并之类的威胁，但商品市场所提供的信号则可以同样对出资者和企业经营者以及其他契约伙伴发出警告。在日本，许多公司也并不主要依赖资本市场的惩罚，"公司间相互持股的数额很大，以至于不可能通过公开投标接管日本厂商。所以，日本厂商的管理部门不会受到股东通过股票市场施加的惩罚"（青木昌彦，1994）。企业主要"受到金融中介机构的严格监督，尤其是当它不得不依靠从银行那里借款来筹集投资资金时，主要放款银行起着特别重要的监督作用"。"主要放款银行发现客户公司陷于财务困境时则实行紧急救援。实施救援计划的直接目的是保护自己的贷款"（青木昌彦，1994）。因此，通过债权人的利益关系的牵制可在较大程度上约束企业。也就是说，这种"内部人控制"状况在经营不好时会受到干预，而在经营正常或良好时则不受干预。实际上，在资本市场或股市上，企业也存在内部人控制的状况，也是在其经营不好时才有购并、接管之类的约束机制发挥作用，而在其正常经营下则不受什么干预。所以，"内部人控制"的企业受到的直接外部约束可能也是来自其他的"内部人控制"的企业，例如银行、金融机构或其他基金。这种外部约束是通过"内部人"企业在市场上的相互约束网络来实现的，该网络是横向的，而非纵向的或自上而下的约束。

国有资产经营公司或投资公司，如果作为企业的话，实际上也并不是真正的出资者或其代表，它们仅仅是借用国有资产来投资，国家作为基本债权人获得利息，公司则得到投资选择的收益，以此收益为基础，自负盈亏，自己承担风险。因此，它们只是一系列所有权职能中的某些职能的承担者。它们与其所投资企业的关系是一种契约利益关系，即通过契约来分享利润。这种契约的合理与否是关系企业效率高低的关键。当然，企业自己如果能发现较好的投资选择，亦可自行筹资或贷款来投资，因此可以自己得到投资选择的收益，同样也要自己承担风险。因此，企业并不一定非要受到资产经营公司的制约，如果它们觉得这种制约不利于本企业发展的话。在这个意义上，企业的相互约束都是自愿的、平等的。在权利对称的条件下，双方都知道自己应该承担的产权职能及其应得的收益，这样它们就会各自在自己的范围内寻求最大化收益，而不会损害另一方的利益，因而才有可能达到一种有效率的最优均衡状态。

对于经营者自身利益而言，激励本身也是一种约束，激励越大则约束亦越大。一个企业的成功就是对企业家的最大激励。企业家在社会中的地位、作用随企业的发展而不断上升，这是充分发挥企业家的成就感的激励作用。由于企业家的特质性，其主要依附于某一特定企业，而退出该企业则存在着很大的退出障碍，意味着他要放弃自己的长期人力资本的积累，这实际上也是一种约束。至于其他的契约利益的制约，例如企业员工、业务伙伴等，也会在一定程度上对企业的发展起着不可忽视的影响。尤其是员工，其利益与企业的利益直接息息相关，一旦出现经营或管理不善，必然直接影响员工的收益水平。因此，员工利益在较大程度上也可制约经营者。

只有当每个企业实体都有自身独立利益，自负盈亏时，上述外部约束和内部约束才是有效率的。所以，对于"内部人控制"的问题来说，最根本和最有效的约束是企业的自负盈亏，即以自身的资本来承担可能的风险。这里就不能不涉及企业财产权的问题。

五　关于企业财产权

现在，重要的问题在于企业是否应有属于自己的财产？这不是通常意义上的法人财产权，而是实实在在的企业财产权。在国有出资者的虚置有利于企业效率提高和发展的情形下，法人财产对于需要承担自负盈亏的企业来说是不够的，企业必须用自己的钱而不是出资者的钱去承担责任，尽管这可能承担的是部分的、有限的责任。

我们实际上已肯定地回答了企业是否应具有剩余支配权的问题。那么在此基础上，企业的财产权实际上已被肯定。在实践中这种企业财产以种种形式而存在，例如，企业的留存利润（西方公司中称之为 Retained Earnings）、公积金积累、附加价值等。

在日本企业的现实中，"企业所追求的与其说是'长期利润'，不如说是'长期的总附加价值'……绝不是追求古典资本主义的利润，即作为向股东分红的资金"（伊丹敬之，1995）。这种总附加价值实际上可以看作企业的自有资本，它是的确存在的，不同于作为出资者财产的企业资本。

企业的可支配剩余主要是用于生产发展和研究开发。此项剩余积累越多，则可用于企业发展的预算就越大，企业的可开发潜力就越大。这种生产和发展基金（R&D）的使用是直接与企业的创新活动相联系的，能产生对企业未来发展潜力的有利预期。在西方国家的股市上，公司定期公布账目，其中的留存利润越高，则其股票价格越看涨。因为人们普遍看好这类有实际潜力的企业。对于企业的个人投资者而言，"宁愿利润留存在厂商手中，而不愿厂商支付股息"，"从长期来看，日本厂商的个人股东一直享有合理的收益率，这是由于日本厂商用留存利润替代了股息的缘故"（青木昌彦，1994）。这不仅是由于股息分红要纳较高的税，还由于其所持的股票会因此而升值。在这个意义上，出资者与企业可以取得最优化目标一致的可能性。

由这种剩余的积累所形成的企业自有资本实际上是企业自身创造的，是在企业的剩余最大化动机的驱使下形成的。没有这种动机就无法形成什么剩余，因此这种剩余是在出资者的财产之外形成的。它本身的存在并不影响出资者的利益。在存在资本市场的情形下，出资者可从其企业股票升值中受益，而在没有资本市场的条件下，出资者的资产则可由于企业自有资本的积累而得到较好保护。所以，出资者还能因此而受益。

这种剩余的积累一方面来自企业经营者对于"不确定性"把握得较好而产生的收益，同时还来自企业内部组织管理较好协调而产生的效率。这些都需要较长时期的信息收集和经验积累的过程才能实现。所谓"不确定性"，主要是由信息缺乏所致，但如果经过足够掌握这些必要信息的过程，则不确定性在很大程度上会成为确定性或较大概率的确定性。这样的过程实际上是一种投资。各种投资公司或金融中介机构就是这类投资的典型企业，它们主要依靠智力密集型的人力资本来进行投资选择，并获得相应的收益。所谓企业的"组织低效率"在一定程度上也可以归结为企业的组织管理者不能较协调地组织企业员工，制定合适的激励，从而较好地挖掘他们的潜力的结果。要达到较高的组织效率，企业经营管理者要掌握充分必要的信息，同时必须经过一定时期的"磨合"过程才能形成彼此的协调和默契，这种过程也是一种重要的非物质形态的投资。在生产函数中我们通常只能测定资本、劳动作为可观测到的投入要素的产出率。然而我们却不能解释，对于同样资本、劳动和同样技术条件及同样产出品的生产函数，为什么会有不同的生产效率？解释只能在于，效率来自无形的投资。对于现实中大量存在的低效率企业的事实，让效率高的企业具有剩余支配权，获得超过社会一般资本利润水平之上的剩余，是对他们的额外的无形投资的合理补偿，也是对所有企业的一种有效激励。

企业资产一旦形成，就会成为激励企业家和企业员工的重要力量。这种资本实际上是一种"长期总附加价值"，是一种企业所追求的自身的最大化目标。它与企业家和员工的利益切切实实地联系在一起。它反映了企业内各项人力资本的长期投资，反映了各种要素的协调合力所产生的效率，它也会促使企业挖掘一切可能的潜力，并去寻求"不确定性"的市场机会。

企业自有资本是来源于企业家寻求"不确定性"产生的剩余，来源于企业管理的组织效率。对于企业家和员工来讲，长期的专业分工和相应的信息积累一方面使其积累了雄厚的人力资本，另一方面又使其存在着很大的退出成本和退出障碍。企业自有资本正是对这种退出障碍的补偿和保护，但是，它作为总体来讲是不可量化到个人的①。因为企业自有资本很大程度上来源于组织效率，它具有一种整体性的特点。因此它的主要作用在于进一步保障企业的生产率能不断地持续下去和得到发展，保护企业及其成员的现在利益和未来利益。

总而言之，企业财产权比通常意义上的法人财产权的有限责任具有更大的责任和权力。因此这种机制可能特别适合于出资者作为债权人的所有制模式的企业状况。

六　政策应用含义

众所周知，中国的市场经济要能够形成，首先是要有具有竞争性的市场主体，即企业实体的存在才有可能。就目前大多数国有企业来看，它们正处于一种彷徨观望的等待状态，还没有找到一种合适的体制，因而很大程度上还依赖各种形式的软预算保护，这就造成了它们并没有较强的竞争动力。因此，在目前激烈的市场竞争中它们不可避免地处于劣势。如果它们的独立利益能在完整的意义上被承认，那么这对形成民营化的分散经营状况，从而形成较为充分有效的市场竞争是有着举足轻重的意义的。

目前，对于大多数国有企业来说，不可能都成为上市股份公司，也不可能都实行"三资嫁接"或拍卖的方式。那么，有限责任公司是否是它们的一个较好选择呢？许多企业对此采取了不积极的态度。它们认为，要么成为上市公司，要么还不如不搞公司。具体分析起来，有限责任公司的根本问题在于，现有的国有企业改造为公司，基本上仍是国有资本占绝对优势，而其他的法人股微乎其微，不成气候。在这种情形下，国有出资者的剩余支配权甚至比原先承包制

---

① 企业财产权或剩余权并不等于厂长或员工作为个人得到这种财产的权利。厂长及员工从企业财产中所得到的收益及其分配结构是一个需要另行研究的重要问题。

下更大,而企业的剩余支配权所剩无几。因此,这对企业追求剩余或追求效率的动机和行为是极其不利的,企业对此当然缺少动力。

承包制下企业获得一定的剩余权,因而产生了较大的激励效应,在一定程度上导致了帕累托改进式的效率提高。但由于那种剩余权是极不完全的,出资者不仅仍然对企业的许多重大决策权保持控制,还对企业的人事权和干部任免权保持控制。企业经营者通常只有三年的承包期。这种剩余权根本就无法成为一种推动企业长期发展的动力。企业经营者既无法预料承包期后会有什么政策变化,也不知道自己能在这个职位上待多久,奉命调动是随时可能发生的。于是,短期行为化的倾向占了上风。

要从根本上承认企业的独立利益,企业的财产权是十分必要的。一个绩效很好的企业,在扣除了各种可能的事先规定的收益分配之后,势必还有着较大的剩余,这就是企业自有资本来源。企业自有资本是与企业的绩效呈正相关关系的。当企业绩效上升时,企业自有资本积累随之扩大,反之则不断缩小。企业经营绩效低于一定水平时,则不存在什么剩余,自有资本丧失来源。当企业濒临破产时,通常是资不抵债,企业自有资本亦不再存在。通常在后两种情形下,企业被接管、改组或兼并的可能性很大。因此,企业财产权只是在一定程度上被内部人控制,而在此之外,企业被重组或其可流动性是完全可能的。

确立企业的财产权是确保企业长期发展和具有长期发展动机的前提,没有财产权的企业一旦有了点钱总是倾向于分光,或是大量用于不必要的“工作消费”。在出资者对企业的信息不可能充分掌握的情形下,这种倾向是无法避免的。所以,“虚报”或“瞒报”的方式层出不穷,防不胜防。这种情形导致了很高的“代理成本”,其包括企业发展动力的丧失和效率的低下,以及不必要的钱物的浪费和挥霍,等等。长期财产权还有利于企业在市场波动中发展,可以以丰补歉,增强对市场波动的承受能力,而不至于像只有短期承包权那样,在市场景气时捞一把,而在不景气时依赖软预算的保护。

总之，企业财产权是企业对未来及发展的预期和信心的基础，是企业长期行为的保障。

当然，在具有企业财产权的条件下，对来自职工分光"剩余"，侵蚀企业积累的倾向，在产品市场竞争激烈的今天，它会受到市场的有力约束。因为任何企业一旦没有发展基金，没有后劲，很快就会处于竞争劣势而陷入困境，从而导致破产。如果企业员工能认清自己不再有往昔的"软预算"和"铁饭碗"，就会同样具有市场压力和积极竞争的动力。

目前的状况是，资本市场的形成受到各种限制，从而不存在一个有效的资本市场。因此，企业不得不在较大程度上依赖银行。在这种情形下，银行可在很大程度上监控企业的运行。在企业确立了自身财产权的前提下，国有企业与出资者的关系就不再是传统体制下的那种关系了。出资者主要通过银行与企业之间的利益制约关系来实现其对企业的所有权职能。由于企业资本贷款运营好坏与银行金融机构的利益密切相关，他们一旦发现企业面临困境则会采取必要的措施。一般来说，企业受干预的临界点在于其债务约束界限，这种约束往往比股本约束界限更硬。国有出资者保持这样的所有权职能状态有利于促使企业形成追求最大化剩余的动机，也有利于减少不必要的代理成本。

总之，企业有了自身财产权就可以在较大程度上自负盈亏，就能较负责任地承担一定风险，尤其是在企业的出资者处于债权所有者的状态时，企业实际需要更大的责任（即依靠自己的积累资本）来承担所有权的职能。这种企业的产权结构在中国现有的条件下，比较接近现实，可以成为一种供选择的改革模式。

参考文献

Barzel, Yoram, *Economic Analysis of Property Rights*, Cambridge University Press, New York, 1989.

Demsetz, Harold, *Ownership*, *Control and the Firm*, B. Blackwell, 1988.

韩朝华：《日本现代企业产权结构的理论启示》，讨论稿，1995 年。

今井贤一、小宫隆太郎主编:《现代日本企业制度》,陈晋等译,经济科学出版社
　　1995 年版。

钱颖一:《企业的治理结构改革和融资结构改革》,《经济研究》1995 年第 1 期。

青木昌彦:《契约论分析与日本企业》,载《现代日本企业制度》,经济科学出版
　　社 1995 年版。

青木昌彦:《日本经济中的信息、激励与谈判》,朱泱、汪同三译,商务印书馆
　　1994 年版。

伊丹敬之:《日本企业的"人本主义"体制》,载《现代日本企业制度》,经济科
　　学出版社 1995 年版。

张胜荣:《看不见的资源与现代企业制度》,《经济研究》1995 年第 10 期。

张维迎:《企业的企业家——契约理论》,上海三联出版社、上海人民出版社 1995
　　年版。

（原载《经济研究》1996 年第 5 期）

转轨经济中的企业主权模式[*]

　　企业所有权是企业治理结构的安排，具体来说则是指特定条件或阶段下分别不同地由企业投资者或经营者或出资者主要控制的决策权、剩余权和财产权等状态，这种状态又可称为依存状态所有权。特别提出这种具体的企业所有权概念的原因在于，从中国的现实来看，它是相对于国家所有权，即国有企业的终极所有权的范畴而言的。在国家所有权对于企业来说通常是虚设的情形下，大多数企业的效率主要来自这种产权的激励。而企业之所以能够成为真正的企业，也在于这种企业所有制前提的确立，因而它对于形成中国特色的市场经济具有特别重要的意义。

　　本文将从企业发展的角度来考察企业的依存状态所有权的调整问题，分析主要是建立在中国国情的基础上。首先，分析以一个最简化的人力资本和资本的一般模型为基础。其次，考察在企业的发展中会出现什么变化和新特点，在这种变化的条件下，剩余控制权会有什么变化才能适应新的发展和效率的需要。在中国的实际经济改革中大量自发产生的企业主权模式正反映着企业的发展对于其治理结构调整的迫切需要。本文概括了从现实中产生或正在产生的具有中国特点的企业主权模式及其特征。最后，文章论证了企业所有权对于国有企业成为真正独立的市场主体和促进市场化的决定意义，同时市场

---

　　* 本文系笔者负责的国家社会科学基金项目"产权、市场和效率"的总报告（已于1996年年底结项）的一部分，在参考了一些新文献和有关讨论的基础上，经过重新整理、补充和加工而成。在讨论中本人受益于唐宗焜、张曙光、韩朝华，在此表示感谢，当然，文责自负。

对于促使企业主权模式的进一步合理化也起着决定性的作用。

一　剩余权安排的一般基础

为了简化分析，我们先从一个最简单的模型开始。假定一个企业由两种产权要素组成。一种是企业所有的物质资本要素，另一种是企业所有的人力资本要素。假定物质资本要素的承担者如股东或债权人并不具备人力资本，而企业的人力资本要素的承担者如经营者和员工则不含有物质资本。企业中两种产权要素的相对稀缺关系就成为决定企业剩余权分配的重要因素。因为产权要素的这种稀缺性质是决定企业产品价格，决定企业收益率，从而决定企业价值的关键因素，而企业的剩余又主要是由企业的收益率高低所决定的。在这个意义上，产权要素的相对稀缺性越大，则对剩余权的控制应越多，这是按照其对创造剩余的贡献能力所决定的。这也是剩余权对生产要素的激励作用。

一般来说，纯粹的不附加任何人力资本的资本要素是同质的，而人力资本则由于人的能力、技术和智慧的千差万别而具有很大程度的异质性。当这两种要素在企业中结合为一体时，企业因而便有了种种异质性的差异。在实际经济中，资本和人力资本要素往往是相互交错的，所以情况变得十分复杂。然而中国的国有企业却类似于上述的简化模型，即企业的国有资本所有权并不具有人力资本的承担者，而人力资本所有者通常又不具有物质资本。因此，国有企业的问题也具有某种简化的特征。

剩余权不仅与企业产权要素的激励相关，还与企业产权要素承担的风险密切相关。在古典企业中企业出资者、投资者和经营者为一体化的产权主体时，因其承担了全部的风险因而就理所当然地控制企业的全部剩余权。然而，在现代企业中，情况则发生了很大的变化。尤其在出资者极其分散的情形下，例如上市公司，或国有企业，出资者在企业中所承担的风险的分散性越大，每一个体所分摊的风险相对就越小。这种对风险的分散化趋势使得每一个出资者的风险承担程度大大降低。尤其对于国有企业来说，其风险若分摊到全民中的每个人那则是微乎其微的。在这种情形下，原来由出资者承担的很大一部分风险势必会转移到企业的其他产权要素上，例如债权人、经营者和员工。

所谓风险，就是企业所面临的失败的可能。企业承担风险的能力是与企业创造价值的能力成正比的，而后者又与企业能否有效投入人力资本密切相关。人力资本能够从创造价值或积极增值的角度增加企业抗风险的能力。这是一种积极抵御风险的方式。因为人力资本的收益增加是直接与企业收益率的增加相联系的，其采取积极的使企业增值的方式是受一种内在必然动机所驱使，企业失败也必然导致他们的利益的损失。在这个意义上可以说，人力资本虽然无法直接承担资本损失的风险，但由于资本是他们赖以进行创新从而使企业价值增值的基础，他们势必会尽可能地把有关资本的损失减少到最低程度，这样才可能得到利益最大化。在这个意义上，人力资本可以间接承担资本损失的风险，即以自己利益的最大化来减少资本损失的风险。

若把资本看作一种无任何附加人力资本的要素，那么其对风险的承担则完全是被动的，主要取决于人力资本的成功或失败。人力资本一旦失败，对于企业资本的损失只能是"负盈不负亏"。这种不对称正像股东对企业的投资最多只承担其股本的投入，而并不承担可能造成的全部损失一样。人力资本所承担的损失通常也是局限于人力资本自身的投入，这往往是一种看不见的投入形态，因而通常被人们所忽视。如果说为了避免这种风险，那么只有让资本所有者自己去经营企业，自己承担全部风险。这样的话无疑会大大减少人力资本的创新机会和创新激励。对于一个社会来说，资本损失的风险并不会因此而减少，因为社会失去了许多潜在资源的开发而会失去许多新价值的增值，社会的总体效益却可能因此而下降。现代企业的发展，企业所有权和经营权的分离，并未因所谓的"盈亏不对称"而受到影响，相反大量的企业往往因此而得到迅速的发展。企业的发展依赖于创新，而创新又依赖于激励。没有对人力资本的有效激励，就无法挖掘出种种潜在的价值。如果总是从保守的角度去对待人力资本及其可能带来的风险，那么就恐怕很难得到创新的机会，大量的资本本身若没有人力资本的激活，就会成为死的无法增值的资本。国有企业的现状似乎就是一个最好的说明。

从竞争性市场和非竞争性市场的角度来看，自发形成的市场经济中的非竞争性市场主要由垄断、寡头经济所构成。它们往往由于市场流动障碍较大才形成这种结果，流动障碍的原因通常是对较大规模资本的依赖，对较高的资本密集型技术的依赖，或者是由于市场失灵而致使政府对某些市场的权力控制，等等。在非竞争性市场上，由于对资本或权力的依赖较大，所以在该市场领域内的利益差异的决定因素在于垄断势力的强弱，而不在于单纯的人力资本的竞争力的强弱。但是只要是在垄断势力相当的条件下，利益差异的决定因素仍然取决于人力资本竞争力的大小。同样的道理，在竞争性越强的市场，人力资本所起的作用往往越大。这是由于竞争性市场的流动障碍最低，因而对资本等具有一定垄断性的要素的依赖性最小。在该市场领域内利益差异的决定因素主要不在于资本，而在于人力资本竞争力的强弱。所以，在竞争性市场人力资本相对资本来说总是稀缺的，而在非竞争性市场，资本垄断力量往往使资本成为相对稀缺。同样，竞争性市场使得企业面临多变的不确定性，出资者不易监督，信息费用昂贵，而非竞争性市场的不确定性要小得多，监督成本和信息费用都较低。因此，在竞争性市场上，人力资本较之非竞争性市场的人力资本而言通常具有较大的剩余权。

从以上的分析来看，在许多人力资本稀缺的领域，在竞争性市场上的企业，人力资本的剩余权往往比资本的剩余权更有效率。当然，剩余控制权只是意味着控制者具有分配剩余的决策权，并不意味着这些剩余就归其所有。市场机制在决定和影响企业如何分配剩余方面具有极其重要的作用，尤其是竞争性市场，这种决定作用就更明显。

二　企业在不同发展阶段的效率来源

企业的生命周期与企业的治理结构变化是密切相关的。如果我们把企业的生命周期大致划分为三个阶段，即创立发展阶段、成熟扩张阶段和衰退阶段，那么则可以根据这些不同阶段效率的决定因素来考察治理结构在其中的相应变化。

在企业的创立发展阶段，起决定作用的是投资者选择的经营者。如果他们发现了好的机会，就能获得高额利润；反之，如果他们判断错误，就会造成投资失误，因而在企业创立发展初期就会导致亏损。投资者将不得不自己承担这种失误的后果。在这种情形下，企业的生命极其短暂。在这一阶段，投资者面临的风险相对较大，而经营者承担的风险相对很小，同时由于企业创立发展阶段的剩余主要来源于投资者发现的市场机会，故投资者往往控制企业的剩余权。为了获得不确定性条件下可能的高收益，投资者必然要进行大量信息收集、分析和研究工作，进行市场调查和最新技术发展方面的研究，等等。这些工作都涉及大量时间、精力、财力和知识积累的投入，所以投资者往往越来越专业化。由于这种专业化较强，擅长投资评估和效益分析的投资者并不一定都精通企业经营和管理，因此，投资者不仅从出资者中独立出来，而且也可能与经营者相分离。这种分工不仅仅是一种专业化的技术分工，更是一种与产权结构紧密相连的产权职能分工。也就是说，它把原先一体化的产权分解成若干种不同职能，按照每一职能承担者的最优效率的要求去行使这些职能。

当企业进入成熟扩张阶段时，竞争依旧十分激烈。如果说第一阶段是投资的竞争，是投资选择的正确与否，那么这一阶段的竞争就是产品的竞争，是质量，是信誉，是效率的竞争。在这一阶段，企业的竞争才是真正白热化的。谁要扩张，谁要被淘汰，都取决于此阶段的企业实力和效率。假定投资者本身并不擅长企业的经营管理，而把创立后的企业交给经营者去经营。那么，随着市场竞争的日趋激烈，尤其对于那些不确定性较大的企业来说，由投资者来掌握剩余控制权已愈益困难。而经营者能否成功地在市场竞争中获胜，一方面取决于其自身的素质和经验，更重要的另一方面则取决于合理的产权激励机制。

潜在的企业家转化为实际的企业家往往正是在这一阶段实现的。通过一定时期的人力资本和信息资源的积累，通过与员工的合作协调过程，以及通过必要的对企业产权主体的激励，企业逐步发展成熟，开始向市场扩张的方向发展。这时企业主要是在本行业内通过产品市场竞争来达到扩张的目的。因而这种扩张更多地依靠企业内部积累，包括有形资本和无形资本的积累，技术、信息、信誉、品牌、商标等的积累效应，都会在此时充分发挥出来。所以，企业经营者在此时将主要承担最重要的企业价值增值的责任。作为企业产权的承担者之一，无论是出资者还是投资者，在这一阶段都不能发挥重要作用，而在这一阶段，企业的人力资本通过与资本的有效结合以及企业组织内部的适当"磨合"，已经大大增强了企业对风险的承担能力。当企业的发展已经成熟，潜在的企业家已经成为现实的企业家。企业具有较强的经济和技术实力，同时亦具有良好的组织系统和协调的人际关系，因而具备了一定的扩张能力。由于扩张性投资相对创办新企业来说风险较小，成本较小而收益较大。这种企业成熟期的投资扩张由于利用了自身的人力资本和信息资源积累优势以及组织协调优势，往往比创立期的投资更加具有明显的优势效果。同时这种扩张也表明了某种新的剩余的产生及其来源。因此在治理结构中企业的剩余控制权向经营者转移。

在这种情形下，当经营者对企业所有权的控制所提高的生产率大于投资者失去对企业所有权控制所减少的生产率时，经营者控制所有权就是有效率的。企业在成熟阶段是否具有竞争优势以及其发展周期的长短主要取决于企业治理结构的合理性和连续性。不合理的治理结构无法产生有竞争力的企业家或企业，因而企业在市场竞争中会成为失败者，迅速地走向衰退阶段。相反，合理的治理结构使企业产权的主要承担者充分发挥出其潜在的能量，因而使企业能保持有力的竞争动力和竞争实力，使企业在竞争过程中保持不败并得到扩张和发展，企业在这种条件下能保持很长时期的兴盛阶段。

在这一阶段，通过激烈的市场竞争，势必会淘汰一批效率低的企业。这类企业由于产品质量差、市场占有率低等原因而趋于利润率下降，企业积累消耗殆尽，因而进入衰退阶段。企业衰退的最直接的原因在于企业的竞争能力差、效率低，而效率低又往往是与企业治理结构的不合理状况相联系的。低效率的治理结构使具有潜在效率最大化的企业产权承担者缺乏其应有的权益，因而使企业往往缺乏追求效率最大化的动机和行为能力。当各种新的产权机制的企业加入市场竞争时，低效率的产权结构的企业就越来越快地走向衰退，走向亏损，企业的生命周期因而也越来越短。

在衰退阶段，当企业由于投资失误或经营不善等原因面临着资不抵债的危机时，预期自己的利益可能会受到重大损失的债权者，包括企业投资者、员工等都可能成为企业产权的主要控制者。投资机构或银行往往是企业最主要的直接出资者。它们为了挽救自己的损失，势必采取积极的救援或改组措施，以求把可能的损失降到最低。同样，企业员工在某种意义上也是企业的债权人。由于企业的危机可能形成一部分应付而未付的员工收益，或者企业将员工的集体福利和后备基金消耗殆尽，因而员工作为债权人可能会成为企业产权的主要控制者。在大多数的情形下，企业在这一阶段的产权控制者通常是直接的出资机构或债权机构，例如银行、投资公司或其他法人企业。不管这种组织机构是通过资本市场收购得到该企业，还是原来就是企业的出资者或债权人，总之它们可以利用其对企业产权的主要控制权力去处理企业的改组、兼并、拍卖等事宜。对于可能存在的其他分散的债权人或出资者而言，也只有委托这种对资本市场操作比较熟练、对有关市场的信息和产业技术比较了解的法

人组织去解决企业的问题。由于这种法人组织控制了企业的所有权，为使自身利益的损失减到最低程度，它们会在掌握大量有关信息的基础上，通过市场的流动方式，例如招标、兼并、重组等，尽可能挖掘企业的潜在价值，提出某种最佳解决方案。

在以上企业发展的三个阶段中，根据不同时期企业潜在效率的来源决定剩余控制权的掌握者。在创立发展阶段，投资者掌握主要的剩余控制权，虽然出资者可与投资者分享剩余，但投资者是主要的企业产权的控制者。在成熟扩张阶段，经营者掌握主要的剩余控制权，虽然经营者往往会与有关员工或投资出资者分享剩余，但经营者是决定性的控制者。在衰退阶段，出资者主要掌握企业的控制权，虽然企业似乎进入了衰退期，但仍有可能的潜在的价值有待挖掘。这时分散的债权人或出资人可能会与主要的出资者或债权人分享这种潜在价值大于表面的市场价值的剩余，但主要出资者仍然是决定性的产权控制者。

中国的改革往往只增加了投资主体的竞争，而投资主体的竞争因为是多元化的政府主体的利益争夺造成的，由财政包干、地方保护、地方发展等利益驱动，但由于未能形成企业主体的自身利益，后者更多地依附于各级政府主体，所以，对于企业的竞争动机和行为的忽视使我们放弃了最重要的效率来源，尤其是对企业在成熟扩张期的效率最大化的忽视使我们损失了大量可能产生的剩余。因此，一方面是投资主体（即政府部门）的过度竞争，另一方面是未得到剩余权保障的企业主体的消极无为、竞争不力和投入不足。这种过度竞争和竞争不力，即资本的过度竞争和人力资本的投入不足的结果则是，投资无法形成效益，企业亏损累累，造成资源配置的低效和浪费。

三　企业主权模式

目前国有大中企业改革的趋势，一是选择上市公司，另一是选

择国有独资公司。在目前的公司化改革过程中，除了上市公司的改造外，国家重点试点的国有企业中的绝大多数都要求改为国家授权的国有独资公司，而不是按照人们所设想的多元投资主体的企业模式。不管现实中的授权究竟是什么内容，我们从理论上来分析这种授权，它实质上反映了企业要求剩余控制权的呼声。这实际上就是企业治理结构的重要调整，使原有的由政府各级部门控制企业的所有权转为由经营者控制企业的所有权。如果从这个意义上来看，授权是合理的，它是使企业的剩余权和控制权相一致的重要调整。尤其是对于大量的已进入成熟发展期的国有企业来说，它们所处的某种效率低下的消极状态正需要得到治理结构的根本性调整。

大多数企业所选择的国有独资公司实质上是以企业主权模式为基础的。选择这种模式的原因在于，上市公司的限制较多，缺少法人股来源，企业不愿受到政府主管机构或类似的翻牌公司的控制，等等。当然，更重要的则在于这种模式的剩余控制权是由企业经营者主要控制的。当企业的经营者能够真正控制企业时，即使不改变国家的终极所有权，企业也会获得一种新的激励。这是一种企业利益的激励。在国家的终极所有权不变的条件下，事实上现在已经自发地形成了某种"单位所有制"的格局。一些企业大致上形成了某种程度的自己的独立利益或势力范围。这种独立的产权及其所带来的利益是目前促使它们不断追求新利益创造新价值的重要动力。

从传统的国有经济中自发产生的这种内部人控制企业的趋势是有其必然性的。即使在苏联和东欧国家，实行大规模的私有化的结果也发现，"引入外部股东控制的尝试在对遏制这一趋势方面看来作用甚微"，"这是由计划经济制度的遗产演化而来的一个结果"（青木昌彦，1995）。考察中国的经济，其中的原因大致有以下两方面。首先，对于许多企业来说，内部人控制的企业较之传统国有企业更有效率，反映了它们对于调整企业治理结构的要求，这一发展方向在某种程度上体现了企业追求自身利益的最大化的发展趋势。并且，

通过内部人控制企业所有权的激励，能够较大限度地发挥和挖掘企业现有的人力资本资源。其次，这种趋势与一国的市场化发展水平密切相关。当市场发育未能达到较为成熟的阶段，尤其是资本市场等较高程度发育的市场尚未形成之时，那种只能组织和利用现有的体制资源去发展经济的趋势也就无法避免。事实上，这种在企业利益的驱动下形成的事实上的产权格局是大量地、自发地产生的，是行政权力所无法阻止的，不承认它们是不现实的。问题是如何引导这种企业所有权成为有积极性、创新性和生产性的能动力量？如果对它们采取不承认的态度，采取"封杀"的抑制，那么它们事实上还是存在，还是会起作用的，但往往起的作用是消极的，是与效率不一致的、非生产性的作用。

企业主权模式的本质特点在于，企业是以追求企业自身利益最大化为其根本目标的，而股东主权模式则是以追求股东利润最大化为目标的。这一区别对于国有企业来说尤其重要，因为国有企业实际并没有真正能体现股东利益的委托人，也没有如同股东那样的市场主体作为其所有者。所以矛盾就在于，假定政府主管部门能够体现全民利益，即体现国有资本股东的利益，但它不是市场主体，无法参与市场竞争，在这样的条件下受其支配的企业当然也无法有效地进行市场竞争。但是如果政府主管机构成为像股东那样的追求自身利益最大化的市场主体，其与全民利益又往往是不一致的。也就是说，国有资本要实现收益最大化目标有两种方式，一种是以行政方式或其他强制方法来保证企业的上缴收益最大化；另一种是以市场化的方式，这就要有相应的企业化作为基础，把国有资本的收益目标建立在企业追求自身利益最大化的基础上。前一种方式不仅效率低，而且也是不现实的，而通过市场化和相应的企业主权模式才能实现有效竞争和社会总收益的最大化以及满足国有资本的收益目标。

企业主权模式还有一个特点，这就是企业人力资本享有的企业产权权益是不能流动、不能买卖、不能撤出的。它们只能在这个企

业内有效。这种权益是与企业这一整体紧密相连、共存共亡的。这种权益可以在企业内逐步积累，可以根据积累效果享受收益权，但是没有终极所有权。这样，在长期的企业发展过程中，企业人力资本投入的越多、贡献越大，其退出障碍就越大。所以企业的这种产权机制是用来保障这个组织的整体利益和长期发展，保障企业中那些贡献很大同时又具有很大退出障碍的人力资本和资本所有者的基本利益。只有在这种保障的条件下，企业人力资本和资本的不断投入和累积才能够持续下去。

企业主权模式的内部人控制现象是其另一特征，也是具有较多争议的焦点。根据这一发展趋势，青木昌彦提出了相机治理结构。正如青木昌彦所述，"如果相机治理设计得有效率，内部控制者就会有动力积累内部的金融资源，以便独立于可能的外来干预。企业相对的不依赖于外部贷款反过来又会强化内部控制者付出较大努力的动因，因为较大努力带来的成果将会属于他们这些剩余索取者"。"相机治理意味着，只要内部人控制的企业在财务上是健康的，有能力偿还债务，则内部控制者就仍是剩余索取者。但是，如果不论企业的财务状况如何，他们都是剩余索取者，则他们之间的搭便车的道德风险就会成为问题"。因此当企业偿债困难时，会导致控制权从企业经营者转移到企业出资者。"内部人控制得以保持的条件是企业的财务生存能力"。因此，企业的偿债能力构成了企业受到出资者干预的临界点，也就是构成了标志企业治理结构需要再调整的重要分界线（青木昌彦，1995）。

相机治理结构可以对内部人控制企业所有权产生积极刺激效应，但也会导致某些道德风险问题。不过，比较起来所产生的积极效应要大于消极效应，而且道德风险问题在国家控制所有权条件下往往比在企业控制所有权条件下更严重。因为在前者的情形下，各种不同的产权职能部门相互推诿，或者归咎于投资失误，或者归咎于经营失误，或者归咎于人事任命不当，或者归咎于各方面摊派的税费太多，等等，每个职能机构和企业都可以不负责任。而在后者的情

形下，企业的投资者或经营者需要自己承担责任，至少是在很大程度上要受到自负盈亏的约束。避免道德风险问题一方面需要激励；另一方面需要及时对企业进行治理结构的再调整，因为需要有一种可靠的机制来惩罚低水平的经营者。不过，从目前来看，最重要的是要能够确定惩罚的责任在谁。在目前这种政企不分、滥用干预、动辄摊派的企业体制下，让企业经营者来完全承担亏损的责任是说不通的。所以，确定责任的前提是明确企业的所有权控制者。

实行企业主权模式的企业如何承担风险？承担者是出资者，还是企业经营者和员工？实际上它们共同承担着企业的风险，只不过在不同阶段和不同状态下其形式不同而已。出资者承担企业的风险是容易理解的。然而，作为企业的经营者和员工如何承担风险似乎不易被人理解。当然，他们作为单个的自然人来讲是无法承担风险的，可是我们面对的是一个组织起来的整体，是一个企业法人。这种组织起来的人力资源一旦投入到企业之中就不再可能与物质资本相分离。企业实际是以其投入的全部人力资本与物质资本相结合的经济实体——一种能创造价值的实体来承担风险的。企业的这种市场价值越是大于其物质资本的价值，说明其人力资本的有效投入越多。企业创造价值的能力越强，即企业预期收益率越高，承担风险的能力就越强。所以，通过企业剩余权和财产权对企业的人力资本的激励作用，来挖掘企业潜力和创造新的价值，能够达到积极的抵御市场风险的目的。

关于企业主权模式的产权约束机制能否有效率地发挥作用主要取决于以下三方面。（1）约束须来自企业的利益相关者，一方面包括出资者，即其以有形的或有价的资产或财产投入企业。这类所有权的承担者主要有银行、金融投资机构、股东和其他债权人；另一方面包括员工和经营者，主要为人力资本承担者。相关利益越大则约束越好。至于政府部门依靠单纯的行政上下级关系并不能有效约束作为市场主体的企业，反而会导致一系列副作用。（2）约束必须有明确的依据和对象，其前提是所有权责任明确。目前许多董事会

之所以成为形式上的摆设，就是因为企业本身仍然政企不分，责任不清，在多头决策的相互推诿下无法分清根本的产权承担者是谁。（3）掌握较充分的信息是监督和约束的基础。由于银行和企业员工参与这种约束，所以在掌握企业信息方面要比纯粹的外部人更充分。在市场不完善的情形下，这一点尤其重要。企业利益相关者且又为企业内部成员则能较准确地把握企业的发展趋势，因而能较有效率地对企业进行重组或对低效率的决策者进行撤换。总之，在企业内外形成一种有利益关系的约束网络，由各方协商组成一联合治理结构（或称董事会等），将会发挥对企业较有效的约束和监督作用。

四   市场和产权的相互作用

市场无法发育成熟，无法形成正常的竞争态势，这在很大程度上可归咎于没有大量的独立自主的市场主体——企业的存在。在国有企业中，实行资本所有权权益最大化的原则实际并不能实现和保证企业效益的最大化，而没有后者，则前者也是没有保障的。在国有企业的产权结构中，强调资本所有权的唯一性而否认企业自身权益的存在，往往抑制了企业的人力资本的正当权益。结果企业的效益急剧下降，导致国有企业的收益率远远低于其他所有制的企业。这实际是国有企业人力资本贬值，从而导致企业价值贬值的结果。在这个意义上，国有企业还未成为真正意义上的市场主体，因为在国有企业中以企业自身利益最大化为目标的行为往往是受到抑制的，结果国有企业不得不以某种隐蔽消极的方式来追求自身利益最大化。越是对国有企业资本所有权的唯一性加以强调，则越容易抹杀企业之间最本质的差异性，抹杀企业效率差异的来源。没有企业利益上的差异，或者说这种差异较小，就不可能产生足够的竞争动力，因而不可避免地导致企业之间无法形成真正的竞争态势。因此，没有自身独立利益的企业，就没有发育成熟的竞争性市场；而没有成熟的市场，产权机制也就很难趋于合理化。这两者是互为因果又是互

相推动的。但是，只要我们抓住了企业主权模式这个有意义的开头，就没有理由走不出这个似乎是怪圈的循环。

从政府主权模式到企业主权模式是一种变革和进步，但是在市场还不完善的条件下，在企业主权模式的产生和实现过程中往往存在很多问题，使其受到来自左右两面的夹击。激进者认为这是企业产权还不够明晰造成的，而保守者则认为这是放权过多所致。的确，与股东主权模式比较，企业主权模式似乎存在产权不够清晰的问题，而与传统的政府主权模式相比，又似乎有种种道德风险和负盈不负亏的问题。因此，对此也存在大致两种不同的意见。一种是认为对这种内部人控制的模式应加以严格的行政控制，加强政府作为所有者对其的监督管理；另一种则认为这种模式并不可取，应当以完善的规范的西方公司的治理结构模式取而代之。然而，按照较完善的公司模式设计的中国模式却"千呼万唤不出来"，而试图依靠行政控制或变相的行政控制的方式往往强化了本来就存在的设租寻租行为，结果只会使经济状况越来越糟。这就是中国经济向市场化转轨过程中的现实，既未能达到较完善的市场化，也不是传统体制的国有制，处在这种中间状态是不可避免的。问题是我们应如何去理解它、承认它和把握它。一旦我们能够理解企业主权模式的合理性、其存在的必然性，那么下一步就是如何把握其发展的问题。内部人控制是一种过渡时期的产物，对于传统体制来讲它是一种进步，但对于完善的市场化的企业来说，它似乎又不是最优的。对内部人控制的弊病加以制约的最好方式是推进市场化的进程，用有效率的市场机制来约束。实际上，现有的上市公司在目前不成熟的市场条件下也有某种相类似的内部人控制现象。市场化的不断发展和成熟将可以促使内部人控制向有利于资源有效合理配置的方向发展，同时也会把道德风险问题控制在越来越小的范围内。

更重要的是，市场对于企业如何合理分配剩余起着根本性的导向和决定作用。内部人控制之所以有弊病，主要就在于其并不是按照市场均衡关系分配剩余，但在市场不完善和非均衡的条件下

这又无法做到。随着市场障碍的消除和要素的充分流动，各种均衡关系得以逐步建立，这时按照企业发展与市场的均衡关系分配剩余的控制权机制就能得到不断优化的调整和发展。那些不考虑市场均衡关系的企业将在市场竞争中处于劣势状态，这些压力将迫使掌握剩余控制权的企业决策者按照市场竞争的要求来激励那些对于企业的发展有重要作用的产权要素，同时满足那些其他产权要素得到至少不低于其市场价格或市场收益率的目标。总之，企业的剩余控制者必须按照市场给出的企业最优发展轨道去竞争、激励、分配和运行，一旦偏离这个最优均衡轨道，企业就会在市场竞争中从优势变为劣势。这也许就是市场化能够达到的最优效率的境界。

但是，我们离这样的市场化程度还有相当的距离，我们还需要为大量的市场主体——国有企业取得企业的基本主权资格而论证。如果大量的国有企业不能做到政企分开、实行企业主权模式，那么我们的市场发育就会受阻，就会继续维持各种软预算所保护的低效率、低竞争和权力分割市场的局面。形成有效竞争市场的产权前提是具有独立所有权的企业，在传统的国有经济中，这种要求在目前则势必表现为从政府主权模式向企业主权模式的过渡。因此，这是转轨经济的一个基本起点。

参考文献

Barzel, Yoram, *Economic Analysis of Property Rights*, Cambridge University Press, New York, 1989.

Grossman, S. and Oliver Hart, "The Cost and Benefits of Ownership: A Theory of Vertical and Lateral Integration", *Journal of Political Economy*, 1986 (4−6).

崔之元:《不完全市场与有限责任公司》,《经济社会体制比较》1996 年第 5 期。

刘小玄:《现代企业的激励机制: 剩余支配权》,《经济研究》1996 年第 5 期。

青木昌彦:《对内部人控制的控制: 转轨经济中的公司治理结构的若干问题》, 载《转轨经济中的公司治理结构》, 中国经济出版社 1995 年版。

杨瑞龙、周业安:《一个关于企业所有权安排的规范性分析框架及其理论含义》,

《经济研究》1997 年第 1 期。

张维迎：《所有制、治理结构及委托—代理关系》，《经济研究》1996 年第 9 期。

周其仁：《市场里的企业：一个人力资本与非人力资本的特别合约》，《经济研究》1996 年第 6 期。

（原载《经济研究》1997 年第 7 期）

国有企业效率的决定因素:1985—1994 *

在中国的市场化改革的过程中，国有企业从改革前的短缺经济的卖方垄断地位演变为买方充分选择卖方的市场竞争性地位。在这一转变过程中，市场化的发展会使配置效率提高，同样也会对企业产生竞争压力，促使其提高产出效率。Groves、Hay 和 Gordon 等人对中国国有企业的抽样调查数据的分析表明，国有企业的效率的确取得了一定的增长。他们认为，效率增长主要来自奖金的激励及人力素质和教育程度的改善。本文试图提供一种更为全面的对效率来源的解释，从而能够较为准确地理解改革对企业效率的推动作用究竟由哪些因素所体现和承担。

一 企业效率的决定因素

1. 留利

国有企业在改革以来，经历了一个不断调整与国家的收益分配关系的过程，在这个过程中，企业真正追求的只是留利或剩余最大化，而不是利润。留利往往是在上缴基数利润确定后的变量，无论

　　* 合作者：郑京海。本文系董辅礽和唐宗焜主持的"国有企业改革和效率"研究项目的专题报告。本文分析所用的数据来自中国社会科学院经济研究所上述课题组的抽样调查。1990 年该课题组通过国家统计局对 1000 家国有企业进行了调查，取得有效样本 769 家企业1980—1989 年的数据。1995 年该课题组继续对上述 769 家国有企业进行了追踪调查，样本时期为 1990—1994 年。该数据库包括企业的各种经济活动、财务指标以及收益分配等数据，还包括反映企业行为、制度特征、改革变化等有关政策的变量。因此，分析所用的企业样本基本上与 Hay 和 Grove 所用的样本一致，不同的是增加了后面五年的追踪调查的数据。由于篇幅限制，本文作了一些删节。

是按递增基数承包，还是按一般承包基数上缴，都是先确定上缴额，留利则成为变量，上缴额则是相对不变的基数或常数。这个上缴基数是政府部门以企业过去几年利润的平均数为基础，经过与企业讨价还价后酌量增减或加上一定的增长率而决定的。一般来说增减幅度变化不大，基本上是围绕前几年的实际利润平均数来确定。这是国有企业留利机制的一个重要特点。

在这种留利机制的作用下，效益好的企业由于过去几年内利润较高，因而确定的上缴基数也较高，其边际利润增长和相应的产出增长要达到某个较高的水平才能有留利。也就是说，如果我们用公式"留利/总利润"来表示留利率，当利润基数较大时，留利率往往较低。效益较差的企业的利润基数通常小于效益好的企业，因而在同样的留利水平上其留利率往往较高。这样我们就不难理解为什么用上述留利率作为变量来测定其对产出效率的作用时总是得到负的效果。Groves 等（1994）的文章中称这一负效果为"谜"，但实际上只要了解留利机制就可以很容易地解开这个谜。因此，我们不用上述留利率，而直接用留利作为产出效率的决定因素。这样就直接考虑改革增量的效应，而在一定程度上把原先的绩效差异加以忽略，使其成为改革的某种既定出发点。

留利对产出效率增长的决定作用表现为，边际利润或留利的增长，会使边际产出也相应增长。当然，反过来也可以说，由于产出增加才可能导致留利的增加，这种因果关系是相互循环的。这种必然的循环决定表明，在上缴利润既定的条件下，较多的产出当然可以导致较多的留利，但这并不等于说，留利不是产出效率的决定因素。因为企业如果没有留利权，这种由边际留利增长刺激下所产生的产出增量恐怕就根本不存在。所以，重要的是留利权，在既定的留利机制下，把留利理解为一种产权，一种激励机制，才能真正理解其对效率的决定作用。

在一般的市场经济中，只要产出效率最大，企业的可支配剩余就相应达到最大化。然而，在中国的国有企业中，由于存在某些外

生的政策限制或政府干预，这种相对应关系并不自然而然地存在。产出效率最大化只是在改革后的留利机制的激励下才成为可能，否则企业往往追求的是产值最大化，而不是效率最大化。因而留利在一定程度上成为某种制度或政策变量，成为企业的剩余控制权变量。留利是企业的可支配剩余，企业的发展和效率的提高离不开对其可支配剩余的依赖。不可想象，一个没有剩余支配权的企业能够有效地提高其生产率。

2. 浮动工资（以浮动工资占总工资的比例来测定）

国有企业在改革前90%以上为固定工资，几乎没有或只有很小比例的浮动工资。改革以来，各种激励性工资大大增加，例如奖金、津贴、计件和加班报酬。这些都进入企业的浮动工资之中。企业的固定工资基本上是用以满足职工的生活必须支出的费用，是必须保证工人的饭碗的。从改革的角度来看，固定工资实质上是改革前职工的既定工资，而对于改革激励下形成的增量的一部分则成为奖金或浮动工资。所以，浮动工资主要是依据企业效率来决定的，效率越高，收益越多，因而浮动工资也多；反之则可能较少。

在改革前期，企业的浮动工资主要由奖金构成，来源于留利，而后来则可以从成本而非利润中支出。因此浮动工资在一定时期和一定范围内与留利直接相关。但是，不管这种相关是否存在，企业的浮动工资主要是由企业经营管理绩效所决定的。改革以来，实行了一系列的工资激励政策，例如工资总额与企业上缴利税挂钩，奖金与企业利润或留利挂钩，等等。这些挂钩比例随企业和行业而有所不同，并在实践中不断加以调整。

3. 厂长或经理的工资（以其年工资总额来测定）

厂长或经理作为企业的经营者，对于企业的发展和效率具有十分重要的作用，因此厂长的工资作为激励经营者的因素应当是有意义的。

众所周知，企业家对于企业的发展和效率的高低具有举足轻重的作用。尤其在中国的企业，在缺少资本的真正所有者的情形下，

企业主要依靠人力资本的力量来推动和发展。经营者作为企业最重要的人力资本要素，其对企业的推动作用尤为重要，因而对他们的激励也尤为重要。一般来说，在目前的中国，这种对人力资源的激励不是通过资本收益的方式来实现，而是通过工资薪金收益的方式来实现。所以，厂长经理的工资如果能够作为一种对人力资本的激励变量的话，那么对于企业的效率是存在着某种重要的促进作用的。

4. 企业年龄（用 1995 年减去企业投产的年份得到）

一些研究生产率的经济学文献都证实了企业年龄对于企业的效率具有显著作用，是企业效率的重要来源之一。然而，究竟是年轻的企业有效率还是年龄大的企业有效率，这在不同国家、不同时期和不同条件下往往是不同的。据 Pitt 和 Lee（1981）的研究，年轻的企业比年龄大的企业更有效率。而另外的看法则是，年龄大的企业更有经验，在其市场经营和组织管理以及工人的技术操作方面积累了较多的信息，具有一定的信息和人力资本的优势。在国有企业中，企业年龄与企业的效率究竟是什么关系，往往很难确定。年轻的企业包袱轻，不需要养着许多退休人员，机器新，设备好，这些都是其优势，而年龄大的企业历史包袱重，退休人员多，机器设备老化，这些都是其劣势。不过，在我们的样本中，年轻企业一般也都至少是在 70 年代至 80 年代建立的，仍然是在计划体制的背景和软预算的基础上建立的。因此，它们与老企业相比，除了退休人员较少些，机器设备较新些，其余的制度特征基本上都是一致的，即都是由政府计划投资和控制的企业。所以在这里，我们考察企业年龄这一变量对于企业效率的作用，是在其制度背景相同的条件下，考察企业自身经验和信息积累的差异对于企业效率的作用如何，考察机器设备新旧的差异是否对企业的效率有决定性的作用。

5. 教育程度（以企业的大专以上文化程度的职工占全部职工的比重来测定）

这是一个标志企业的人力资本质量的变量。通常认为，企业的教育程度越高，人力资源的素质越好，因而对企业的效率有着较积

极的正效应。在 Gordon 和 Li（1995）看来，在 80 年代中期，中国的国有企业的生产率的增长中有大约一半可以归结为劳动力教育程度的迅速改善。虽然这似乎有点高估了教育的作用，但是仍在一定程度上反映了教育和人力资本对效率的重要作用。当然，在传统体制下，许多大学生被分配到一些大企业去，在那儿积压着大量人才并不一定能发挥其作用。即使在现在，这样的情形也不鲜见，只不过人才逐渐的流动化趋势使这种人才积压的状况有所好转。从传统体制来讲，教育程度的强弱在相当的程度上是与企业规模大小密切相关的，大企业的人才比例总是高于其他中小企业。然而，从人才流动的趋势来看，高收益的企业总是能吸引更多的人才，而不管企业规模的大小。所以，从这个意义上来讲，教育程度与效率也有某种互为因果的关系。但是，一般而言，高效率的企业之所以愿意以较高的收益去吸引人才，那总是因为在这些人才中存在着潜在的效率能量。因此，教育程度作为企业效率的决定因素之一，是由这种潜在的效率能量所决定的。

其他的解释变量还有开工率（以实际生产工时与制度生产工时的比例来测定，为连续变量）、决策权、市场竞争程度、预算约束、时间（以年作为虚拟变量）、地区、规模和产业。后七组变量均为虚拟变量。

二 基本分析框架和模型

本文的分析主要是在超越对数生产函数的基础上进行的。该生产函数比较灵活，几乎没有什么对数据的限制。本文所用的函数形式如下：

$$\ln Y = \alpha + \beta_1 \ln L + \beta_2 \ln K + \beta_3 (\ln L)(\ln L)$$
$$+ \beta_4 (\ln K)(\ln K) + \beta_5 (\ln K)(\ln L) + \beta_i X_i \qquad (1)$$

其中，α 为残差，在某种程度上它又可被当作效率的近似值，并可以为各种政策变量、制度变量、企业特征变量所解释。方程中的 K 和 L 分别代表资本和劳动投入要素。X_i 为添加的各种解释变

量。我们在本文中主要关心的是由 X_i 所代表的各种解释变量与企业
效率的关系。因此,我们尽量地把所有可能与企业效率相关的或对
企业效率有潜在的决定作用的因素找出来,作为生产函数中的解释
变量,然后考察其作用是否显著。

对于上述生产函数,我们分别用 OLS 方法（普通最小二乘法）
和随机前沿模型的极大似然方法进行分析。OLS 分析是基础,但
OLS 分析结果中的残差项中包含着误差项,这种误差项是与效率无
关的,并不能被解释变量所解释。因此,为了有效地解决这一问题
我们采用随机前沿模型。

随机前沿模型假定残差项是由两部分组成的,一个是普通的随
机误差,另一个则是非效率因素。随机前沿模型的估计方法的原理
不同于 OLS 估计的原理,后者是估计一个平均值,观察值围绕着它
上下波动,而随机前沿模型则以"最好的实践",即生产前沿作为企
业的最大生产可能性边界。除了随机误差之外,主要的观察值都处
在生产前沿的边界之下,因此其分布是偏态的。该模型最早是由
Aigner、Lovell 和 Schmidt（1977）提出的,后来得到了广泛的应用。

随机前沿生产函数的基本形式如下:

$$Y = f(x) \exp(v - u) \tag{2}$$

f（x）是生产函数的主要组成部分,v 为服从于正态分布的误差
项,u 则代表非效率项,服从于偏态分布。因此,通过 u 我们可以计
算得到随机前沿模型所估计的企业效率或非效率。在随机前沿模型
中,我们选择了其中的一种（即 Truncated Model）来计算其平均效
率（参阅 Lee 和 Tyler,1978 以及 Caves,1990）,其公式为:

$$E(e^u) = 2\exp\left[(\sigma^2(u)/2)\right]\left[1 - F(\sigma(u))\right] \tag{3}$$

其中 σ（u）为非效率分布的方差,F（σ）为其标准正态分布。
从上式得到的平均效率估计值是相对于生产前沿的,它在 0—1,可
用百分比表示。估计值越接近于 1,则效率越接近生产可能性边界;
反之,则表明效率越低于生产可能性边界。

这样在 OLS 分析基础上,我们先考察各种解释变量对产出效率

的影响。为了剔除随机误差的作用,再用随机前沿模型分析同样的解释变量对效率的影响,并比较两种分析的结果,以便更加准确地把握这些解释变量是否对效率有着显著的作用。

上述分析是对所有产业的混合数据进行的,然而由于不同产业的技术特征、规模特征、劳动或资本密集度、市场垄断程度等等的不同,有可能会因混合数据而混淆产业之间的本质差异,因而使得对总体生产函数的估计产生偏差。因此,采用一个两步骤的分析模型,以便把不同产业的差异对效率的作用加以分离和独立化,可能是有益的尝试。首先,该模型采用分产业的生产函数得出各企业的残差的估计值,即企业的效率近似值。其次,对这些残差估计值进行 OLS 分析和随机前沿分析,直接用一系列解释变量对上述企业效率的近似值进行回归或迭代,考察其作用究竟显著与否。这个两步骤的残差模型的优越性在于,第一,它排除了不同产业之间由于技术性差异而可能产生的估计偏差;第二,它以企业的效率变量作为因变量,直接以各种解释变量对此进行分析,从而可以得到较准确的企业效率的决定因素;第三,通过随机前沿模型可以从中分离出随机误差,并可得到排除了误差之后的企业平均效率估计值。

把上述随机前沿模型的结果加以综合考察。考察的假定前提是,在随机前沿模型中由于排除了随机误差,企业效率能较好地被一部分解释变量所解释。因此,当解释变量增加时会提高企业的平均效率估计值。所以,比较相同的模型在解释变量不同的条件下的效率估计值有什么不同,将是以下分析需要证实的重要问题。

数据分析的主要基础是截面和时间序列(1985—1994 年)的混合数据库。分析中所采用的产出变量是以企业的净产值或增加值来测定,并对其作了价格平减的调整。平减指数采用了该数据库提供的各企业给出的其总产值的不变价格和现行价格的比例。资本投入变量是以企业的固定资本净值来测定,并对其作了价格平减的调整。由于数据本身的限制,我们主要以《中国统计年鉴》上提供的机械行业产品价格的分类指数和基本建设中的厂房价格指数为基础,然

后取其加权平均数作为资本的近似的平减指数。至于 1991—1994 年的资本平减指数则直接从《中国统计年鉴》中得到。劳动投入变量则以企业的平均职工人数来测定。

在上述生产函数中除了资本和劳动投入要素，我们还添加了 6 个连续变量和 7 组虚拟变量作为解释变量。由于尽可能地考虑到所有可能与企业效率有关的因素，因而能够在较大程度上把这些解释变量对效率的决定作用独立地表现出来，而不是依附于其他因素间接地表现出来，从而使得我们能够大致掌握各种解释变量对产出效率的决定作用是否存在，以及在多大程度上存在。

三　数据分析的结果

由于中国经济不是靠市场经济自发地形成各种利益关系的，因此模型所测定的某种对效率的决定因素的变量并不能在完全的意义上反映其作用的程度。因为任何对效率的决定因素，首先取决于它是否存在和在多大程度上存在。如果某些要素的存在在很大程度上是不完全的或正在形成和发展过程中，例如某些政策变量、制度变量或激励变量等，那么这些变量对效率的决定作用必然是在既定的限制条件下产生的有限作用。有时，由于某种与市场经济原则相悖的干预和控制，甚至还会使某些在市场经济中具有积极作用的因素表现出对效率的消极作用。所以，应用生产函数模型来分析中国的国有企业数据时，应当对这些不同的前提和假定有着较充分的把握，才能对分析的结果有较好的理解。

通过对以上生产函数的不同模型的经验分析，从表 1[①]、表 2 和表 3 可以看到以下分析的主要结果。

留利对企业效率有着积极的正效果。在 OLS 分析中，留利大约可以解释产出增长的 10%，在随机前沿生产函数模型的分析中，留

---

① 为保持著者行文原貌，文中涉及的图表样式、数据除有考证外均不作修改。下同。

利对产出增长的解释约 8% ，而在残差模型中，留利每增长 1 个单位，可使效率增长约 5% 。这个结果表明，企业留利是企业发展和提高效率的源泉之一，也就是说，剩余权对于企业是有着积极的意义的。

　　浮动工资占总工资的比例对企业效率也有着显著的正效果。在 OLS 分析中，该变量的增长可以解释产出增长的 8% 。在另外两个模型中，效率可增长 5%—6% 。

表 1　　　　　　　　　　　超越对数生产函数的 OLS 结果

解释变量	系数	T 检验值
Constant	−2. 8344	−5. 197
LAGE	0. 1226	5. 410
LRP	0. 1071	18. 162
LWP	0. 0822	4. 193
LKG	0. 0115	0. 408
LMP	0. 0902	6. 289
LED	0. 1053	6. 385
MM2	0. 0057	0. 212
MM3	−0. 0012	−0. 040
MM4	0. 0957	2. 630
DE1	−0. 0055	−0. 184
DE2	0. 0012	0. 041
DE3	−0. 0261	−0. 958
DE4	0. 0885	2. 943
DE5	−0. 0068	−0. 221
S1	0. 1110	3. 483
S2	0. 0757	2. 783
FD1	0. 1301	3. 074
FD2	0. 0639	2. 179
FE1	0. 3593	12. 685
FE2	0. 0219	0. 682
FE3	0. 0121	0. 366
因变量	LDY	

续表

解释变量	系数	T 检验值
Adj. R^2	0.6929	
F 检验值	163.13	
样本量	4679	

注：表1、表2和表3的变量含义分别如下：

LAGE 为企业年龄；LRP 为实际留利；LWP 为浮动工资占总工资的比例；LMP 为厂长或经理的年工资总额；LKG 为开工率；LED 为教育程度；MM1 为主要竞争对手为乡镇企业；MM2 为主要竞争对手为国有企业；MM3 为主要竞争对手为合资企业；MM4 为主要竞争对手为进口产品。

S1 为企业偿还贷款困难时政府的帮助很大；S2 为偿还贷款困难时政府的帮助一般；S3 为偿还贷款困难时完全没有政府的帮助。

DE1 = 1 为有日常生产经营决策权，DE1 = 0 为没有。DE2 = 1 为有用工雇工权，DE2 = 0 为没有。DE3 = 1 为有进出口决策权，DE3 = 0 为没有。DE4 = 1 为有投资权，DE4 = 0 为没有。DE5 = 1 为有资产处置权，DE5 = 0 为没有。

FD 为规模变量，其中 FD1 = 大型企业；FD2 = 中型企业；FD3 = 小型企业。

FE 为地区变量，其中 FE1 = 江苏；FE2 = 四川；FE3 = 山西；FE4 = 吉林。

由于篇幅限制，3 个表都略去了 10 个年变量和 32 个产业变量的估计结果。

表 2 　　　　　　　　　　　随机前沿生产函数模型的结果

解释变量	系数	T 检验值
Constant	− 1.8526	− 3.2360
LAGE	0.0904	3.6480
LRP	0.0872	13.4730
LMP	0.0585	3.6690
LKG	0.0266	1.0520
LWP	0.0629	3.4760
LED	0.1033	5.6680
MM2	− 0.0016	− 0.0510
MM3	0.0124	0.3740
MM4	0.1451	3.6370
S1	0.1501	4.2660
S2	0.0991	3.2300
DE1	− 0.0121	− 0.3810
DE2	0.0313	1.0000
DE3	− 0.0178	− 0.6200

续表

解释变量	系数	T 检验值
DE4	0.0864	2.7720
DE5	−0.0649	−2.2240
FE1	0.0139	0.3670
FE2	0.1152	2.4750
FE3	0.0769	2.4780
FD1	0.3487	9.1480
FD2	0.0127	0.3070
因变量	LDY	
样本数	4679	

表 3　　　　　　　　　两种不同残差模型的分析结果

变量	OLS 模型		随机前沿模型	
	系数	T 检验值	系数	T 检验值
Constant	−1.3666	−7.720	−0.7467	−3.897
LAGE	0.0906	4.491	0.0733	3.663
LWP	0.0681	3.731	0.0558	3.709
LMP	0.0347	2.671	0.0266	1.987
LED	0.0863	5.907	0.0914	6.284
LKG	0.0029	0.116	0.0144	0.637
LRP	0.0554	10.572	0.0528	10.344
MM2	−0.0366	−1.488	−0.0306	−1.173
MM3	0.0420	1.529	0.0417	1.538
MM4	0.1254	3.796	0.1572	4.760
S1	0.1131	3.862	0.1081	3.643
S2	0.1023	4.112	0.1065	4.146
DE1	−0.0051	−0.187	−0.0146	−0.554
DE2	0.0231	0.898	0.0289	1.126
DE3	−0.0159	−0.638	−0.0251	−1.053
DE4	0.0589	2.255	0.0631	2.428
DE5	−0.0147	−0.579	−0.0103	−0.426

续表

变量	OLS 模型		随机前沿模型	
	系数	T 检验值	系数	T 检验值
FD1	− 0.0058	− 0.292	− 0.0262	− 0.892
FD2	− 0.0145	− 0.624	− 0.0219	− 0.957
FE1	0.3251	12.743	0.3095	12.418
FE2	− 0.0094	− 0.328	− 0.0046	− 0.162
FE3	− 0.0175	− 0.578	− 0.0400	− 1.223

　　企业年龄对企业产出增长的作用也是积极的和显著的,其对产出增长的解释程度达到12%。即使在排除了随机误差项干扰的其他模型中,效率的相应增长也达到7%—9%。在同样的制度条件下,企业年龄与效率的关系究竟如何? 这里比较的实际上是企业人力资本与物质资本的关系。因为较年轻的企业通常有着较新的和较先进的机器装备,而年龄大的企业在这方面通常不如它们。不过,后者又有较丰富的市场信息和成熟的技术力量积累、组织的磨合与协调,因而具有人力资本的优势。我们分析的结果表明,年龄大的企业比年轻的企业有着较高的效率,这说明人力资本相对于机器设备来说,其作用往往是更重要的。当然,如果新产生的企业具有制度创新的特征,则很可能会在一定程度上抵消老企业的优势。但这儿的制度特征是较一致的,所以两类企业的比较就具有了同一的基础。

　　厂长或经理的工资对于企业效率也有着积极的正效应,尽管这种效应似乎不是太大,在随机前沿模型和残差模型中其解释程度分别为3%—5%。由于模型已考虑到企业规模、地区、产业和时间的影响作用,故厂长工资对效率的作用基本上是在不受规模等因素的影响下发生的。在 Groves 的文章中生产率的增长与工人的奖金增长相关,但与经营者的工资并不相关,这种状况在90年代似乎得到改变,其趋势是有意义的。

　　教育程度对于企业的产出增长率的作用似乎相当显著和稳定。其在 OLS 模型和随机前沿模型中都能保持在10%的正效应水平上,

而在残差模型中也不低于9%的水平。这表明企业效率对于人力资本的依赖性和后者的重要性。在传统体制下，大企业的大学生往往较多，因而教育程度往往与企业规模有很大相关性。我们的分析在考虑到教育程度的同时亦考虑到规模的作用，这样两者各自独立地承担了自身对效率的决定作用，而不至于把一部分规模效益归结到教育对效率的作用中去。

在上述连续的解释变量中，除了开工率之外，其余的均通过了显著性检验。这说明所选择的解释变量对产出效率有着积极的作用。

对于市场竞争程度分析的OLS结果表明，与乡镇企业、国有企业和合资企业竞争的市场对企业效率的作用似乎并不明显，由这三类市场区分的三组企业之间并无显著的效率差异，只有第四组企业，即与进口产品竞争的市场对企业的产出效率才有着明显积极的正效应。然而，在残差模型中，这一不显著的效果似乎有所改善，表现出某种与预期较为一致的趋势。也就是说，国有企业之间竞争的市场效率最低，其次为与乡镇企业竞争的市场，与合资企业竞争的市场有着较高的效率，而效率最高的仍是那些在国际市场的环境下竞争的企业。

作为虚拟变量的决策权变量对企业效率的作用似乎十分不清楚，没有表现出其对企业效率的显著效果。只有投资权是个例外，具有投资权的企业比没有投资权的企业的效率高6—8个百分点，表现出投资权的积极效果。在Groves等人的文章中，自主权也往往缺乏与企业效率的这种直接相关的作用。这或许表明一般的经营自主权对于企业改革发展到一定阶段之后的效率提高的作用已经不大了。

所选择的预算约束变量的效果也与预期的十分不同。这一结果当然并不能说明软预算理论的无效，而只是表明我们的变量涉及的实际上是另一个范畴，它只是表现了某种政府对于是否要挽救某个企业的选择，而并不能表明真正的软预算的程度。当某个企业到了连政府都不愿帮忙的地步时，其亏损的严重恐怕也已经是无可救药了。

产业变量分析的结果有几个显著特点值得注意。其一是电子及

通信设备、石油加工业、医药工业等表现出显著高于其他企业的效率。这类企业往往是国家医药管理部门、石油和通信管理部门的特许企业,因而往往具有一定的有保证的市场或垄断性。其二是效率特别低下的产业,如自来水行业,这是明显的政策性亏损行业。还有一些手工业轻工业行业,也表现出效率的明显低下。这与该行业的技术低、规模小、几乎没有什么市场进入障碍、竞争性强等因素密切相关。因此,像这类企业根本就不适应,也没必要搞成国有企业。其三是一般的竞争性的产业,其间效率差异并不十分显著。

　　表4提供了随机前沿生产函数模型测定的企业平均效率,它在0.50左右。这表明国有企业的效率普遍不高,只能达到生产可能性的一半的水平。表4还对具有不同解释变量的随机前沿生产函数模型的分析结果进行了比较,发现残差模型的结果较好,当全部解释变量都加上时,平均效率达到58.01%,高于其他只有部分解释变量的情形。效率的变动趋势与解释变量的增加基本上是一致的。因此上述结果证实了我们的设想,即解释变量提高了企业平均效率估计值。

表4　　　根据随机前沿生产函数模型估计的若干结果的比较

	EFF	σ（v）	σ（u）
超越对数模型1	0.4901	0.4536	1.2802
超越对数模型2	0.5137	0.3599	1.0865
残差模型1	0.4618	0.4662	1.5290
残差模型2	0.5801	0.1816	0.6856

　　注:超越对数模型1为未加连续解释变量的生产函数;超越对数模型2为加上连续解释变量的生产函数;残差模型1为只有连续解释变量的函数;残差模型2为全部变量均包含在内。

　　EFF为样本企业的平均效率估计值,根据式（3）计算得到;σ（v）为随机误差分布的方差;σ（u）为非效率分布的方差。

四　理论和政策含义

　　上述经验分析的结果表明,在中国企业改革过程中,生产率增

长的决定因素除了由技术性规定的某些因素，例如规模、资本装备率等之外，最主要的因素是产权、人力资本和市场竞争。这些要素的形成和发展的作用实际上就是改革推动生产率增长的主要过程。

1. 产权因素的决定作用

经验分析的结果证实，在国有企业中，企业剩余或留利对企业的效率具有积极的正相关作用。实际上企业给定的剩余权是不完全的，因此其对效率产生的作用也往往可能只是一部分。但是处在这种发展状态的产权的积极意义是不可忽视的。在产权的含义中还包括企业对用于激励性收入分配的可支配剩余的权利，即各种奖金和奖励性报酬之类的效率工资的决策权。经验分析的结果也证实了这一剩余决策权的显著作用。作为产权一部分的其他各项决策权，虽然由于无法排除附加其上的其他种种因素的影响，因而导致了某种无序的效果，然而经验分析结果仍在一定程度上证实了投资决策权的积极意义。

2. 人力资本因素的决定作用

人力资本的作用主要体现在企业年龄、教育程度和厂长或经理工资这几个变量与效率的关系上。分析结果证实了上述变量对效率的积极作用。在同一制度基础上，老企业对年轻企业的效率优势表明，如果完全放弃对老国有企业的制度改造，任其破产和倒闭，是可能存在很大的效率损失的。教育程度对企业效率的积极作用表明，在企业有了更多的收益分配权、更多的对稀缺人才和创新行为的奖励权，以及更多的剩余控制权之后，这种以较高的收益吸引人才的竞争方式就会更加激烈和普遍，因此教育程度对企业效率的决定作用也许会更加明显。厂长或经理工资作为经营者的激励因素对于企业效率的积极作用和趋势是明显的，虽然这里的作用仍然是不完全的。在这个意义上，对厂长或经理的各种激励性收益的设计仍然是改革的重要目标。

总之，人力资本对企业效率的积极作用往往是潜在的，其潜力能否充分发挥出来主要取决于对它的激励。在国有企业的传统制度中，对人力资本的激励几乎是不存在的，只是在改革过程中这种激励才逐渐地出现，并有不断扩大的趋势。我们的模型证实了这种激

励在一定程度上的存在，表明了企业的人力资本对于企业效率的作用已经不仅仅是潜在性的，而在一定程度上成为现实的积极作用。

3. 市场竞争的决定作用

也许市场竞争对于效率的决定作用可以更好地体现为配置效率的提高，因而有关变量在我们的模型中其效果并不是很好。这种效果也似乎在一定程度上说明，在国有企业的领域内，市场竞争的作用还是受到限制的。尽管如此，模型也显示出某种有意义的趋势，这就是非国有企业在市场竞争中对国有企业产生的竞争压力是促使国有企业提高效率的一个重要原因，尤其明显的是国际市场的竞争对于国有企业的效率具有显著的积极作用。这表明开放进出口管制、扩大企业的国际市场，对增加企业的市场竞争力和提高效率具有重要的积极意义。

4. 其他因素的决定作用

产业因素对企业效率的影响表明我国市场经济仍在一定程度上存在垄断性特征，由此形成一定的垄断性的效益来源。地区因素表明东部沿海发达地区的生产率优势，其原因也可归结为该地区的开放程度、市场发育程度以及人力资源素质较高等。因此，在改革和发展中，东部沿海地区很可能会经常性地保持其领先的示范地位。

总之，改革之所以能推动生产率的增长，其直接源泉便来自上述要素。任何改革都会有某种既定的"路径依赖"，合理的路径依赖就是不断强化原有的促进生产率增长的因素，使之更加完善和具有更大的对效率的推动作用，这种依赖也就是必须在原先决定生产率增长要素的基础上再增加新的推动效率增长的要素，而不是完全抛弃和切断过去的一切。否则我们很可能在新的因素未形成和未成熟的条件下又失去了原有的效率增长来源，造成生产率发展的中断。作为企业来讲，其生产的发展和效率的提高必然是一个连续累积的过程，而在这一过程中，那些决定效率增长的因素的累积性发展也是必不可少的。

参考文献

Aigner, D., Lovell, K. and Schmidt, P., "Formulation and Estimation of Stochastic Frontier Production Function Models", *Journal of Econometrics*, 6, 1977.

Caves, R. E. and Barton, D. R. , *Efficiency in U. S. Manufacturing Industries*, The MIT Press, Cambridge, Massachusetts, 1990.

Fried, H. O. , C. A. K. Lovell and S. S. Schmidt eds. , *The Measurement of Productive Efficiency: Techniques and Applications*, Oxford University Press, 1993.

Gordon, Roger H. and Wei Li, "The Change in Productivity of Chinese State Enterprises, 1983—1987", *Journal of Productivity Analysis*, 6, 1995.

Theodore Groves, Yongmiao Hong, John McMillan and Barry Naughton, "Autonomy and Incentives in Chinese State Enterprises", *The Quarterly Journal of Economics*, 109 (1), 1994.

Hay, Donald, Derek Morris, Guy Liu and Shujie Yao, *Economic Reform and State-owned Enterprises in China 1979 – 1987*, Clarendon Press, Oxford, 1994.

Lung-Fei, Lee and William G. Tyler, "The Stochastic Frontier Production Function and Average Efficiency", *Journal of Econometrics*, 7, 1978.

Pitt, Mark M. and Lung-Fei Lee, "The Measurement and Sources of Technical Inefficiency in Indonesian Weaving Industry", *Journal of Development Economics*, 9, 1981.

郑玉歆、T. G. 罗斯基主编:《体制转换中的中国工业生产率》, 社会科学文献出版社 1993 年版。

(原载《经济研究》1998 年第 1 期)

中国工业企业的所有制结构
对效率差异的影响[*]

——1995 年全国工业企业普查数据的实证分析

一 导言

国有企业与非国有企业的效率比较一直是人们关注和争论的问题之一。通常认为国有企业的效率较低，但也经常有人能够举出一些例证来说明国有企业的效率不一定低。因此，对这个问题的争论往往缺乏某种有说服力的根据。问题的关键在于，人们经常局限于一时一地的事物，而无法考察整体，因而往往以某个局部来代表整体或者否定其他人的局部。

国有企业与其他企业的效率差异究竟如何？在不同国家，这个问题往往不可比，因为社会经济环境不同。在不同的产业这个问题不可比，因为产业之间较大的技术差异会掩盖或混同效率差异。在不同的时期，这个问题也无法比，因为发展阶段和特定的政治文化背景的差异，都会对企业有不同影响和导致不同的结果。

本文试图从一个国家的整体角度来探讨这个问题，在一个特定时期，在某些特定的产业，对中国的企业作出某种整体的分析。由于 1995 年中国工业企业的普查数据提供了全国范围内的企业数据，这就为本文的研究提供了一个比较全面的视角，可以突破以往的分析只限于部分或若干企业的局限性，从全国的角度来研究分析这个

---

* 笔者在此感谢哥德堡大学郑京海博士提供的技术上的帮助，同时感谢国家统计局提供的数据支持。

问题，从而能够提供一个较为全面的证据。

二　所有制结构的变化和可能的原因

以 1995 年工业企业普查数据为基础能够计算得到各行业中不同所有制企业的分布结构。从这个所有制结构中可以发现，国有企业正在大幅度地从许多行业中退出。与 1985 年的工业企业普查资料相比，这一趋势特别明显。

从 1985 年的工业企业的普查数据中可以看到，国有企业和县级以上的集体企业占整个工业总产值的 90% 左右；乡镇企业只是在建材行业占大约 40% 的份额，而在采掘业、服装、家具及一些轻工产品方面占 10%—20%；城乡街道和合营企业所占比重更低；至于"三资"企业则只有百分之零点几的水平；而私营、个体企业则是空白。

这就是 1985 年时所有制分布的格局①。

10 年之后的 1995 年，非国有企业的发展极其迅速。私营个体企业从空白状态迅速发展，在黑色金属采选业、建材业、服装、家具、皮革、木材加工、塑料和金属制品等行业中，它们已经占有 30%—45% 的总份额。"三资"企业在食品、饮料、服装、皮革、文体用品、医药、橡胶、塑料、交通运输设备、电气机械、仪器仪表、电子通信等行业的份额上升到 20% 以上，其中，在电子行业，其所占份额已经达到 56% 以上。乡镇企业在所有能够进入的行业也取得了不同程度的进展，在绝大多数行业，它们获得 30% 以上的份额，而在采掘、建材、服装、木材加工、家具、金属制品等行业，它们更是获得了 60%—70% 的份额。与此同时，国有企业大量退出，除了几个具有垄断地位的行业外，在大部分竞争性行业中，国有企业都不再占有优势，尤其是在某些行业，例如服装、皮革、家具之类的

---

　　①　这是根据《中华人民共和国 1985 年工业普查资料》（简要本）中的有关数据计算得到的结果。其中，县级以上的集体企业，主要包括县属集体、城市中的市属和区属集体企业，即在所有的集体企业中除了乡镇村企业、城镇街道企业以外的集体企业。

非国有企业大量进入的行业内，国有企业的份额只有4%—6%。

　　总的来说，国有企业在这10年的变化大致分为以下几类：①基本份额不变或略有下降，这主要是一些垄断性产业，如木材采运、烟草加工、石油开采和加工、电力、煤气、自来水等7个产业。②基本份额在40%—70%，如煤炭、有色金属开采和加工、医药、化学、钢铁、交通运输设备等10个产业，主要为垄断竞争产业。这些产业具有一定垄断地位，其对非国有企业的进入有一定政策限制和资金技术限制，但同时又具有一定的竞争性。③基本份额为30%左右，如纺织、食品、印刷、化纤、橡胶、机械等13个产业。这些产业主要是竞争性行业。④基本份额在10%左右或以下，例如服装、皮革、家具、塑料制品、金属制品、文教体育用品等7个产业，它们都面临着更加激烈的市场竞争①。

　　那么，这一结果是如何产生的？其原因何在？从经济学的理论来看，市场经济的发展过程，如果没有某种外来权力的干预，它是服从于竞争机制的优胜劣汰的规则的，即效率高的企业将赢得越来越多的市场份额，效率低的企业则会越来越处于劣势，从而最终出局，按照这样的理论假定，效率的高低决定了企业的发展和消亡。因而，同样也可以假定，国有企业的萎缩和非国有企业的兴起扩大是由于效率的差异所导致的。以下，将从实证性的角度来分析这一问题。

三　代表性数据的选择

　　由于1995年全国工业普查的数据大约包括75万家工业企业②，面广量大，如果对所有这些企业都进行效率测定，那么工作量之大

---

　　①　此处主要根据《中华人民共和国1995年全国工业普查资料摘要》和普查资料的"国有三资乡镇卷"中的有关数据计算得到。

　　②　主要是年销售收入在100万元以上的有效样本企业，还有许多小于此标准的企业未被总样本加以统计。

是难以想象的。但是，尽可能地从全国性的角度来测定和分析效率，又是我们试图实现的基本目标。这就要求分析必须以全国性的数据为基础，从中进行必要的筛选，能够选择出有代表意义的企业。

在不妨碍主要分析效果的前提下，对于数据选择的原则大致如下：

1. 各种不同所有制企业能够进行竞争的行业

在这里，基本的选择原则是非国有企业能够比较自由地进入或退出的产业领域，即在这些行业内，存在一定数量的非国有企业，它们包括集体、私营或个体、合资企业等，因而能够测定和比较不同所有制企业的效率。这一选择实际上排除了政府限制非国有企业进入的产业，例如石油、天然气开采、烟草加工、电力生产供应、煤气和自来水生产等部门。在这些产业内，由于政策限制，几乎不存在非国有企业。另外一些产业，例如汽车制造业，主要有较强的政府政策的限制，非国有企业很难进入，即使有少量个别的集体或乡镇企业能够挤进去，也只是在很小的范围内活动，不具有政策法规允许的较大活动范围。此外，在主要由政府购买或垄断的国有企业购买其产品的行业，例如交通运输设备产业中的火车机车、航天航空器、远洋船舶，电子及通信设备行业中的通信传输设备、广播电视设备、雷达，等等，非国有企业也会受到很大的进入限制。因而，在上述这些行业内，即使存在少数非国有企业，也不具有可比较的意义。所以，在数据选择时把它们加以排除。

2. 排除先天资源差异较大的行业

为了得到较好的效率测定效果，一般来说相应的分析都须放在特定的产业内进行。也就是说，不同产业由于技术上有较大的差异，其间的效率往往不可比。如果不同产业混合地进行分析，往往难以区分所得到的效率差异是产业间的技术差异所致，还是所有制的差异或其他原因。因此，效率测定必须是在特定的产业内进行，以便排除不同产业之间的技术差异的影响，使得测定的结果具有较大的可比性。

不过，即使在一个特定的产业内进行企业效率的测定，也还不

可避免地会碰到产业内的非同质性的问题。例如，在矿产资源部门，同样的有色金属采矿业，就具有铜、铅、锌、镍、汞、铝、镁等不同的矿产资源。而即使在相同的矿产部门，也必然会存在不同特点的矿藏条件，使得同样的矿产资源在不同的地方也会有大不相同的开采条件。这就必然导致所测定的技术效率包含了这些自然禀赋资源条件的差异，因而无法确切反映由制度特征所决定的效率差异。所以，在以下的分析中将排除各种异质性较大的自然资源开采业和采选业。

3. 排除初级加工业和修理业

初级加工产品在较大程度上受到原材料供给及其价格的影响，而原材料亦受到较大的资源差异的影响。因此，对于粮食、水产、肉类、制糖、木材加工等初级加工业一般也不予考虑。有色金属加工业受不同矿产资源的影响较大，具有较强的异质性，故也加以排除。此外，对于各种修理业，由于其具有服务业的性质，在投入产出效率的测定中与其他工业企业缺少可比性，故也不考虑。

进行上述排除之后，主要的分析就集中在制造业了。在制造业中，同一类型的产业具有较大的同质性，它依靠的是一定的生产技术、管理和对市场生产要素资源的合理使用，因而能够在较大程度上反映出决定企业效率差异的制度性原因。

这样，在制造业中，有 20 多个两位数的产业，① 从这些产业中再分别选择一些典型行业为代表，进行效率测定和比较。具体选择如下：

食品制造业：糕点糖果制造业（包括 6 个子产业）;②

饮料制造业：酒精及饮料酒制造业（包括 6 个子产业）;

纺织业：毛纺织业（包括 6 个子产业）和针织品业（包括 4 个

---

① 在工业产业的统计范畴中，主要分为三个层次的产业范畴。第一层次是两位数代码的产业，通常包括若干三位数代码的产业。第二层次是三位数代码的产业，通常包括若干四位数代码的产业。第三层次是四位数代码的产业，这是最细分的产业，不再包括子产业，因而是最具有同质性的产业。

② 此处的两位数产业为食品制造业，三位数产业为糕点糖果制造业，括号中的子产业为四位数产业。以下可以此类推。括号中的子产业如没有特别注明，均为四位数的产业。

子产业）；

家具制造业（包括5个三位数的子产业）；

造纸及纸制品业（包括5个四位数的子产业）；

化学：化肥（包括6个子产业）和日用化学产品（9个子产业）；

医药制造业（包括5个四位数的子产业）；

化纤制造业（包括13个四位数子产业）；

橡胶制造业（包括10个四位数的子产业）；塑料制造（包括9个四位数的子产业）；

非金属矿物制造业：水泥制造和玻璃制造（包括7个子产业）；

金属制品：日用金属品（包括9个子产业）；

普通机械制造业：锅炉及原动机（包括6个子产业），金属加工机械制造（包括5个子产业）；

通用设备制造业（包括9个四位数子产业）；

电气、机械及器材制造业：电机制造（包括3个子产业），日用电器制造（包括7个子产业）；

专用设备制造业：冶金、矿山、机电工业专用设备（包括5个子产业）；

交通运输设备：自行车；

电子及通信设备制造业：电机制造（包括3个子产业），日用电子器具制造（包括3个子产业）；

仪器仪表制造业：通用仪器仪表制造（包括9个子产业），钟表制造；

文体用品制造业：玩具制造；

煤炭采选业：煤炭开采业；

黑色金属矿采选业：铁矿采选业。

以上数据的选择基本上涵盖了所有的竞争性行业，样本企业总共达到17万多家，它们是从所有的制造业中选取了比较典型的产业作为代表，既能够符合分析的目的，比较不同所有制企业的效率，又尽可能地代表了大多数的竞争性企业。因此可以认为，所选择的

这个数据集是具有全面整体性的统计意义的。

大体来说，对于一些非国有企业明显占优势的产业，例如服装、皮革等，本文无须再费篇幅去进行分析和比较其效率，而对于一些非国有企业难以进入的产业，也无从进行效率的比较。实际上，最值得关注的是那些非国有企业能够进入，但又是国有企业具有传统优势的产业，如纺织、机械、电子、化学、医药等。在这些具有较大同质性产品和相同市场环境的制造业中，不同所有制的企业效率究竟有无差异，有多大程度的差异，是十分值得研究的。

四　分析框架

微观经济学分析中所涉及的效率无非是技术效率和配置效率。前者主要是投入产出效率，后者则为资源配置效率。本文主要运用投入产出效率的范畴来测定不同所有制企业的效率。技术效率是把企业的劳动生产率和资本生产率加以综合的生产率指标，它能够较好地反映出企业的综合效率水平。与企业的利润率等财务绩效指标相比，它具有较大的真实可靠性和稳定性，而财务指标往往会受到较大的外部环境和人为因素的影响，具有某种人为性、短期性和波动性。

测定技术效率的方法通常采用生产函数，本文将主要采用超越对数生产函数来进行效率测定。具体的经验估计方法将采用 OLS 方法，由于所需要处理的数据量很大，OLS 方法处理起来比较快捷方便。这是它的优越性之一。更重要的是，OLS 方法在估计不同制度特征变量分组的平均效率差异时，效果比较好，而采用前沿生产函数的迭代法对数据要求较高，不时地会由于出现一些非收敛结果而往往无解。

本文采用 1995 年的截面数据。产出以企业的销售收入来测定，投入变量则包括资本和劳动。为了排除不同产业之间的技术差异可能产生的对效率的影响，对企业的效率估计将按分类产业进行。四位数代码的产业同质性最好，投入产出的技术最为相同，因而分析估计的效果应该是最好的。不过，它们的数量太多，即使能够全部

分析出来，把计算结果一一列出也需要耗费大量篇幅。因此，本文首先采用二位数和三位数代码的产业作为估计的基础，在其生产函数估计式中，再分别以四位数产业作为虚拟变量进行回归。所以，在分类产业的效率估计过程中，适当增加其中的子产业作为虚拟变量，这样便可把这些子产业的差异性从企业效率差异中分离出来，同时又能在此基础上得到分类产业中不同所有制企业的相对效率指标。此外，对于企业的规模变量也将进行类似的处理。最后，各种其他因素的分离使得结果得到的所有制对效率差异的影响比较纯粹，不受行业、规模等因素的影响。

为了进行不同所有制企业的比较，将所有制的标识变量作为生产函数估计式中的虚拟变量进行回归分析，以便得到不同所有制企业分组的效率平均值。具体地说，数据所提供的这些所有制变量的九项分类如下：国有企业、集体企业、私营企业、个体企业、联营企业、股份企业、中外合资独资企业、港澳台合资独资企业、其他企业。其中，集体企业包括城镇集体企业和乡镇集体企业；股份企业主要指一些国有企业和集体企业股份制改造后形成的公司，以及一些新兴的国有民营或纯粹的民营股份公司，但不包括合资外资企业；联营企业的范畴表明不同所有制企业，或不同隶属关系的企业联合经营的一种企业形式；其他分类的定义比较清楚，不赘述。

除了所有制特征变量可以作为比较效率的分组指标外，数据还提供了企业的不同层级的特征变量，即分别隶属于不同等级部门的标识变量。它们包括以下范畴：中央、省、地区、县、乡镇（街道）、村、其他。这一组范畴实际上是计划经济制度的产物，它表明了不同企业所处的计划经济中的等级地位。改革开放以来，许多原隶属于中央部委的国有企业不断地下放到省、地、市一级，基本的趋势就是国有企业的"级别"不断降低。即使在经历了这样的变化之后，中央部门仍然控制着一些大型或特大型企业，省市各级也都掌握着一批自己的重点企业。其余的国有中小企业、非重点企业和新兴的民营企业基本上都处在等级低微的地位，通常由县、区、乡

镇、街道、村这样级别的有关部门管理，它们通常都是计划体系外的产物。

对于这样一组特征变量的分析可以发现一些有意义的结果。究竟较高的计划等级控制下的企业效率高，还是较低的计划等级控制下的企业效率高？"级别"高的企业主要都是国有大中型企业，那么它们与"级别"低的中小企业相比是否有优势？在转轨过程中，计划经济的等级制控制下的企业效率与它们的"级别"是正相关、负相关还是不相关？在市场经济的竞争性领域中，这种等级制具有什么意义，积极的还是消极的？

对于企业的不同等级地位的特征变量的分析也大致与对所有制变量的分析相同，将其作为一组虚拟变量，与其他的产业变量和规模变量一起进行回归，从中估计得到不同等级组的企业效率差异。

大体来说，本文分析的中心主要集中在控制了主要的外部环境变量（包括产业和规模变量，以及部分资源性产业的地区变量）的条件下，所有制与层级制这两组制度特征变量所可能导致的企业相对效率差异。此外，与此相关的企业规模效率问题也将被考察。

五　分析的结果

从所有制分类分析的结果来看，在不同分组中平均效率最高的是私营、个体企业。这个结果相当稳定，并且在所有测定的行业中都表现为没有例外的、完全的一致性。同样，另一个十分稳定的结果就是，国有企业在全部测定的行业中，其平均效率最低。

以国有企业为参照系来比较，大体来说，私营、个体企业的平均效率最高，为国有企业平均效率的2—5倍；其次为"三资"企业，平均效率为国有企业的2倍；再次为股份企业和集体企业，其平均效率为国有企业的1—2倍（见表1）。[①]

①　把虚拟变量的回归系数加以标准化还原之后，参照变量的标准为1，因而就可以明显看到不同所有制分组之间的相对效率的差异关系，这种差异可以用十分直观的倍数来表现。

表1

1995 年分行业的不同所有制类型的企业的效率比较

企业类型	煤炭开采		铁矿采选		水泥制造		化纤制造		橡胶制品	
	回归系数	企业数（家）	回归系数	企业数（家）	回归系数	企业数（家）	回归系数	企业数（家）	回归系数	企业数（家）
特大型企业	0	23	0	6	0	94	0	76	0	68
大型企业	-0.1563	90	0.3672	15	0.0782	542	-0.042	166	-0.100	210
中型企业	-0.3611	161	0.0740	3102	0.0053	7400	-0.237	1597	-0.209	6344
小型企业	-0.6042	15485	0	173	0	2062	0	224	0	569
国有企业	0	1840	0.3775	2382	0.1475	5180	0.550	1177	0.625	4868
集体企业	0.4144	12999	0.5967	270	0.3890	257	0.862	52	1.227	297
私营企业	0.8173	492	0.8159	254	0.8642	85	1.100	58	1.603	349
个体企业	1.1485	333	-0.2368	25	-0.0552	88	0.529	15	0.325	52
联营企业	0.3079	56	-0.6923	12	0.1280	178	0.227	36	0.495	67
股份企业	0.4285	24	-0.5114	6	0.0376	86	0.593	106	0.608	214
中外合资独资企业	-0.2208	5	0.3550	1	0.0879	96	0.420	171	0.555	202
港澳合合资独资企业	1.0649	2								
其他企业	0.0620	8			0.2294	4			0.463	4

	金属加工机械制造		通用设备制造		电机制造		日用电器制造		通用仪器仪表制造		日用电子器具制造	
	回归系数	企业数（家）	回归系数	企业数（家）	回归系数	企业数（家）	回归系数	企业数（家）	回归系数	企业数（家）	回归系数	企业数（家）
大型企业	0	71	0	117	0	48	0	110	0	54	0	65

续表

	金属加工机械制造		通用设备制造		电机制造		日用电器制造		通用仪器仪表制造		日用电子器具制造	
	回归系数	企业数（家）	回归系数	企业数（家）	回归系数	企业数（家）	回归系数	企业数（家）	回归系数	企业数（家）	回归系数	企业数（家）
中型企业	-0.160	193	-0.089	271	0.172	143	-0.388	124	-0.247	92	-0.437	94
小型企业	-0.227	4164	-0.245	6154	0.126	1790	-0.343	3336	-0.672	2413	-0.211	1023
国有企业	0	635	0	927	0	365	0	214	0	467	0	183
集体企业	0.690	3256	0.642	4686	0.75	1238	0.588	2564	0.492	1667	0.682	510
私营企业	1.444	154	1.178	268	1.225	85	1.098	208	1.224	87	1.320	46
个体企业	2.066	160	1.713	242	2.094	95	1.46	93	1.427	22	1.585	6
联营企业	0.473	44	0.673	70	0.738	29	0.221	41	0.257	26	0.684	32
股份企业	0.362	46	0.638	89	0.477	32	0.816	55	0.588	43	1.566	17
中外合资独资企业	0.706	75	0.979	156	0.587	84	0.638	187	0.961	147	0.998	176
港澳台合资独资企业	0.636	55	0.920	100	0.756	52	0.706	206	0.868	97	1.219	205
其他企业	0.843	3	0.370	4	-1.838	1	0.364	2	0.636	3	0.724	7

注：（1）表1中的回归系数是指不同所有制类型企业作为虚拟变量在生产函数方程中所得到的估计系数，这些系数能够表明各种不同分组之间的相对差异。回归系数为0的表示作为其他分组的基本参照标准，低于0的表示小于参照标准，而高于0的则为大于参照标准。回归系数越大则表明平均效率水平越高。表2是按照企业不同等级作为控制变量进行逐级的回归。

（2）由于篇幅的限制，表中未列出作为虚拟变量的产业的回归系数，但是所有的分析都是在四位数代码产业的基础上进行的，因而具有比较完全的技术效率的一致性。

（3）煤炭、水泥和铁矿石这三个产业由于是资源性产业，所以在分析中加入了地区变量。由于同样的原因，表中也未列出这些变量的回归系数。

（4）由于篇幅的限制，表中未列出所计算的20多个产业的全部结果，只列出了以上11个产业的部分结果。对全部计算结果有兴趣的读者可向作者本人索取。在这些产业中，国有和非国有企业的效率差距更大更明显，而未列出轻工产业的计算结果，因为表中也同样的原因。

　　分析的结果表明，一直被人们所注重的股份企业却并未能取得较好的绩效。就总体平均水平来讲，它们只相当于集体企业的平均效率水平，比国有企业有所进步。这说明股份企业的产权结构还不稳定，产权关系还比较混乱，改制过程往往波动很大，而且各种官办、民办、国有、私有等都能够混杂其中，良莠不齐，因而处于某种尚未定型的产权状态。

　　私营、个体企业的良好绩效可以说完全来自其明晰的产权结构，这种产权关系十分稳定，它们是在市场经济中自发地形成和发展起来的。虽然这些企业在发展过程中受到了许多不利的外在环境因素的限制，但是它们仍旧能够顽强地生长，并取得高于其他类型企业的效率水平。

　　上述分析结果表现出十分明确的按照产权关系的模式所形成的效率高低差异的排列。通过这样的效率水平的测定，可以发现，具有较高效率的合理产权关系的所有制模式仍旧是那些在市场经济中自发形成的企业模式，而具有过多人为设计和干预的企业模式，往往是不成功的，至少说明它们还需要在中国经济的实践中经过充分的磨合阶段和必要的调整修正，才能获得成功的资格。

　　对于等级制变量回归分析的结果表明（见表2），在所有的行业中，村级企业的效率最高，而且十分稳定和一致。在大部分行业中，乡、镇、村或街道这一层次的企业平均效率明显高于县级以上的企业效率。这表明，处于比较低的等级层次的、计划外的民营企业，往往比那些较高等级层次的、主要是计划内的传统国有企业或集体企业具有更高的效率。

　　为什么这个分析结果表现出某种逆向的效果，即等级越高的企业效率越低，而等级越低的企业效率反而越高呢？

　　实际上，这与所有制类型是密切相关的，因为等级较低的企业往往是由民营企业或私营个体企业所组成。在村级企业中，可以说绝大部分是私营、个体企业以及戴着集体帽子的私营企业，而在乡镇企业中，相当大比重的成功企业是由那些掌握企业实际所有权的

表 2

1995 年分行业的不同主管等级类型的企业的效率比较

	煤炭开采		铁矿采选		水泥制造		化纤制造		橡胶制品	
	回归系数	企业数（家）	回归系数	企业数（家）	回归系数	企业数（家）	回归系数	企业数（家）	回归系数	企业数（家）
特大型企业	0	23								
大型企业	0.246	90	0	6	0	94	0	76	0	68
中型企业	0.377	161	0.855	15	0.132	542	-0.013	166	0.110	210
小型企业	0.292	15485	0.806	3102	0.064	7400	-0.195	1597	0.080	6344
中央企业	0	101	0	2	0	46	0	14	0	15
省企业	0.072	145	-0.075	15	-0.075	140	-0.917	50	-0.235	160
地区企业	-0.000	410	-0.086	30	-0.190	474	-0.837	192	-0.390	584
县企业	0.103	1583	0.026	212	-0.128	2007	0.894	253	-0.411	979
街道企业	0.434	113	0.933	28	0.113	39	-0.570	32	-0.288	344
镇企业	0.427	522	0.526	55	-0.018	252	-0.933	57	0.051	146
乡企业	0.372	7216	0.279	1070	-0.021	3103	-0.523	544	0.173	1536
村企业	0.987	5279	0.994	1626	0.320	1759	0.042	630	0.864	2429
其他企业	0.003	390	0.282	85	-0.100	180	-0.684	67	-0.193	429

	金属加工机械制造		通用设备制造		日用电子器具制造		日用电器制造		电机制造		通用仪器仪表制造	
	回归系数	企业数（家）	回归系数	企业数（家）	回归系数	企业数（家）	回归系数	企业数（家）	回归系数	企业数（家）	回归系数	企业数（家）
大型企业	0	71	0	117	0	65	0	110	0	48	0	54

续表

	金属加工机械制造		通用设备制造		日用电子器具制造		电机制造		日用电器制造		通用仪器仪表制造	
	回归系数	企业数（家）	回归系数	企业数（家）	回归系数	企业数（家）	回归系数	企业数（家）	回归系数	企业数（家）	回归系数	企业数（家）
中型企业	0.145	193	-0.028	271	-0.555	94	0.379	143	-0.338	124	0.056	92
小型企业	0.210	4164	-0.106	6154	-0.134	1023	0.420	1790	-0.370	3336	-0.258	2413
中央企业	0	40	0	72	0	14	0	14	0	19	0	74
省企业	-0.202	186	0.014	237	0.481	74	0.202	65	0.054	108	-0.050	198
地区企业	-0.240	487	-0.181	691	0.419	277	0.129	302	0.245	446	-0.435	520
县企业	-0.189	623	-0.192	1215	0.446	118	0.067	413	0.221	479	-0.384	450
街道企业	0.147	361	0.131	333	0.681	55	0.317	67	0.588	215	-0.057	184
镇企业	0.253	72	0.229	121	1.200	27	0.374	35	0.551	79	-0.180	49
乡企业	0.334	897	0.252	1468	0.620	187	0.643	395	0.606	708	-0.019	412
村企业	1.206	1361	0.904	2021	0.702	322	1.159	597	1.071	1307	0.752	438
其他	-0.120	401	0.005	384	1.031	108	0.136	93	0.266	209	-0.135	234

注：资料处理同表1。

企业家所控制，这些企业的产权模式实质上是古典式的。所以，等级越低的企业，其非国有的比例就越大，而在中央、省地级控制下的企业几乎是清一色的国有企业。因此，在这一等级系列背后的所有制关系，决定了其与效率高低系列大致表现为反方向的关系。

在分析所有制变量或等级制变量的过程中，我们发现了关于规模优势的一些有趣的现象。在某些行业中，随着上述两种不同的控制条件的变化，规模优势也会随之发生变化。从表 1 和表 2 中可以看到，当所有权控制条件变化为等级制控制条件时，中小企业的效率提高，而大企业的效率降低，导致规模效率的负向变化，即等级越高，对规模效率的不利影响就越大，因而导致规模优势的下降。这种情形在许多行业，如橡胶制品、金属加工机械制造、通用仪器仪表制造、电机制造、锅炉制造、冶金矿山设备、医药、塑料、毛纺、针织品和煤炭开采，都不同程度地存在。

最明显的是煤炭开采、橡胶制品和金属加工机械制造行业，其规模优势随着控制变量而发生显著变化。当处在所有权控制变量的条件下，企业存在着规模优势，但是，在等级制的主管部门的控制条件下，企业就失去了规模优势。这表明，在既定的所有制条件下，这些企业仍然受到规模经济规则的支配，然而，在既定的等级控制变量的条件下，规模经济的规则似乎就不起作用了，中小企业反而比大中企业更有效率。那么，这是什么原因所致？

一般而言，等级低的小企业多，而等级高的大企业少。等级低的企业主要由民营企业和乡镇企业组成，而等级高的企业则为国有企业。同时，在规模效率规则起作用的条件下，在按规模排列的系列中，小企业的效率低于大企业。这样，以上两组系列实际上是矛盾的，即前一系列是中小企业更有效率，后一系列则是中小企业较无效率。当我们把两组矛盾的变量放在一起时，回归的结果往往能够表明哪一组变量的影响更大。

实际的结果是，在以上涉及的许多行业中，等级制变量的影响使得规模优势的影响发生了负向的变化。也就是说，等级低的中小企业

的效率优势在相当大的程度上抵消了等级高的大企业的规模优势，它使得后者的相对优势不再存在。其背后的原因仍然是前面分析中所涉及的所有制作用的效果。不过，在企业按规模的排序与不同等级制企业的排序，即这两个系列之间，通常具有更直接的负相关性，结果这种对规模效率的影响就更显著。由于在每个特定的所有制类型的企业中，大中小规模的企业都可能存在，因而所有制变量系列和规模变量系列之间并未表现出十分明显的负相关性，所以它们不会像等级制变量系列那样，对规模效率产生明显的直接影响。

六　结论

以上分析及其结果证实了，20 世纪 80 年代到 90 年代，国有企业占国民经济份额的大幅度下降，正是其相对效率下降这一内在原因的结果。

通过对全国 20 多个产业，总计 17 万多家企业的统计数据的分析，经前沿生产函数模型和经济计量方法的测定，本文发现，在不同所有制类型的企业之间，私营、个体企业效率最高，"三资"企业其次，股份企业和集体企业再次，国有企业效率最低①。中国的经济发展以一种自发的渐进的方式在进行，通过效率的竞争来优胜劣汰地发展，是市场经济的必然过程。

在计划经济和市场经济并存的转轨状态下，越是远离计划控制链条的企业发展得越快，效率越高，而且这种效率正在通过市场竞争关系"辐射"到其相邻地带，即从村级影响到乡镇，再到市县，层层传递。

由于等级制控制变量与规模控制变量的负向关系，使得原先不具有规模优势的小企业，也往往变得比大企业更有效率，这就很难

---

① 这一事实对于具有不同偏见和不同角度的人来说，感觉可能是不一致的。因此，从实证分析的角度来证实这一事实是必需的和十分重要的。理论研究一定要有严谨的实证依据，而不能单凭感觉来做。

通过市场竞争来淘汰小企业。行政命令与市场规则的相悖，使得前者往往失效。如果按市场竞争，小企业的效率确实低，那么不用行政命令就可自然淘汰。所以，计划等级制在市场经济竞争中所起的作用是消极的，它实质上保护了一大批效率低下的国有企业。

参考文献

Harold O. Fried, C. A. Knox Lovell and Shelton S. Schmidt, *The Measurement of Productive Efficiency*, Oxford University Press, 1993.

Jinghai Zheng, Xiaoxuan Liu and Arne Bigsten, "Ownership Structure and Determinants of Technical Efficiency", *Journal of Comparative Economics*, Sept. 1998.

姚洋:《非国有经济成分对我国工业企业技术效率的影响》,《经济研究》1998 年第 12 期。

（原载《经济研究》2000 年第 2 期）

中国转轨经济中的产权结构和市场结构

——产业绩效水平的决定因素

一 导言

通常所说的市场结构的定义，主要是产业组织经济学规定的。它表明不同产业内部的不同要素的比例结构，其具有的最主要因素是：规模、集中率和产品差别化（Hay and Morris，1991）。研究市场结构的意义在于，经济学家试图发现，在市场结构与产业绩效之间是否存在某种因果关系或相互决定的关系？如果存在的话，那么这种因果决定的传导机制是怎样的？在此基础上，建立可观测的结构变量与绩效变量间相互关系的模型，就能了解其中的内在机制和发展的规律性。

然而，这种研究主要是针对一般的市场经济。对于中国的转轨经济而言，当然有其特殊性，这就是中国特有的产权结构。因此，20世纪七八十年代以来发展起来的产权理论在中国受到了经济学家们的普遍重视，所有权的转变被视为转变激励机制从而提高企业绩效的最根本方式。

不过，在私有化的浪潮风靡全球时，经济学家们却发现，单纯的所有制的转变不能解决问题。大量的经验研究结果表明，在某些

---

    * 本文为中国社会科学院重点基础课题的主要成果之一。笔者的这项研究成果是2001年在英国牛津大学完成的，因而感谢王宽成基金会给予的资助。同时，笔者还要感谢在此期间奈特教授给予这项研究的各种形式的支持。

产业，所有权的转变取得了良好的绩效；而有些领域，则无法取得预想的效果。那么，究竟是什么原因导致了这种结果？一些人提出，所有权不是决定绩效的根本因素，市场竞争才是决定绩效的根本因素，于是，在经济学界，形成了关于所有权和市场竞争谁是更重要的决定绩效的因素的争论。

这个争论实际上提出了一个重要线索，这就是产权和市场是密切相关的。任何关于产权绩效的研究，都必须放在相应的市场结构框架内，否则势必会导致与产权理论假设不同的难以解释的结果。同样，任何关于市场绩效的研究，离开了产权这一重要因素，则会产生与一般市场结构理论相背离的很大误差。至少，在中国经济的研究领域内，这两者是密不可分和不可或缺的。

于是，市场结构问题的重要性就再度被提了出来。在中国，它与产权结构一起，应当成为研究绩效问题不可忽略的重要前提。在过去有关的研究中，最大的缺陷就是，往往人们只是单纯地研究某一方面，或是产权，或是市场，而没有将两者综合起来研究，这样就难免会产生偏差。因此，从有关文献中关于产权和市场问题争论的角度来看，我们关于市场结构和产权结构及其绩效效果的研究，能够为这一领域的学术发展提供一个转型经济的实证基础。

当我们把绩效问题放在这样的两维空间内进行考察时，即在市场、产权和两者互动发展的空间结构中来研究时，我们就可以发现不同产业具有怎样的所有权结构，因而发现一定的市场与所有权结构的相关性，可以发现所有权与市场结构是怎样相互决定的，究竟是哪种因素在决定绩效中更为重要，从而发现更有效的决定绩效因素的证据或理由。

本文研究的重点是产业之间绩效差异的主要决定因素。我们假定，造成这种绩效差异的主要原因在于不同产业的结构差异，即不同产业的集中率、规模分布、产权等结构变量的综合，才会形成不同的绩效结果。涉及的因素可归纳为两种不同性质的结构因素，即市场结构和产权结构。市场结构主要包括规模和集中率等要素，这

是代表市场特征的变量。产权结构则主要由不同所有制的比例关系所构成，可以用国有制企业占某个产业的比重来表示国有产权结构，亦可以用其他所有制企业的有关比重来表示。

如果说，在传统的市场结构—行为—绩效的分析框架中，原来的市场结构关系不够稳定的话，那么，当我们在原有的结构框架中新增产权结构这个重要因素之后，结构就会变得更加稳定，所产生的因果关系也会更加确定。

当然，从结构到绩效，其间并非直接的决定关系，而是必须通过企业行为才能传递这种决定关系。企业行为在这个决定绩效的链条中起着承上启下的重要传递作用。[①] 即使如此，企业行为也是有其必然性的结构基础的，不同类型的企业行为是相应于特定的结构变量的组合的，因而从结构框架中，我们能够找到对应的行为，以及由此产生的结果。

中国 1995 年的第三次工业普查为我们提供了研究制造业的市场结构和产权结构的机会。根据该数据提供的产业水平和企业水平上的有关指标，我们能够对不同产业的绩效差异进行较深入的分析，探讨形成这种差异的原因，以及决定因素是什么。通过对这些较完整的中国制造业的数据的计量分析，从实证的角度来检验我们所提出的理论假设，概括提炼出相应的理论含义。

本文研究中所用的数据主要来源于这次工业普查资料和数据库。这次工业普查大约涉及中国全部工业领域的 75 万家企业，基本上涵盖了年销售收入在 100 万元以上的所有企业。我们的重点主要放在工业制造业，而排除了那些会对产业绩效产生某些先天的影响作用的产业，因而能够反映企业的制度特征或其真实的市场地位。

我们的分析包含了全部工业制造业的 390 个四位数产业，这是分类最细的产业，产业内的同质性最好。分析中的主要变量是以四

---

① 由于篇幅限制，关于这种框架下的企业行为研究，笔者有另文专门研究。

位数的产业为基础，主要的绩效变量是产业平均利润率，采用了净资产利润率这个指标。主要的市场结构变量是产业的规模分布和集中率，包括大中企业的市场份额比重、产业最小经济规模、最大的 8 家企业市场份额、反映集中率的综合指数赫芬达尔指数。主要的产权结构变量是一个产业内的国有企业的销售市场份额。

二　市场绩效的不可忽视的决定因素：产权结构

根据产业经济学理论，集中率是决定产业绩效的重要因素。因此，我们的分析从集中率入手。首先，我们选择产业的净资产利润率作为其绩效指标，具体来说，就是取产业的利润总额与其净资产（即所有者权益）之比率。其次，我们取各个产业内最大的 8 家企业的市场份额 CR8 为解释变量，对于各产业的利润率指标进行回归，以便测定 CR8 对于利润率的影响作用。

单一变量 CR8 回归的结果表明，其对于利润率的影响作用是显著的。当我们进一步深入分析，增加规模变量作为解释变量时，会有怎样的对于利润率的不同效果呢？是否正如前人所做的分析那样，会由于增加了作为进入障碍的规模变量之后，导致了集中率对于利润率作用的大大削弱，甚至消失？

我们选择了在产业中占 50% 市场份额的最大企业的平均规模作为解释变量，也就是前人分析中常用的最小经济规模 MES。[①] 这个变量主要体现了不同产业依据不同生产技术和资本密集度为基础所形成的规模。回归分析的结果出乎意料，尽管 CR8 的正相关作用略微降低了 1 个百分点，但是这个新加入的规模变量几乎没有任何显著的或有意义的对利润率的作用。显然，我们很可能忽略了某个影响产业利润率的重要因素，而正是这个因素，使得通常对于利润率有着重要决定作用的规模变量变得无足轻重。那么，是什么因素具有

①　参阅 Comanor，W. S. and T. A. Wilson，"Advertising，Market Structure and Performance"，*Review of Economics and Statistics*，49（1967）：423–40；转引自 Hay and Morris（1991）。

这样的重要影响，能够导致规模变量的作用消失？

在传统的产业经济学的实证分析中，似乎不存在这样的因素。因此，我们无法从有关的文献中找到答案。看来，答案只能从中国特有的经济结构中去寻找。审视中国的经济结构，产权这一影响企业绩效的重要因素，就成为我们所考虑的重点。

幸好上述数据能够提供企业的产权特征，因而我们能够找到不同产业的所有制的结构变量。

我们选择了各个产业中的国有企业的市场份额作为代表国有制在该产业的结构变量，把这个变量作为解释变量，从而试图发现不同产业的产权结构对于该产业的利润率具有怎样的影响。

这样，我们把全国的 390 个制造业的利润率作为因变量，主要由净资产利润率 npr 来代表。同时构造了一个多元解释变量的回归方程，解释变量包括：产业内的国有企业比重 State；产业内最大的 8 家企业的市场份额 CR8；反映产业集中率的赫芬达尔指数 Hx；占产业 50% 市场份额的最大企业组的平均规模，用其平均固定资产原值的数额作为近似的绝对资本需要量指标（取 log），或者又称其为最小经济规模变量 MES。于是，得到典型的多元回归方程，其结果如下：

$$npr = -0.1017 - 0.1159State + 0.0549CR8 + 0.0145MES$$
$$(-2.2) \quad (-4.32) \quad (2.03) \quad (3.12)$$

或者 $npr = -0.0880 - 0.1070State + 0.1087Hx + 0.0145MES$
$$(-1.85) \quad (-3.98) \quad (1.87) \quad (3.06)$$

具体来说，国有产权结构变量 State 表现出十分明显的负相关效应，即当其市场份额上升 1 个单位，相应的利润率就会下降 11% 左右。Hx 或 CR8 和 MES 表现为十分显著的正相关效应，其中，每当该产业中的 8 大企业的市场份额上升 1 个单位，其利润率就可能上升 5.5%；或者，每当集中率指数 Hx 上升 1 个单位，利润率就会上升 10%；而最小经济规模变量 MES 每上升 1 个单位，其利润率则会上升 1.5%。这表明集中率比规模对利润率的影响作

用更大，同时，国有产权结构的负面作用，表现为对利润率的消极影响。

所有制变量进入我们的回归方程，使上述问题得到了解决，让我们明白了规模变量不起作用的原因。实际上，这正是由于国有制变量的负面作用所致。由于很多大规模的企业都是国有企业，这些企业往往具有一定的规模效益优势，但同时又具有国有体制效率低下的劣势，这样，当我们在分析企业绩效的决定因素时，如果没考虑企业同时受具有两种相反力量的作用，估计结果就很可能会出现偏差，即如果只考虑到规模的作用，而未考虑到国有制变量的作用，就很可能会低估规模变量的作用，因为国有制变量的负面作用往往抵消了前者的正相关效应。同样，如果只考虑国有制变量的作用，而忽略了规模变量的作用，则很可能会低估了国有制变量的负面作用。

总之，我们已经找到了决定不同产业利润率的主要决定因素，这就是所有制、规模和集中率。与传统的产业经济学的相同之处在于，规模和集中率仍然是决定产业绩效的重要因素，但与之不同的是，产权结构成为决定绩效的不可忽视的重要因素之一。所以，我们可以证实，在中国，产权结构和市场结构一起决定着产业或市场绩效。

三　在产权结构既定条件下规模和集中率的作用

为了能够较独立地考察规模和集中率对于市场绩效的作用，我们通过对不同产权结构进行产业分组来研究，在大致相同产权结构的条件下，规模和集中率变量对于利润率的影响。把不同产业的产权结构按照国有制的比重大小，划分为四个组，然后分别对这些分组进行回归，回归结果如表1① 所示。

---

① 为保持著者行文原貌，文中涉及的图表样式、数据除有考证外均不作修改。下同。

表1		对净资产利润率的分组回归结果		
解释 变量	G = 1 (STATE > 0.7) N = 54	G = 2 (0.5—0.7) N = 52	G = 3 (0.3—0.5) N = 94	G = 4 (STATE < 0.3) N = 174
State	0.1795 (1.46)	-0.1411 (-0.399)	-0.1149 (-0.384)	-0.1146 (-1.601)
CR8	-0.0377 (-0.811)	0.0598 (0.565)	0.1191 (1.223)	0.0819 (2.934)
MES	0.0162 (2.124)	0.0178 (1.166)	0.0287 (1.593)	0.0077 (1.616)
Adj. R^2	0.0716	-0.0166	0.0095	0.106

注：上述四个分组是按国有企业的市场份额大小，即大于70%、30%—50%、50%—70%和小于30%分组。

大体上看，分组之后，国有产权的负面作用大大削弱，这是可以预料的，因为按产权比重的分组实际上是为了分离产权的作用。但是，在国有企业的市场份额小于30%的分组中，国有产权的负面作用仍旧较为明显，即使产权被限制在一个较小变化的范围内，这种负面作用仍然能够表现出来。

在产权既定的基础上，规模的作用大体上都能明显地表现出其对于利润率的显著的积极作用（不过，在G = 2的那组，规模的作用并不显著）。在国有企业的市场份额最大的分组中，规模的作用最为明显，表现出这些产业的盈利性对于规模具有较大的依赖性。在份额最小的分组中，规模也具有相当显著的积极作用。

在国有企业的市场份额较大的三个分组中，集中率对于利润率的影响作用都消失了。只有在小于30%的分组中，仍旧表现出相当显著的积极作用。这种效果表明，在国有份额较小的产业，集中率是由市场竞争形成的，是优胜劣汰的结果；而在国有份额较大的产业，集中率往往依靠规模而形成，但规模并不一定是效率竞争的结果。在中国现有的条件下，规模的形成较多地依赖于政府的投资或融资的支持。

总的来看，当我们把产权因素进行了适当的分离之后，发现国

有份额在30%以上的分组，绩效主要依赖于规模变量，而在30%以下的分组，绩效则来自规模和集中率的共同作用。那么，造成这种状况的原因是什么呢？

一般来说，较高的集中率表明较大的市场份额，因为只有较高效率的企业才可能得到扩张的机会，因而出现较高的利润率水平。这种产业的集中率与其利润率的正相关性表明了该产业的主要行为是服从于效率假定①的，因此才有集中率与利润率的正相关性。否则，如果集中率并不代表由较高的效率带来的较大的市场份额，那么效率行为的假定就是不存在的。这里很可能存在其他的种种非效率的行为，例如垄断的合作串谋行为等。在上述分组中，可以明显地看到，在国有份额小于30%的分组中，效率行为的假定能够得到证实，其集中率对于利润率有着积极的显著的正向作用，而在国有份额较大的分组中，集中率与利润率无关，因而从行为方面证实了，在国有份额较大的产业，实际上效率行为并不具有充分的主导性。

四　不同进入壁垒对产业绩效的作用

根据有关文献的研究，进入壁垒对于利润率有着重要的作用，它通常包括产品差别性、规模和市场需求增长等因素。集中率的差异也正是在这些进入壁垒的基础上产生的，即进入壁垒越高，集中率也会越高，因而产业的平均利润率相应地就较高。我们以下将从进入壁垒的角度来考察市场绩效的决定因素。

规模变量肯定是十分明显的作为进入壁垒的变量。产业中占有某种重要意义的市场份额的企业的平均规模越大，一般的企业越不容易进入该行业。规模变量也在一定程度上决定着集中率，规模越大，集中率就可能越高。因此，集中率变量在某种程度上是由规模

---

① 参见 Demsetz H. , "Industry Structure, Market Rivalry, and Public Policy", *J. Law and Economics*, 16（1973）：1－10；转引自 Hay and Morris（1991）。

变量所决定的。

当企业具有不同的规模时，国有制结构就可以依据这些规模基础而发挥其进入壁垒的作用。倘若没有不同的规模经济形成的不同成本结构，那么，竞争就是完全依据人的能力，而非物的自然属性，市场要素的流动也应当是完全的，而不是有障碍的。因此，作为一定规模的大中型企业，具有规模上的天然进入壁垒，不是任何企业都能够容易地达到这样的规模要求，也不是任何企业都能实现这种规模基础上较低的成本优势的。规模通常是产业的自然属性或者技术要求所决定的，但是什么企业能够进入这种规模的层次，在中国则在很大程度上取决于制度或政策的要求。国有制自然成为这种企业的首选。对于各种新建工厂和投资项目的层层审批，对于一定投资数额设立的贷款或筹资融资的特批许可制度，对于进出口设备和原材料的许可证的审批，对于某些较稀缺的原材料采购的限制，以及对于某些产品的市场特许权的设立，等等，都体现了制度和政策上的进入障碍。众所周知，这种壁垒的设立对于国有大中型企业是十分有利的，而明显地阻碍了其他类型企业的进入。所以，具有典型的进入壁垒特征的应当是大中型国有企业。

选择大中型企业作为规模变量，而不是最小经济规模 MES 变量，是由于大中型企业规模变量能够与国有制变量结合起来，成为某个产业的进入壁垒的标志。但对于 MES 变量来说，其只有明确的产业特征，因而能够形成某种特定的以产业生产技术或规模经济为基础的进入壁垒，但无法与国有制变量结合起来，也无法作为包括制度因素和生产因素在内的市场进入壁垒的标志。

所以，选择国有大中型企业的结构变量作为测定进入壁垒的指标，能够在一定程度上反映不同产业的进入壁垒的高低。在一个行业，国有大中型企业占有的市场份额越大，则表明其进入壁垒越高，而其份额越低则表明进入壁垒越低。因此，应用这个指标的分组可以在一定程度上反映在不同的进入壁垒下，企业的所有制、集中率和规模变量对于该产业的利润率的影响。

　　我们把 390 个四位数产业按照一定规则进行分组，再进行回归。分组的基本考虑是按照国有大中型企业市场份额的大小分成若干组。按 70% 以上、50%—70%、30%—50% 以及 30% 以下四个区间，分成 4 组，然后分别考察在这些特定组内利润率受到哪些因素的影响。

　　首先，把利润率作为因变量，用以上分组作为虚拟变量来回归，考察这些分组的效果如何。如果具有较明显的差异，则表明这样的分组是有意义的。也就是说，大中型国有企业在产业中的不同比重，能够对不同产业的利润率差异形成有统计意义的影响。

　　由于我们的分组依据是市场份额，因而原先的所有制和规模变量的部分作用将会消失，其影响将主要通过分组表现出来，回归方程的估计结果见表 2。

表 2　　　　　　　　　　分组虚拟变量的回归结果

因变量 npr	估计系数	T 检验值	显著水平	Adj. R^2	样本数（家）
CR8	0.0482	1.73	0.0838	0.0633	377
MES	0.0194	3.79	0.0002		
GD2	0.0146	0.97	0.3311		
GD3	0.0406	1.34	0.1797		
GD4	0.1016	3.47	0.0006		

注：分组的 4 个虚拟变量分别为：国有大中型企业市场份额在 70% 以上 = GD1，在 50%—70% = GD2，在 30%—50% = GD3，在 30% 以下 = GD4。

　　从表 2 可以看到，GD4 分组对于利润率的影响作用明显高于 GD1 组。也就是说，国有大中型企业市场份额最低的分组，利润率显著高于国有大中型企业市场份额最高的 GD1 分组。但是，GD3、GD2 和 GD1 这三组之间的利润率并无显著区别。

　　那么，究竟这些分组之间的利润率有多大差异呢？我们从表 3 可以较清楚地看到，GD4 的各项利润率指标都明显高于其他分组，GD1 和 GD2 之间几乎看不出什么差异，但是 GD3 的净资产利润率不仅小于 GD4，而且也明显小于 GD1 和 GD2 分组。这种状况似乎表

明，GD3 分组既无非国有企业的制度优势，也无国有企业的规模优势，因而处于十分不利的弱势市场竞争地位。

表3　　　　　　　按国有大中型企业市场份额分组的平均利润率

	GD1：>70% N=25	GD2：50%—70% N=43	GD3：30%—50% N=65	GD4：<30% N=245
净资产利润率	0.0252	0.0214	0.0076	0.0517
销售收入利润率	0.0112	0.0138	0.0150	0.0227
固定资产净值利润率	0.0618	0.0372	0.0380	0.0745

注：N 为行业的数目，GD1、GD2、GD3、GD4 分组同表 2。

总之，以上关于进入壁垒的分析结果表明，进入壁垒最低的市场，具有最高的产业绩效，这明显是市场竞争的充分性和制度优势所导致的结果。然而，并非进入壁垒越高，绩效就越低，较高的进入壁垒可以产生因垄断带来的高利润。因此，既无垄断进入壁垒，又无制度竞争优势的那些产业或市场，处于最差的绩效状态。

五　产权和规模既定条件下集中率对于绩效的作用

由于集中率主要是通过规模而形成的，即一定的规模分布会形成一定的集中率。因此，只有在产权和规模既定的基础上，才可能分离出集中率的独立作用，才能考察集中率是如何独立地对产业的利润率产生影响的。

在上述按国有大中型企业不同市场份额的分组中，根据 CR8 大于还是小于 70% 来进一步分组，以便发现它们在不同规模或不同进入障碍的条件下，对于利润率具有怎样的不同作用。

从表 4 可以看到，在进入壁垒最高的 GD1 组中，CR8 > 70% 分组的平均利润率明显低于 CR8 < 70% 分组，而在其他三组，CR8 > 70% 分组的平均利润率明显高于另一组。所以，总的来看，在进入壁垒最高的行业分组，集中率没有显著的作用，而在进入壁垒最低

的分组，集中率对利润率产生明显的积极影响。同时，集中率对于垄断的竞争市场具有一定程度的正相关的影响效果，因而在上述的GD2 组表现为较高的集中率分组具有较高的利润率。

表 4　　　　按国有大中型企业的市场份额分组的平均利润率　　　单位：%

	GD1 组	GD2 组	GD3 组	GD4 组
净资产利润率	2.52	2.14	0.75	5.17
	其中：CR8 > 70%	其中：CR8 > 70%	其中：CR8 > 70%	其中：CR8 > 70%
	− 0.38	4.18	26.4	8.07
	其中：CR8 < 70%	其中：CR8 < 70%	其中：CR8 < 70%	其中：CR8 < 70%
	5.21	1.35	− 0.06	4.81

注：在 GD3 组的 CR8 大于 70% 的分组中，由于只有 2 个观察值，因此其平均值可能会有估计的偏差；GD1、GD2、GD3 和 GD4 分组同表 2。

表 5 提供了在上述不同分组中，其集中率、规模和国有企业的平均分布状况，从中我们可以看到为什么集中率因素能够对利润率有着不同的影响作用。

表 5　　　　按国有大中型企业的市场份额分组的若干平均值

	GD1 组	GD2 组	GD3 组	GD4 组
Hx	0.1605	0.0801	0.0357	0.0631
CR8	0.7143	0.5068	0.3512	0.3966
Scale	26.77	16.79	11.67	10.37
State	0.8846	0.6905	0.5027	0.2307

注：Hx 为赫芬达尔指数，CR8 为最大的 8 家企业在行业中所占的市场份额，Scale 为占该行业 50% 的市场份额的最大企业的平均规模与全行业的企业平均规模之比，State 为国有企业在该行业中的比重。

从表 5 中的 GD1 组和 GD2 组来看，其集中率与规模表现为正相关，即较大的规模和较高的集中率是相对应的。然而，从表 4 来看，

GD1 组的绩效并不是来自其较高的集中率，而是来自该分组中的较低集中率。相反，GD2 组的绩效则是来自较高的集中率。造成这种状况的主要原因很可能是，GD1 组的国有企业比重较高，其负影响效果在一定程度上抵消了规模或集中率所带来的正效果，而 GD2 组的国有企业的产权负面作用可能不致抵消全部的规模或集中率的正面作用。

从 GD3 组和 GD4 组来看，由于 GD3 组的集中率平均值明显小于 GD4 组，而其规模却大于 GD4 组，所以，集中率与规模似乎无关，这表明 GD4 组在国有大中型企业较少，因而在规模程度较小的企业分组的条件下，其集中率甚至高于相对较大规模程度的企业分组。因此，在这里，GD4 组的利润率指标之所以高于 GD3 组，似乎是与集中率有关，而与规模无关。那么 GD3 组的绩效之所以较低，只可能是来自其产权结构的负面作用和较低集中率。由于 GD3 组的规模和集中率本身就不太高，其国有产权结构的负面作用很容易抵消其规模和集中率的正面作用，造成既无制度灵活的优势也无规模和集中率优势。

GD4 组由于产权结构所带来的负面作用较小，同时由于规模导致的进入壁垒很低，因而其绩效来源必然产生于市场竞争，占支配性地位的也必然是效率行为。在效率行为下形成的集中率的优势，则表现为较高的绩效水平。这与 GD1 组由于规模进入壁垒所形成的集中率并不具有绩效的优势的情形正好相反，其原因就在于前者有市场竞争而后者没有，前者的国有制比重很低而后者很高。

所以，我们可以发现，集中率在不同的进入壁垒的产业中，具有不同的绩效结果。竞争能够使其充分表现出积极的作用，而垄断则往往使其具有消极的作用。但是，在垄断的竞争市场上，绩效的结果则取决于产权结构、规模结构以及相应的集中率的相对关系，取决于国有产权结构的负面作用、规模效益的正面作用，以及在此基础上形成的进入壁垒对于市场竞争的控制作用。最后这些作用综合地通过集中率表现为绩效结果。

　　总之，在一定的进入壁垒形成对市场控制的情形下，当规模效益的作用大于产权结构的负面作用时，集中率就会表现出规模效益对于利润率的积极效果；当集中率表现出的是消极效果，则很可能其规模效益的作用小于产权结构的负面作用。然而，在规模效益不够大的条件下，产权结构的负面作用会明显地表现出来。最后，在没有什么市场进入壁垒的条件下，在产权结构的负面作用较小，同时规模效益的作用也不大时，集中率所表现出的则是正常的效率竞争的结果。

六　分析的总结和理论含义

　　国有产权和竞争市场是否相容？这里所说的国有产权不是一个企业的产权或其产权结构，而是一个产业内的国有产权结构。因此，我们所涉及的不是某个国有企业能否与竞争市场相容的问题，而是一种产业的产权结构与其能否相容的问题。因为作为某个国有企业来说，其完全可以在竞争市场上获得协调性发展，但是作为一个产业来说，作为占据支配性地位的国有产权结构能否与竞争市场相协调，这不是某个企业的特例能够证明的，需要通过比较完整的产业数据的分析来证明。

　　首先，以上分析中，我们实际上已经证明了，国有产权结构与具有垄断特征的市场具有较大的相关性，而非国有产权结构则与小规模的原子式的竞争市场更为相容。主要原因在于，在一产业中，规模越大，进入该产业越困难，垄断性就越强，国有产权的比重就会越大；规模较小，进入越容易，竞争性就越强，非国有产权比重就会越大。因此，我们在一定程度上证实了一定的产权结构和相应的市场结构是密切相关和相互依存的。不同的产权结构和市场结构因素的组合构成了不同的两维空间，任何产业或企业都是在这种空间内运行，因而其绩效也首先是由不同的空间结构的基础或者是不同结构变量的组合所决定的。

其次，我们证实了产权是决定绩效的不可忽视的重要因素。这就在传统的产业组织理论中引进了一个十分重要的新决定因素，其与传统的规模变量、集中率变量共同决定产业绩效。这实际上充实了传统产业组织理论的不足，使得产权理论不仅得到了实证检验，也通过这种经验分析使产业经济理论与产权理论得到了成功的融合。

再次，在从整体上考察了结构与绩效的关系之后，我们在不同的空间结构中讨论了决定绩效的不同因素的组合和条件，以便考察在不同的产权结构、规模结构和集中率组合的条件下，能够对产业的利润率产生怎样的影响。这种影响大致如下：

（1）在产权结构既定的条件下，规模仍旧保持着其对绩效的显著影响，而集中率对于绩效的影响在国有制比重很高的产业中消失，而只是在国有产权比重30%以下的产业中仍旧保持显著作用。这说明国有制比重很低的产业才存在较充分的市场竞争，因而存在较充分的效率行为，而在其他产业中，则不存在占支配性的效率行为。

（2）在不同进入壁垒的条件下，明显的绩效差异表现为，进入壁垒最低的分组的绩效显著地高于其他分组，而在进入壁垒不太高、国有制比重又不太低的产业分组，其绩效显著高于其他分组。绩效差异还体现在国有产权结构在30%—50%的分组，其绩效明显地低于其他分组。这种差异表明，前者的产权结构与竞争的市场结构比较相容，因而能够获得较好绩效；而后者的产权结构与竞争的市场结构的不相容，则导致了较差的绩效结果。这两者不相容的矛盾需要经过一段痛苦的磨合期来解决，而产权结构最终应当会转化为与竞争的市场结构相容。

（3）在适当的控制规模和产权结构的条件下，通过测定集中率的影响，我们发现的明显特征是，在最大的规模和相应的产权分组中，即完全政府垄断的市场上，高的集中率对绩效没有积极的作用，而在次大的规模和相应的产权分组中，即垄断的竞争市场上，较高集中率对于绩效有明显的影响。后者的状况表明存在一定的效率竞争，不过这种效率主要来源于特定的规模效益。在此基础上才能形

成一定的有效率的集中率，从而对于绩效产生有意义的作用。因此，这种意义上的效率对于规模壁垒有较大的依赖性。[1]

我们的实证分析的综合结论如下：产业绩效取决于产权结构、规模结构以及集中率这些结构因素的相互关系及其相对强度。高度的国有产权结构和较大的规模结构是相应于政府垄断市场的，即使集中率较高也会导致负的绩效结果。较小的规模结构导致接近完全竞争的市场，产生了较低的国有产权结构，其较高的集中率因而代表了效率行为，具有正的积极的绩效结果。当一定市场进入壁垒造成的垄断收益较高时，国有产权的负效应能够被部分地抵消，因而形成垄断竞争市场的绩效结果；而既无进入壁垒形成的正的规模效益，又具有主导性国有产权的负效益，则是竞争市场与国有产权结构不相容性所产生的不良绩效的结果。

由上述理论可以引申出来的政策含义在于，对于竞争性的产业，国有产权的不相容性已经十分明显，产权的变革是决定性的，否则不能解决不良绩效的问题。对于具有垄断性的产业，消除行政性或制度性的市场垄断是决定性的，否则无法对具有这种垄断地位的企业产生竞争压力，不管是国有企业还是民营企业，没有市场竞争压力的企业都是不可能具有效率的。

参考文献

Bain, J. S. , *Barriers to New Competition*, Harvard University Press, 1956.

Donald A. Hay and Derek J. Morris, *Industrial Economics and Organization*, Oxford University Press, 1991.

George Yarrow, Does Ownership Matter?, In *Privatization and Competition*, Edited by Cen to Valjanovski, Institute of Economic Affairs, London, 1989.

John Vickers and George Yarrow, *Privatization: An Economic Analysis*, MIT Press, 1988.

Stephen Martin and David Parker, *The Impact of Privatization: Ownership and Corporate*

---

[1]　参阅郑京海、刘小玄、Arne Bigsten《中国国有企业的效率、技术进步和最佳实践》，《经济学季刊》2002 年第 3 期。

Performance in the United Kingdom，Routledge，London，1997.

Stephen Martin，*Advanced Industrial Economics*，Blackwell Publisher，1993.

J. 卡布尔主编：《产业经济学前沿问题》，中译本，中国税务出版社 2000 年版。

卡尔顿、佩罗夫：《现代产业组织》，中译本，上海三联书店、上海人民出版社 1998
年版。

施蒂格勒：《产业组织和政府管制》，中译本，上海三联书店 1996 年版。

（原载《经济研究》2003 年第 1 期）

国有企业民营化的均衡模型[*]

中国 20 多年的市场化改革形成了较大规模的竞争性市场，也造就了一大批竞争性企业。在这个竞争市场上，所有企业的经营效果都必然受到市场的检验和裁决，它们的经营运行也必然由市场规则来支配。在这个市场上，竞争这个裁判，越来越多地把所有的企业，不管是公有还是私有，都纳入一个框架之中，大量的企业不得不受到竞争的驱使，不同程度地、逐步地收敛于某种最适合于市场竞争的所有权模式。因为市场竞争通常只是把更好的回报给予那些更加努力的企业，而能够激励企业付出更多努力的剩余控制权的机制就这样应运而生并发展起来了。

然而，名义上的法律法规通常总是跟不上实际生产力的迅速发展，因而必然落后于实际所有权关系的潜在变化。在大批的国有企业中发生的潜移默化的所有权关系，实际上正是适应市场竞争的结果。这种变化的实质就是，国有企业的经营者掌握了企业的实际剩余权，国家只是企业的名义所有者，而企业才是自身的实际所有者，而这也正是在某种程度上促进经济效率提高的制度源泉。

这种名义国家所有权和实际企业所有权的分离，并不等同于一

---

* 本文是国家自然科学基金项目、中国社会科学院 B 类重点项目、美中文化交流协会/福特基金招标项目的成果之一，也是笔者在 2000—2003 年在江苏、浙江、河南、广西、河北、陕西考察了很多国有企业改制实践及其案例的理论总结。笔者谨向所有在本项研究中提供支持的政府有关部门和企业，以及向曾经对本研究有帮助、启发、建议和促进意义的个人表示感谢，他们是：仇保兴、姚先国、钮容量、戴东辉、周明海、徐建军、钱朝霞、陈望平、卢银付、岳明、李志杰、葛守昆、武博、鲁昌荣、刘芍佳、胡景北。当然，文责自负。

般市场经济中的两权分离。后者有严格的私有产权市场的规范约束，而前者则是以国家的产权名义，行企业或个人利益之实。这种不规范的产权分离体制虽然具有某种积极的意义，但是它的弊病也越来越多，它不仅为许多寻租者提供了机会，破坏了公平竞争，而且，即使从纯粹经济效率的角度来看，也不利于企业的长期发展。因为不被法律承认的企业实际所有权往往会产生大量的短期行为，过度的在职消费和收益分配，不合理的资本交易和消耗，等等，都会损伤企业的真实竞争力和持续发展的后劲。

因此，把不合理的名义的国家所有权的外壳脱去，转变为名副其实的"企业所有权"①，实际上是反映了新的生产力要素要求摆脱某种旧有的桎梏，获得更大的发展空间的愿望，也反映了社会公平和市场竞争的要求。这是许多国有企业在 20 世纪 90 年代以来实行一种普遍的民营化模式②的主要原因。

一　中国民营化的特征和基础：利益相关者的半自发行为

我们的研究假定竞争的市场，竞争的企业，在其中，一般的国有企业很难得到垄断收益，或得到某种转移的额外收益。消费者具有充分的选择自由，因而通常不存在其福利受到企业侵蚀或被剥夺的现象。因此，经过十几年的市场磨砺，企业的实力资源不再来自国家的计划分配，而是来自市场的配置，取决于自身的竞争能力。

竞争市场使得企业的兴与亡，盈与亏，高效率与低效率，都局限于企业自身，即企业自负盈亏，搞得好自己得益，搞不好自己倒

---

① 这里的企业所有权是一个经济学上的范畴，而不是法学的范畴。按照产权经济学理论，企业所有权是指剩余索取权或者剩余控制权，参阅 Alchian 和 Demsetz（1972）、Grossman 和 Hart（1986）。

② 关于民营化的概念有各种提法，本文采用民营化的提法是为了与目前大家约定俗成的用法相一致。民营化是个较广泛的范畴，在本文中它特指某一种方式的民营化，即主要由经营者购买企业控制权或所有权的方式。它与通常的 MBO 方式类似，不过在这里，它与上市公司的 MBO 是不同的。

霉。因此，我们研究的这种企业民营化，首先要看到它们是立足于这样的市场，具有这样的自负盈亏机制的基础。在这样的机制下，民营化所产生的企业权益的再分配就必然主要地局限于企业自身的利益相关者。这种以企业利益相关者为基础的民营化，是过去 20 多年市场竞争下形成的既定利益格局在逻辑上发展的必然结果。如果对于这样形成的利益格局完全否定，那么很可能会造成市场渐进改革的链条中断，造成大量的经济不稳定和已形成的合理的市场规则遭到破坏。

本文所讨论的国有企业的主要的利益相关者是由作为所有者的政府、作为债权人的银行和企业经营者及职工所组成。这 4 种相关者是构成企业利益的缺一不可的主体部分。

政府作为国有企业所有者的代表，是服从于现实的约束条件的结果。因为具有行为能力的所有者只能是政府。银行之所以成为利益相关者，原因在于国有企业自从"拨改贷"以后，主要投资均来自银行，银行成为国有企业的最大出资者。在企业看来，银行贷款和国家拨款实质上都是国家投资，都是某种程度的软预算。至于经营者和职工，由于他们的所有收益和各种福利均来自企业的收益和积累，因而他们必然与企业有着十分密切的联系。

在实践中，政府往往把国有企业的产权权益关系的重组决策权下放给企业，主要由企业的利益相关者来进行协商讨论，确定基本的改制方案。这本身就是一种国有产权退出企业的姿态，就是给予企业民营化的充分自主权。在这样的政策导向下，只要存在足够的市场竞争压力，只要政策环境给予这种利益关系的调整以足够自由的空间，那么，企业就可能通过利益相关者之间的权益关系的调整和重新组合来形成合理的产权机制。

那么，在民营化的改制中，政府为什么会采取这样一种退出的姿态，让企业的主要利益相关者自发地进行产权权益的重组呢？

从理论上来讲，市场化竞争导致的国有企业收益普遍下降和风险增加的结果，使得政府作为所有者最希望退出竞争企业。当它从

国有企业那里已经得不到什么收益或利润，同时还要承担企业亏损的风险，承担几乎无限责任的各种债务或补偿时，这种负亏不负盈的不对称机制导致它们必然倾向于放弃这种名义产权。

然而，政府作为所有者和作为执政者的双重身份，使其在改制中往往具有相矛盾的动机和行为。政府作为执政者，要对社会的稳定、发展、就业和社会福利负有最基本的责任和义务。因此，政府在这方面的基本目标是财政或税收收入，经济发展和增长，就业，社会稳定等。这些目标与作为国有企业所有者身份的目标是不同的，甚至是矛盾的。在计划经济时代，税收、经济增长和就业自然主要是靠国有企业，因而执政者和所有者这两种目标具有较大的一致性。对于那些具有一定垄断性收益的产业或企业来说，利润目标与税收就业目标也具有较大的一致性。然而，在市场竞争导致非国有企业大量进入的产业或领域，这两种目标之间就产生了矛盾。

在竞争性产业或市场，国有企业的财务利润基本上是围绕着零波动的[①]，因此，所有者无利可图甚至是负支出，理性的反应是退出该领域。但是，不像一般的非国有企业退出那样简单，只要将固定资本妥善处理就可以了。作为政府的基本社会目标，保持稳定和就业是其基本的责任和义务。因此，政府不可能简单地把国有企业关掉，让职工一走了之，否则由此引发的大量失业必然造成社会的不稳定。正是这种稳定和就业的目标，与政府作为所有者的收益目标是相矛盾的。

因此，政府采取的能够兼顾两种目标的唯一方式就是寄希望于企业的民营化改制。政府试图通过由企业原有的利益相关者对于产权权益的重新调整和生产要素的重组，激发出潜在企业能量，不使企业倒闭破产，达到既退出国有产权，又力求保全企业就业或部分就业的目标。

总之，政府在退出国有企业的政策导向下，以企业的利益相关

---

① 可以从理论上表明，国企零利润行为的原因或必然性，参阅刘小玄（2003）。另外，我们的经验分析也能够支持零利润行为的理论。

者为基础进行产权权益关系的调整，表现为一种半自发特征的民营化改革，这是中国渐进性改革的企业基础，也是形成中国市场化和民营化的转轨过程的典型特征。竞争市场就是这样不断地促使企业的各个利益相关者进行各种新的利益选择和重组，其行为的互动关系，则形成了某种有利于企业民营化的发展趋势。

二　民营化发生的原因及其阻力：各种不同利益的权衡

1. 政府的选择

政府的民营化改制目标是摆脱亏损和承担相应的责任。然而，政府是否或何时退出国有企业，则取决于政府对于其在企业的收益和成本的权衡。其中，成本 GCc = F（资本投入，土地投入），收益 GRc = F（企业利润，政府主管官员和经营者的寻租机会，职工工资）。

在成本既定的条件下，根据收益的变化，政府有如下的选择顺序：

（1）如果企业有较高利润率，能同时满足政府作为所有者和执政者的业绩要求。同时政府管理者和企业经营者在其中也会存在较多的潜在利益，那么，政府通常不会选择退出国有企业。

（2）当企业利润率为零时，政府预期其成本投入得不到必要合理的回报时，它就会选择退出国有企业。这是作为资本所有者的基本行为动机，退出是作为所有者的必然选择。

（3）然而，当企业名义利润率为零，但实际利润还存在时，主管部门和经营者则有寻租机会。由于政府同时还有执政者的就业目标，它不是单纯考虑作为所有者的利益目标，所以它处于某种可退或可不退的矛盾状态。这时，有关的寻租利益和职工就业目标，往往成为政府退出国有企业的重要阻力。不过，企业的实际利润空间越小，寻租可能性就越小，则退出的阻力也会越小。

（4）当企业实际利润为零，管理者和经营者亦无租可寻，但企业仍旧能够发出工资，故可在满足就业的目标下，维持简单再生产的现状。这时，政府作为所有者的风险压力很大，愿意积极寻求尽

快退出。然而，是否能够退出则取决于企业是否还有潜力，以及是否有人能够挖掘出这些潜在利润。如果无人接盘，企业为了就业还将不得不维持下去。

（5）企业表现为持续负利润，甚至连就业和简单再生产亦无法再维持下去，政府必须尽快退出，不然将背负巨大的财政负担和债务。

可以看到，政府选择退出往往是接近最后的下策，只有当实际利润率为零时才会大大降低退出阻力。在这种依赖自发推动民营化的政策下，体制内的寻租机会和官员可能的政治风险都会导致民营化阻力的产生。在这种情形下，政府从所有者利益来考虑的比重，往往低于从个人牟利目标和官员政绩目标来考虑的比重。这也是大量的竞争企业仍然不能实行民营化改制的重要原因。

总之，政府选择是否退出或是否民营化的直接原因就在于，权衡政府在企业的实际收益和成本的关系。民营化在很多情形下，并不是政府对于竞争企业的积极的首要选择，而只是一种消极无奈的选择，是当无租可寻、不承担可能直接影响仕途的风险下的选择。

2. 经营者或企业家的选择

利润最大化通常是企业家的最基本目标，正是这个目标导致他们去推动民营化的改制，他们也是民营化的可能受益者之一。作为市场经济的一分子，他们追求利润最大化的动机也是与市场经济的规则相一致的，是有利于和促进市场经济的发展的。当然，在竞争激烈的市场上，能够从竞争中获利也并非易事，这需要承担相应的风险，而且，竞争市场的利润空间也很小，通常也不容易获得高额利润。

因此，国有企业的经营者是否愿意实行民营化的改制，也取决于其目标利益的权衡。追求利润目标最大化固然是每个企业家的基本目标，然而，对于以效用最大化作为自身利益目标的国企经营者来说，依靠民营化来获得效用最大化并不是唯一途径。当企业经营者还有其他机会获得利益的时候，他需要选择一种付出代价小而收获又较大的机会。

经营者的利益目标函数如下：Max U = F（利润，隐性收益和效用，工资奖金，能力）。

企业经营者的基本效用目标主要与企业利润为正相关。利润越高，企业经营者的各种效用或附加收益也就会越高。假定各个企业的市场状况、物质资本和员工素质都大致相当，决定利润的主要因素则是经营者的能力。然而，在不同的激励制度条件下，经营者能力受激励的释放程度是不同的。因此，经营者的利益目标在不同的制度下会有不同程度的差异。

假定在民营化的激励机制下，经营者的能力比民营化以前得到较大程度的释放，因而能够产生相应较大的利润收益。同时，过去的隐性收益，即不合法的收益或过度的在职消费也可以成为公开的合法收益。这些都有利于经营者推动企业民营化的实现。

经营者的选择与政府不同，他们主要是根据自己的能力和企业的实力来进行选择。通常来说，经营者能力越强的，往往越能发现企业的潜力，其对于民营化的动机就越强；反之，经营者能力越弱的，往往越无法发现企业潜力，其对于民营化的阻力就越大。因此，在经营者的效用目标的函数关系中，经营者能力是一个十分重要的决定因素，它的强弱直接与制度变化相关，因而也与企业潜力大小相关，因而最终决定了经营者能否从民营化改制中获得更多的利益。

因此，经营者的选择和权衡主要是根据企业自身的人力资本投入与相应的预期回报的关系来决定的。在企业既定的物质基础上，如果经营者的人力资本投入具有较好的预期回报，则会成为推动民营化的强有力的动机。所以，从经营者的角度来看，促进民营化的动力也并不总是必然存在的。这种动力的强弱大小主要取决于经营者对其人力资本的未来价值的预期。

当然，如果原有的经营者选择保持现状而不是进行改制，政府则可以在一个更大的范围内寻找新的经营者或企业家来推动企业民营化。从理论上来说，总是会找到这样的企业家，只要转让价格和转让条件合适。但是，在实际中，由于存在诸多的限制条件，例如，

职工对外来所有者的不信任不合作，原有管理层的抵制，信息的不对称和不透明，以及可能存在的风险，包括收购后果的不确定和影响企业稳定的风险等因素，都会大大增加引进外部人进行民营化改制的难度。

那么，外部企业家在推进国有企业民营化方面的利益选择机制是怎样的？通常来说，他们愿意出资购买企业资本，但普遍不太愿意接收原有职工。因为资本成本是确定的，可以买断，而职工的劳动成本是不确定的，无法买断，以后还需要不断追加投入。尤其是对于外部人来说，职工问题是最不透明的、最棘手的，不知道以后可能会出现什么麻烦。但是从政府角度来看，接收企业的全部或大部分职工是民营化改制的基本前提，否则无法解决大量的失业问题。因此，只有当这个矛盾能够得到较好解决或者越来越淡化时，依靠外部企业家来推动民营化改制才能得到较大的发展。

3. 职工的选择

职工主要权衡改制前后的收益福利状况，如果预期改制后的收益福利和效用低于改制前，则会反对改制；如果前者不低于或大致等于后者，他们会接受改制；如果前者大于后者，他们则会积极地支持和推动改制。

一般来说，即使民营化改制可以使得一般职工的工资和福利水平不变，但是从职工的效用来说，改制通常会加强管理，提高劳动生产率，因而必然要增加职工的劳动强度。这实际上减少了职工原有的闲暇效用，是某种无形的福利损失。从市场风险来看，民营化改制使得职工直接面对劳动市场，就业不再受到国家的保护，因而从铁饭碗变成了泥饭碗，大大增加了职工失业的风险，这也是职工的一项福利损失。此外，从观念上来讲，职工也不太愿意接受其地位从"主人"变为"雇工"。从这些意义上来讲，多数职工是不支持改制的。不过，随着市场化的推进，市场竞争的不断加剧，迫使企业不断提高生产率，闲暇效用的逐步消失，破产压力的逐步增加，使得上述这些阻力也在逐渐减弱，各种阻碍民营化的观念也正在逐

步转变，因此，职工也在越来越大的程度上能够接受民营化。

对于那些发展前景还较好的企业，对于那些不需要解雇很多职工的企业，职工预期的改制后收益也不比改制前少，因此，职工比较容易接受这些改制方案的施行。但是，发展前景不佳，需要解雇较大量职工的企业，当被解雇者预期的失业风险较大、预期失业时间较长时，民营化的阻力就很大。可是问题恰恰在于，大多数需要改制的企业，都会涉及大量的生产要素重组和裁减冗员。因此，对于职工给予合理的经济补偿，不仅是归还国家对职工，尤其是老职工的社会保险福利的欠账，而且，对于减少改制阻力，也是十分必要的。

在许多企业，经营者为了增加改制推动力，往往与职工联合起来收购股权，这样可以增加职工的激励，同时也会提高职工的预期收益。通过职工持股，从而使得他们在改制后的收益，包括工资和分红，可能高于改制前的收益，这样就会大大增加职工对民营化改制的支持和推动。

4. 银行的选择

当银行缺少足够的承受力来接受大量由于改制而需要豁免的债务时，银行宁可企业推迟还贷，也不愿接受企业民营化。因为国有企业不改制可以无限期拖欠债务，而一旦改为非国有的民营企业，则不再能够拖欠。在这个意义上，银行欢迎保留债务的改制，这意味着企业将由实实在在的行为主体来承担债务，而不再存在那种在国有企业中"找不到谁是欠债主体"的现象，因而能够有效减少债务风险。所以，从本质上来看，从银行的利益关系上来考虑，银行不愿意接受较高风险的国有企业作为债务人。但是，不解决债务问题，企业改制往往无法进行。任何新的经营者都不可能为其前任或为某些政府决策失误承担那些长年拖欠的债务。在这个意义上，银行反对任何豁免债务的改制。于是，银行成为改制或民营化的一个最基本的约束条件。

银行只有在企业具有偿还债务能力的前提下，才会接受改制。

或者，如果国家能够给予一定的债务核销的计划指标，则银行可以接受企业豁免债务的改制；或者政府批准可以将改制企业的债务暂时挂起来，银行也能够在一定程度上接受民营化的改制。否则，银行不能接受改制，改制会被搁置和拖延。因此，银行是否接受改制，一方面取决于企业自身的盈利能力或清偿债务能力，另一方面则在很大程度上取决于政府的财政承受能力。通常来说，较多数量的债务核销需要得到中央银行的许可或得到有关的配额指标才行。

三 模型的建立

根据以上企业的利益相关者的不同目标和其最优选择的权衡关系，我们可以建立一个简化的企业民营化的均衡模型如下。

经营者目标函数 $\max R\ (a_1, a_2, \cdots, a_n)\ -C\ (a_1, a_2, \cdots, a_n)$

满足最优条件 $\partial R\ (a_1, \cdots, a_n)\ /\partial a_i = \partial C\ (a_1, \cdots, a_n)\ /\partial a_i$

经营者的改制目标是预期最大化利润，其选择行动 $(a_1, a_2, \cdots, a_n)$，以便最大化 $R\ (a_1, a_2, \cdots, a_n)\ -C\ (a_1, a_2, \cdots, a_n)$。可以证明，最优的行动集 a^* 将满足上述最优均衡条件。对于经营者来说，其改制行动主要是进行生产要素的重组，即重新选择各种投入要素。因此，这种选择行为将体现在投入要素的变化上，故可以得到以成本函数表现的预期最优目标如下：

$\min C = a^*\ (nasset, nland, adebt, ll, hc)$

上述函数中的各个行为变量均为预期改制需要重新选择的投入要素。其中，nasset 为改制后所需要的企业资本，nland 为改制后需要的土地要素，adebt 为实际需要承担的债务，ll 为需要的劳动投入，hc 为人力资本的投入，其包括更多的努力和能力的释放。

在上述成本函数中的投入中，最重要的是人力资本的投入。人力资本的投入主要是制度激励所决定的。民营化模型的本质就在于，它需要通过企业所有权的变革，来改善激励机制，从而促进人力资本投入的大大增加。改制所确定的剩余控制权和剩余索取权能够决

定人力资本的预期投入，控制权和索取权越大，人力资本投入可能越多，而可能得到的收益回报也越大。这是一个相互作用的动态均衡过程。改制后的股权结构既是事前给定的激励变量，又是事后可能得到的相应回报收益的依据。

根据上述模型，人力资本的投入必须要与其投入的回报收益相等，这是达到最优均衡的必要条件之一。由于人力资本的投入不同于物质资本或财务资本，在很大程度上，它是无形的投入，是经营者更多的努力和能力的释放，体现在经营者的管理、组织、技术或产品创新上，体现在企业的综合竞争效率水平上。因此，对于竞争市场上的绩效优良的企业，其效益必然来源于企业的人力资本的超额投入，其较好的效益或剩余也应当归结为对较多投入的回报。这种投入和回报的均衡机制是互为反应式的，有多大的回报激励，就会有多大的人力资本的投入，直至投入不再产生新的收益增量为止。所以，股权结构是企业家在改制中需要选择的一个重要的制度变量。因为任何企业的人力资本及其回报机制都是均衡的，互为反馈的，确定一个合理的股权激励机制是决定整个均衡反馈互动过程的良好的出发点。

上述目标函数和最优均衡条件是民营化模型的核心部分，是否能够实现其目标，则在于能否满足其最优均衡条件。在最优均衡条件中，除了人力资本投入和产出收益外，对于资本成本、劳动成本和债务成本的投入，也必须满足其相应的均衡条件，模型才能实现最优化。因此，其他的约束条件也是十分重要的必要条件，如果不能满足，也无法实现民营化。

对于政府来说，只要满足以下约束条件就可以达到其预期的民营化改制目标。

$$GR\ (asset,\ land)\ =>GC\ (ece)$$

其中，GR 和 GC 分别为政府的退出收益和退出成本，asset 和 land 分别为政府转让企业净资本和土地的价值，ece 为政府在企业的隐性负债，也可以说是政府退出国企所需要支付的经济补偿。政府

的改制收益主要来源于企业净资本价值和土地价值，当该收益大于或等于政府所承担的企业改制成本，或大于政府在企业的负债，即应支付职工的改制补偿金 ece，那么，改制才可能推进下去；而当改制得到的收益可能小于成本时，则政府无法承担补偿的责任，改制则无法实行。

对于职工来讲，必须满足的约束条件如下：

$$Rwf = F（ww，jj，ll，pw）= jj \times pw \times ww + ec + ll \times ww$$

其中，Rwf 为预期改制后的职工收益，其主要由市场工资率 ww、解雇人员 jj、继续聘用员工 ll 和职工预期找到新工作的概率 pw 所决定。

职工主要权衡改制前后的收益福利状况，如果改制后的收益福利低于改制前，则要求相应补偿，直至两者大体相等。改制后的收益和福利实际上是一种预期值，从理论上来讲，预期的改制后收益相当于以下范畴，即预期找到下一工作前的全部收益的总和。这个预期收益主要是由预期工资率，以及预期找到工作的概率水平或找工作所需要的时间所决定的。

由于改制往往导致一部分员工的解雇，而另一部分员工仍然保持就业，因此这两部分人所需要的补偿水平也是不同的。假定企业员工留用后仍能大体保持原先的工资率水平，那么政府主要负担的补偿就包括两部分，即失业补偿 jj × pw × ww 和职工工龄补偿 ec。这两部分之和正是政府在企业的隐性负债 ece，或者是其须承担的改制成本。因此可得到：

$$ece = jj \times pw \times ww + ec$$

在失业补偿范畴中，pw 为找到新工作所花费的平均时间，这实际上相当于一种再就业的平均概率的转化。也就是说，找工作的时间越长，就业概率越低，因此需要得到的补偿就应越多。失业补偿从理论上来说，相当于预期能够找到下一个工作之前的基本工资和福利的总和。这种补偿与找到工作机会的概率密切相关，解职后找到工作机会的概率为 100%，则不需要得到这种补偿；反之，预期改

制后完全找不到工作机会的人预期的收益率为零，其必然要求相当于补偿其退休以前的全部损失的收益。通常的补偿标准是建立在一种平均的工作机会的概率水平上。

工龄补偿 ec 是对全部职工改变国有身份的风险补偿，也是对他们过去对企业资本增值所累积的一种贡献补偿。因为，即使是对于改制后仍然留在企业工作的职工来说，这个饭碗不再是"铁"的，而是具有市场风险的"泥饭碗"，改制对于他们来说增加了风险，同时，在企业的资本增值中也有他们长期累积的贡献。因此，按照职工的工龄为依据计算大致的贡献基础，从企业的积累中拿出一部分过去创造的资源作为职工补偿是合理的。

所以，如果上述补偿条件得不到满足或补偿不足的话，职工必然会反对进行改制，或至少不支持民营化，因为这种补偿不足的改制会损害职工的隐性利益，并很可能会影响到他们的基本生活保障。

最后，银行约束条件必须满足：

$$Loan = F\,(\,adebt,\ dq\,)$$

其中，Loan 为企业欠银行的到期债务；adebt 为企业实际承担负债；dq 为政府给予的债务核销或豁免指标。

对于银行来说，其改制约束条件是建立在政府政策支配下的债务债权的平衡基础上的。只要其债务能够有偿还的保障，那么不管这保障来自企业自身，还是来自政府政策的豁免，只要银行自身利益不会受到损害，它们就能接受民营化。

四　决定改制最优均衡的关键变量的选择

综合上述改制的最优目标函数和相应的改制约束条件，我们可以得到如下的联立方程组。从这个方程组，可以看到不同的利益相关者在改制中的相互关系。

min C = a（nasset, nland, adebt, ll, hc）　　（企业民营化的目标函数）

asset + land = > jj × pw × ww + ec　　　　　（满足政府约束条件）

Rwf = jj × pw × ww + ll × ww + ec　　　　　（满足职工约束条件）

Loan = adebt + dq　　　　　　　　　　　　（满足银行约束条件）

在上述方程组中，对于经营者或企业家来说，需要重组所有的投入变量，这是关系到其利润目标能否实现和在多大程度上实现的关键选择。除了人力资本的投入变量在较大程度上是企业家能够自己决定的，其他的每个变量都要涉及其他利益相关者的基本均衡条件，是企业家无法自己决定的。如果其他利益相关者的均衡难以满足，那么方程就无解，因而无法实现一般最优均衡。只有当企业家的选择都能满足其他利益相关者的均衡条件时，改制才能顺利进行并完成。所以，能够求得上述模型的解，实质上正是满足了实现民营化的最优均衡的基本条件。

在生产要素的重组中，必然涉及企业的资本转让、职工的去留选择、债务的清偿核销以及职工的经济补偿问题。那么，在上述方程组中，哪些变量在确定改制的最优目标中具有决定性作用？哪些变量的选择是关系到方程是否有解的关键？以下我们将对此进行进一步的探讨。

1. 企业资本转让价格的确定

假定企业的改制资本是在进行了合理的剥离之后的资本，不包含那些非生产性和无效资本①。那么，确定资本成本的决定因素就是其转让价格。

在企业家的成本函数中，他们自然希望能以较低的转让价格购买改制企业的资本，以便能够以较低代价获得更高的产出。那么，约束企业家的最低成本愿望的条件是什么？也就是说，如何能够保证国有企业获得一个合理的、真实的资本价格，来进行这种民营化的产权转让？

如果企业资本定价高于企业实际市场价格，那么，购买这样的

---

① 在实践中，多数国有企业在改制前或改制时必须进行必要的固定资本的剥离和核销工作。

企业股权则很难保证基本的利润目标实现。同样，对于政府来说，资本定价过低会导致国有资产损失，这会使得政府难以接受民营化改制。问题的关键是我们需要找到一个均衡点，在这个点上，企业能够满足基本的利润目标，同时政府也能够接受这样的改制条件。所以，是否存在一种能够被两方共同承认的市场均衡点是十分关键的。如果没有两方共识的基础，那么结果可能是无法达成一致性的产权转让协议，民营化也是不可能的；或者是，结果形成的均衡是扭曲的，必然造成其中一方利益的损失。在这样的形势下，如果市场能够给出较真实较合理的资本价格信号，则是实现合理民营化的一个最重要的前提。

对于企业的资产评估，通常公认的是以预期资产收益率作为贴现率来对企业资本折价，得到以市场收益值为基础的企业资本价格。企业产权转让收购基本上是以这样的评估方式，并参照同行企业的技术和其他有关效率指标。因此，只要市场竞争是较为充分的，企业的实力就能够通过同行业内各种有关指标得到反映，以此为依据的企业价格评估就是大体准确的。

所以，在竞争市场上，对于非上市企业来说，不透明的内部经营信息是不可避免的，而企业的市场销售份额、销售利润和现金流等反映市场收益率的指标，作为竞争的结果和公开的市场信息，则是能够反映其资本价格的最基本依据。

在中国的一般竞争市场上，多数企业的竞争通常比较充分，能够形成大致较为合理的企业收益率格局，这也是国有企业资本价格形成的主要基础。对于要进行民营化的国有企业来说，这种资本评估依据是产权买卖双方达成共识的主要基础。因此，以市场收益率为基础的资本价格的形成，是民营化可能发生、进行和发展的基本前提，否则，民营化将没有合理发生的市场基础。

2. 员工经济补偿的确定

一般的国有企业总是会有或多或少的冗员，因此，企业家能否按照自己的要求裁减冗员，自主选择改制后的员工，则是决定其成

本能否降低、利润目标能否实现的前提。由于涉及裁员，政府不希望由此造成较大失业，职工更不希望丢掉饭碗，因此，这项要素重组的要求可能是最困难的选择。

实际上，在民营化改制时，对于重组选择具有决定意义的是对于员工的经济补偿，因为只有这个经济补偿才是他们预期收益的底线和保障，尤其是在预期改制以后的就业可能是不太确定的条件下。因此，经济补偿的决定意义在于，它直接关系到员工能否接受和通过企业的改制方案。当然，对于国有企业来说，这种补偿主要应由国有产权的代表——政府来负责和承担，因为国有企业对于员工负有社会就业保险和社会福利的必要责任。

职工的经济补偿在联立方程组中具有重要意义，它既是构成政府改制成本的重要组成因素，又是满足职工预期收益的不可缺少的部分。因此，这个变量的确立是关系到两个基本均衡约束条件能否满足的关键。

在职工补偿中，最重要的是失业补偿。政府在确定这种经济补偿时，基本的依据应当是本地区的工资收益率和就业率（或失业率）。从员工角度来看，一个地区的失业率越高，员工预期他们越难于找到工作，则越不愿意企业民营化；反之，则阻力会小得多。所以，以这个比较客观的市场工资收益率和就业率或失业率作为双方协商共识的基础，来确定的经济补偿水平，则政府和员工都应能接受。

只有建立在一个真实的市场工资收益率和就业率基础上的经济补偿标准，才能为民营化改制提供一个合理前提。然而，不同地区，不同经济环境，甚至不同经济周期，往往都会具有不同的市场工资率和就业率的差异，以此为基础的补偿标准也可能会因地因时而有所不同。因此，即使是根据补偿标准确定的平均水平，具体到不同企业和员工，也需要进行适当调整，否则很可能会导致员工预期收益与实际补偿之间的较大差距，难以实现双方共同接受的最优均衡条件。

因此，如果没有一个市场工资收益率的标准，民营化改制必然

会损害有关当事者的基本权益，很可能使得民营化改制建立在某种对于劳动者进行剥夺的基础上，或者导致政府付出较高的退出成本，这往往使得民营化改制的成本太高而无法进行。

3. 满足方程组最优解的变量选择

在上述方程组中，净资本、土地、职工补偿和债务这几个变量是满足方程有解的重要变量，它们之间互为消长，互为均衡，缺一不可。

假定企业职工的经济补偿既定，净资本可变。这时净资本必须大于或至少等于补偿总额。当净资本价值低于补偿额时，则职工不接受；而当其太高时，超过了企业家所满意的控股权的购买力，也无法成交。两种情形方程都无解。只有在大于或至少等于的一定范围内，才是最佳的均衡区间。

假定职工补偿既定，净资本也既定，而土地可变。这时土地价值加上净资本的价值必须大于或至少等于补偿总额，其原因同上。不同之处在于，企业一般没有土地所有权，改制后企业付费使用土地。改制时企业如果改变土地用途，则往往由城市统一按拍卖方式处置，国家通常收回超额级差地租。因此，完全依靠变卖土地来支付职工补偿，通常会受到较大限制。不过，在许多地方，在市场规制不完善的条件下，企业将自己使用的土地也等同于净资本价值处置是常见的。当然，对于净资本明显不足以支付补偿的企业，拿部分土地作为补充性补偿也是可行的。

假定企业的净资本和土地价值既定，这时如果其价值小于支付职工的补偿 $jj \times pw \times ww + ec$，那么要满足方程有解的话，主要方法只能是，设法减少解雇职工数 jj，或者取消全部职工的经济补偿 ec，再就是减少解雇职工的预期收益补偿 $pw \times ww$。这些方式是以牺牲职工利益为代价的，经营者或职工都是难以接受的。

从以上几个变量之间的互动关系可以看出，债务有一定的核销余地，但可变弹性不大；土地虽然经常被用来代替净资本的补偿不足，但亦受到一定限制。为了满足方程有解，实际上就不得不在净资本和职工补偿之间进行选择。在上述两种选择方式中，补偿既定，

净资本可变的均衡区间是最优变量的选择区间。因为当企业净资本价值等于或大于职工补偿价值的时候，既能够实现满足企业家买断控股权要求和职工补偿要求，同时也是政府能接受的最优均衡状态。而另一种选择，即净资本和土地既定，补偿可变的均衡方式，则是以职工补偿不足为代价的强制性均衡结果。

在实践中，我们也经常能看到一些满足最优净资本选择均衡模型的改制范例，然而，仍然存在许多对职工的补偿不足，造成民营化的不良结果的企业案例。

那么，为什么这些企业往往是在净资本小于职工补偿的时候才进行改制退出，导致这种补偿不足的结果？

实际上，这种结果表明，政府实际的退出时机与改制均衡的最佳退出时机往往是不一致的。如同我们前述分析所表明的，退出的主要障碍是政府更强调执政者的需要、强调稳定避免风险、对于仕途的更多考虑，以及某些既得利益者为了满足寻租的需要而搭政绩目标便车。因此，国有企业通常变成完全的空壳才不得不考虑改制退出，造成国有资产的持续流失，这样势必延误了改制的最佳时机。所以，能够满足民营化最优均衡的退出条件，就是国有企业退出的最佳时机选择。企业净资本价值、企业家对控股权的购买值与职工补偿值之间的合理关系，是形成民营化均衡模型的最优解的取值范围。

满足上述民营化均衡的最优解只能存在于企业净资本价值及其相关值的合理选择区间。我们从以上模型的分析中，表明了这个最优解的存在以及原因。

五　理论和政策含义

上述模型是在单一企业内独立地发生和实现，是在不依赖于外部其他力量的一种内部各种力量实现均衡化的行为。理想的均衡模型的实现，是在不损害任何一方利益相关者的前提下实现的一种帕

累托效率的改进。然而，在实践中，无论对于企业家来说，还是对于政府、银行和职工来说，都是有益的和能够接受的这样一种均衡的最佳选择的集合，往往不是那么容易出现的。现实中经常出现的现象是，对于职工补偿的强制性均衡，从而引发了社会的不稳定；原经营者满足于既得利益的现状，不愿或无能力进行改制；或者是由于职工、银行等利益相关者不愿接受改制方案，从而不得不消极地等待，将民营化搁置。

所以，单个企业的最优民营化具有很强的限制性条件，这就是依赖于企业的净资本余额，一旦没有足够的能够补偿和实现其他利益相关者均衡的内部资金来源，企业的民营化最优均衡就无法实现。因此，当许多企业已经错过了最佳退出时机的事实无法改变时，为了使得民营化的最优均衡能够在较大范围内实现，我们必须能够突破单个企业的资金预算的约束瓶颈，在更大范围内寻求最优均衡的实现。

从政策上来讲，政府寻求更大范围内的均衡，以解决职工补偿不足的问题，其资金来源则可以取之于某种自然垄断或资源垄断的部门企业，用这些垄断租来支付民营化的改制成本。当然，政府从某些效益好的竞争企业退出，将从中获得的剩余收益作为其他企业补偿不足的来源，也能解决由于强制性均衡引起的不良后果。

由于无法满足改制经济补偿的或银行债务偿还的均衡条件，一些企业不得不把企业改制加以拖延或搁置。这种拖延的结果更加耽误了最佳退出时机，以至于最后企业耗尽所有净资本。从资源配置的角度来看，由于改制的拖延，这些可能由于改制而被激活或创造新价值源泉的资本，不得不被搁置而丧失其可能产生的收益。这显然是资源的损失和浪费。因此，改制拖延所涉及的企业越多，改制拖延的时间越长，相应的资本和土地资源的损失浪费也越大。从政策上来讲，对于改制的拖延，无助于从根本上解决问题。拖延的结果是以承担更大的改制成本为代价。因此，对于那些无法

实现最优均衡的民营化，积极的补救措施就是在更大范围内寻求资金补偿来源，政府为此承担必要的改制退出成本是不可避免的政策义务。

民营化的均衡模型及其最优解的存在，表明最优民营化政策是存在和可行的。这样的最优政策的选择依据，对于推动现实经济中的民营化改制具有重要意义。

首先，模型是以企业家的目标函数为其核心的，能否实现最优化取决于预期的股权变量，以及这种激励制度下的人力资本投入所产生的预期收益。如果没有这种激励产生的新投入，最优目标则不能实现。企业家的自愿性和积极主动行为，是实行民营化的基本前提。如果企业家没有自身的最优目标及其可行的实现方式，没有企业家由此产生的主动性，就不会产生提高效益的源泉，因而改制就不可能成功。在这种情形下，当原经营者不能胜任这个目标的实现时，政府进行适当的外部推动是必要的，在更大的范围内寻求外部的企业家，是解决问题的关键。因此，企业家的有效投入和预期目标是十分重要的，否则，对原经营者进行强迫改制，包办代替，拔苗助长，都会导致改制的失败。在这个意义上，模型也同样适合于外部企业家购并的民营化改制，因为无论是内部还是外部，符合企业发展的最优选择、行为和目标都是一致的。

其次，对于政府来说，选择最优退出时机是极其重要的，这是关系到民营化能否顺利和平稳实现的关键。模型表明，在企业净资本、职工补偿和企业家购买力相匹配的条件下，可以实现最优均衡。当资本价格和劳动要素价格是外生决定的时候，政府能够决定的就是退出时机的选择。因此，退出时机的权衡切不可以企业的现期收益和成本为基础，而要以退出成本和退出收益来确定。这种政府最优选择的理论依据也为解决何时退出国企提供了相应的政策依据。

此外，模型对于民营化过程中各种要素价格的合理确定也给予了理论上的论证。民营化的大规模进行必须要以竞争市场为基本前

提，否则，没有一个较为公平的市场要素价格，民营化也就失去了合理转让的基础。幸运的是，中国的长期市场化改革已经初步形成了竞争性的市场，这就为我们的民营化提供了一个比较客观合理的基础。在这个基础上，资本价格的评估，劳动要素的补偿，都能够有一个市场标准。这个市场依据也是实现最优民营化均衡的基本前提。因此，按照这样的规范和依据制定政策，就为国有资产和职工利益提供了可行的保障。

总之，模型表明，发现那些能够对企业进行有效投入和重组的企业家是决定国企改制能否成功的关键。人们有时往往纠缠于国有企业交易价格的问题，认为定价是决定性的。殊不知企业产权交易和产品市场交易不同，尤其在中国远未成熟的资本市场上，经常充斥着大量低效率或无效率的交易行为，因此这种市场交易的有效性很值得怀疑。实际上，识别企业家的最简单方式就是根据企业效率，能够在过去持续创造较好效率的经营者不管是国有还是民营，内部还是外部，大都能成为未来成功的企业家。这样的企业家具有创造新价值的能力，而企业改制正是为了实现这个目标，而不是为那种不创造价值的投机者提供温床。

我们的最优民营化模型来自对大量实践经验的总结，它立足于经济转轨过程，是对现实经济进行合理和高度抽象的结果。一个好的理论，不仅仅在于它来源于实践，还在于它能形成政策依据，用以规范和指导实践。最优模型的形成，正是可以用于这个目的。对于实践中不少偏离最优轨道的现象，以最优民营化理论为基础的政府政策，应该能够起到积极良好的纠偏作用。

参考文献

Alchian, A. and Demsetz, H. , "Production, Information Costs, and Economic Organization", *American Economic Review*, 62 (50): 777 – 795, 1972.

Grossman, S. And Hart, O. , "The Costs and Benefits of Ownership: A Theory of Vertical and Lateral Integration", *Journal of Political Economy*, 94 (4): 691 –719, 1986.

哈尔·瓦里安:《微观经济学》(高级教程第三版),经济科学出版社 1997 年版。

刘小玄:《中国转轨过程中的企业行为和市场均衡》,《中国社会科学》2003 年第
　　2 期。

热若尔·罗兰:《转型与经济学》,北京大学出版社 2002 年版。

（原载《经济研究》2003 年第 9 期）

民营化改制对中国产业效率的效果分析[*]

——2001 年全国普查工业数据的分析

中国 20 多年来的市场化和民营化的变革，带来了巨大的社会经济变化。伴随着经济的高速增长，私有产权的经济成分也在迅速地发展。

经济转轨的本质就是依靠民营化来推动经济发展，实现从计划经济向市场经济的过渡和转变。因此，一个十分重要的决定经济效益的因素是制度因素，是企业的所有制。那么，在中国的实际经济中，不同所有制或不同产权组织之间究竟有无效益差异？20 多年来的市场化和相应的民营化改革究竟对于经济效益产生了怎样的影响，影响程度如何，以及民营化的发展潜力和空间还有多大？对于这些问题，本项研究将通过实证数据的检验来给出相应的答案。这个结果关系到如何评价中国工业的民营化效果，以及如何把握中国的民营化发展趋势的关键问题，因而具有重要的现实政策和实践意义。

2001 年全国基本单位普查资料为我们进行这项重要研究提供了较全面的实证数据的基础，使得我们的经验研究能够不受样本选择可能产生的偏差性影响，而在全国的全部工业产业的基础上，继续跟踪最新的民营化发展的动态，考察 20 多年来的改制面和产生的相

* 本文是作者与国家统计局合作项目的研究成果，同时也是国家自然科学基金课题的阶段性成果之一。作者感谢合作项目成员杜希双、史会学、方建、魏众为此项目所做的组织协调和数据处理的大量工作，感谢国家统计局提供的数据支持，同时也感谢郑京海博士提供的技术支持。

应绩效的效果，因而从这样的分析中，我们能够得到反映最新改制进展及改制效果的研究成果。

本项研究利用了第二次全国基本单位的普查数据（2001 年），这次普查数据提供了全部的法人单位的基本信息。普查数据库包括了工业、农业、地质水利、交通运输、邮电通信、金融保险、房地产、教育、文化、卫生、体育等行业，它们之间差异很大，产业性质明显不同，相互之间也缺乏一定的可比性。因此，根据研究目的，我们选择了民营化进行得最为普遍的工业领域，作为分析的主要对象。具体的分析将从企业产权分类开始，选择的产权指标主要是现行的国家规定的企业所有制注册分类指标，在这个基础上，通过适当的合并归类，便可得到各种不同类型的所有制企业。根据这种产权分类，我们构造了一个中国经济的实证模型，从而可以对影响产业绩效差异的因素进行分析，检验所有权因素对于效率的不同影响及其程度。

大体来说，经过适当合并的企业分类主要如下：（1）国有企业（包括国有、国有联营、国有独资）；（2）集体企业（包括集体、集体联营）；（3）股份合作企业；（4）有限责任公司；（5）股份有限公司；（6）私营企业（包括私营独资、私营合伙、私营有限责任和私营股份有限）；（7）港澳台合作合资企业；（8）港澳台独资企业；（9）外商合作合资企业；（10）外商独资企业；（11）其他企业（包括国有与集体联营、其他联营、其他内资企业）。我们的分析中采用的就是上述这 11 种企业分类标准。

一　不同所有制企业的销售、就业、资本分布及股权结构

（一）不同所有制企业的销售收入、就业和资本分布

从不同所有制企业的销售收入的总体分布来看，国有产权性质的企业（如果包括股份有限公司在内）大约占有 1/3 的销售市场份额，其他非国有性质的企业占 2/3 的市场份额。

国有企业的就业人员比重只占全部工业企业就业人员的 1/4 还不到，而私营企业的就业人员比重已经十分接近国有企业了。如果包括股份有限公司等国有控股企业在内，国有性质的企业的就业人员仅占大约 1/3 的就业比重。

从就业人员来看，私营企业的就业人员比重已经较接近国有企业的就业比重了，成为解决就业的重要力量，而各种其他类型的企业也在承担就业方面起着重要作用。因此，解决就业的多元化渠道已经形成，国有企业的就业职能将越来越弱（见表 1①）。

表 1　　　不同注册类型企业收入、就业和资本的分布（2001 年）　单位：%

不同注册类型的企业	销售收入比重	从业人员比重	实收资本比重
国有企业	22.70	24.15	29.25
集体企业	10.66	17.65	7.81
股份合作企业	2.93	3.88	1.87
有限责任公司	10.18	9.52	10.67
股份有限公司	12.20	5.88	10.80
私营企业	14.29	22.60	10.31
港澳台合作合资企业	7.05	4.50	7.16
港澳台独资企业	4.97	4.96	5.85
外商合作合资企业	9.29	3.56	9.99
外商独资企业	5.13	2.55	5.70
其他企业	0.59	0.76	0.56

注：表中数据经过四舍五入处理，合计数可能不等于 100%，下同。
资料来源：第二次全国基本单位普查资料数据库。

由表 1 还可知，从全部企业的角度来看，国有企业的资本比重不到 30%，港澳台资和外资企业的比重也不到 30%，私营企业资本占 10% 多一点，其余的则是股份制企业和集体企业，亦不到 30%。

从资本结构看，非国有企业的资本已经开始超过国有性质企业

———————

①　为保持著者行文原貌，文中涉及的图表样式、数据除有考证外均不作修改。下同。

的资本，占据了全部工业的优势地位，大体形成三分天下的格局，即（1）国有；（2）私营和外资；（3）法人和集体。这三类主体共同主宰经济的格局，体现了中国经济转轨时期的典型特征。

（二）不同类型企业的股权资本结构的比较

从全部资本来看，不同的股权资本的比重如表 2 所示。可以看到，国有资本仍然占有最大的份额。然而，由于这些资本都是分散在各种不同的所有制企业之间的，是受到不同类型企业控制的，因此，考察企业的最终所有权，要从企业的占支配性地位的股权资本来着手进行。为此，我们需要从各个不同所有制注册类型企业的角度，考察存在于其中的不同的股权结构，从而发现它们的占支配性的股权资本，发现其最终所有权的归属。

表 2　　　　　　　　　　　　　**不同股权资本的分布**

	比重（%）	总额（千元）
国有资本	35.61	1992470635
集体资本	9.19	514129557
法人资本	20.59	1151974856
个人资本	13.73	768604862
港澳台资本	9.85	551099921
外商资本	11.03	617189123
总计	100	5595468954

资料来源：第二次全国基本单位普查资料数据库。

表 3 提供的是在某种特定所有制类型的企业中，不同股权资本的分布或比重，可以看出某类所有制的企业的控股权由哪种资本实际上所控制。尤其是对于股份制企业来说，由于股份企业是混合性的产权性质的企业，因此，需要更详细地考察在这种类型的企业分组中，包含哪些不同的股权资本成分，或者其产权结构的组成如何。

表 3　　　　　　**各注册类型企业的不同股权资本占该注册类型**
企业的资本总额之比重　　　　单位：%

不同注册类型企业的分组	不同股权资本占该注册类型的资本总额之比重					
	国有资本	集体资本	法人资本	个人资本	港澳台资本	外商资本
国有企业	81.61 *	0.46	16.70	0.77	0.03	0.26
集体企业	3.17	78.89 *	10.21	6.38	0.98	0.38
股份合作企业	6.73	18.75	24.79	48.85 *	0.46	0.41
有限责任公司	30.56	7.71	44.55 *	16.48	0.21	0.49
股份有限公司	47.38 *	3.46	31.05	16.24	1.34	0.53
私营企业	0.53	1.80	20.04	77.33 *	0.22	0.09
港澳台合作合资企业	14.24	8.36	21.09	3.32	52.64 *	0.36
港澳台独资企业	2.07	0.22	2.54	0.94	94.08 *	0.15
外商合作合资企业	15.00	4.15	21.83	1.99	1.77	55.25 *
外商独资企业	1.49	0.11	4.81	0.61	1.12	91.87 *
其他企业	28.31	22.51	32.85	14.50	1.27	0.56

注：* 表示该类型企业的最大股权资本份额。
资料来源：第二次全国基本单位普查资料数据库。

　　从表 3 可见，在每一种所有制注册类型的企业中，都会有一个最大份额的股权所有者，例如在国有企业分组中，国有资本的份额高达 81% 多，集体企业分组中，集体资本的份额接近 79%，私营企业分组中，个人资本的份额为 77.33%，外商和港澳台独资企业中的外来资本均占 90% 以上，即使是合资企业，其中的外商或港澳台资本也占 52% 以上的控制地位。所以，从它们占有的绝对优势的股权资本份额就可以看出，这些企业的注册类型能够大体上表明其所有权性质，因而它们的分组产权特征是明确的。

然而，对于股份制企业①的总体来说，这种类型则没有某种占绝对支配地位的股权资本，只有占相对支配地位的股权资本。这是由于多数的改制企业都集中在这三种股份企业的范畴内，改制企业在转轨过渡期间的多元化持股特征形成了这样特有的所有权安排的格局。

股份合作企业纯粹是一种新产生的企业类型，它们几乎完全是由公有企业改制而形成的。在其中，占优势地位的是个人资本，其已经接近50%，可以说这种类型的企业基本上是具备了私有产权的重要特征，而国有资本在股份合作企业中只占6.73%的比重，表明国有企业已经基本上退出了这类企业。此外，在股份合作企业中，集体资本比重为18.75%，这多半是一些集体企业改制后形成的结果。

在有限责任公司中，法人资本占有最大的比重，为44.55%，国有资本其次，为30.56%，个人资本则为16.48%。这种类型的企业中，绝大多数是在原国有基础上改组组建的多元持股企业为主体构成的。在改制企业的法人资本中，很大的部分是由职工持股会之类的法人所构成，由于有限责任公司对于股东人数限制的注册规定，一般改制企业都将众多的职工股集中为一个法人股的形式，例如采取持股会法人或工会法人等方式来注册。这种职工法人股在改制企业中通常占有不小的比重。在全部资本中，尽管个人资本看起来比重不算大，但是这些个人资本在改制企业中大都是由具有企业控制权的经营者所掌握的，其在企业通常都有持大股的举足轻重的地位。当然，国有资本在这类企业中仍旧占有约1/3份额，这表明虽然国有资本已经从大部分改制企业退出，但是仍然保留了一小部分，或者，在某些多元化持股的企业中，还有一部分国有资本保持着控股的地位。所以，对于这种混合型的有限责任公司的企业类型，我们无法从整体上明确地定义其最终所有权的性质。

股份有限公司的多数都是由国有大中型企业改造而来的，大多

---

① 这里的股份制企业不包括私营股份公司和外资股份公司。

数都是国有控股的上市公司，或者是准备上市的较大的国有企业，也有少数比较成功的合资、民营或乡镇企业。因此，在股份有限公司的资本总额中，国有资本占有 47.38% 的份额，法人资本为 31%，法人资本中有的是原国有母公司作为集团法人持股的，也有的是关联企业或投资公司来持股的。股份有限公司的个人股主要是分散的公众流通股，占 16% 多。由于这种类型的企业国有资本的较高比重，因而可以说基本上具备国有控股的产权性质。

私营企业，不管是私营股份，还是合伙股份，基本上都是由私人资本投资而自发形成的，其与那些公有企业改制后形成的股份制企业有所区别。在其总资本中，个人资本占 77% 多的比重，而国有资本几乎不占什么比重。这与国有企业的总资本中，几乎没有什么个人资本一样。私营企业和国有企业这两者的界限是最为分明的，没有什么交叉或混合的部分。因此，两类企业的产权成分相当纯粹，不具有那种公私产权混合的企业性质。

在合资企业中，无论是港澳台资的 52.64%，还是外资的 55.25%，都表明它们大都占有控制性的地位。尽管国有资本占有 15% 左右的比重，法人资本占有 21% 左右的份额，但都不具有支配性地位。由此可见，无论是合资企业，还是独资企业，都可以归结为一种私有产权类型的外资企业。

总而言之，我们可以看到，是市场经济中自发投资而形成的私营企业和外资或港澳台资企业，不管是否是公司制，都具有十分明确的最终所有权，而计划经济下形成的传统公有企业，也都具有明确的产权所有者。具有典型转轨特征的企业，就是那些公有企业经过改制后形成的混合产权的企业，在这里它们基本上都属于股份制企业。尽管每一个作为个体存在的企业，都会有自己特定的最终所有权，但是，从整体上来看，这类转轨型企业由于不同产权的混合交织，因而无法得到其最终所有权的明确归属。这是十分明显的转轨特征。

二　所有制变量对产业效率的作用

由于数据的限制，我们无法采用企业水平的数据进行效率的估计，而是采用了产业水平的数据。国家统计局普查数据库为我们提供了全部的四位数产业分类的工业产业水平的截面数据（2001 年），作为我们估计产业生产函数的主要数据来源。

我们分析的目标实际上是产业效率的决定因素，重点是试图发现不同的所有权结构对于产业效率具有怎样的影响效果。根据产业经济学的理论，规模对于产业绩效具有显著的影响作用。因此，在我们的分析中，对于这样的变量必须加以控制，才能得到较为准确的估计结果。为了准确地分离出不同因素对于效率的作用，为了使得产权因素的作用不至于同规模的作用相混淆，我们在生产函数的估计式中还需要添加规模变量。这样，我们就在分析中保证了那些重要的决定因素未被忽略，从而保证了分析具有较大程度的可靠性和准确性。

在 Cobb-Douglas 生产函数的基础上，我们引入了所有权结构变量作为解释变量，旨在考虑不同产权体制的影响下，经济效率会发生怎样的变化。所有权结构变量的测定分别采用了不同注册类型企业的实收资本占该行业总资本的比重。对于需要控制的规模变量，则采用行业内大型、中型或小型企业的市场份额来测定。模型的因变量为产业的销售收入，作为产出变量测定，其余的投入变量则为劳动和资本，分别采用该行业的就业人数和固定资本净值来测定。

这样，我们就得到了产业效率决定因素的估算模型为：

$$\ln Y = \ln A + \alpha \ln K + \beta \ln L + \gamma\,(OW)\,+\delta\,(LA)\,+\varepsilon$$

其中，Y 为产出变量，K 和 L 分别为资本投入和劳动投入变量，OW 为所有权变量，LA 为规模变量。

按照不同所有制企业的分类，我们分别得到了不同所有制企业的资本在该产业的比重或结构。因此，在上述方程的估算中，将这些不同所有制企业的结构变量，即 11 种产权结构变量，代入估算模

型，从而得到这些产权变量的参数估计值。具体的各个所有权结构变量的参数估计值见下表。

表4　　　　　　　　　影响产业效率的国有制因素

因变量	Intercept	LK	LL	Large	Middle	国有企业	$R^2 = 0.9413$
参数估计值	2.699	0.424	0.577	0.801	0.566	-0.555	F = 1936
（T检验值）	(14.36)	(12.56)	(16.44)	(6.93)	(3.21)	(-8.37)	N = 605

注：因变量为销售收入取对数，解释变量 LK 为固定资本净值取对数，LL 为职工人数取对数，Large 和 Middle 分别为大型企业、中型企业的市场份额。

在上述生产函数的分析结果中，我们可以看到与产权理论一致的结果，这就是产权变量在影响产业效率方面有着重要的作用。国有企业对于产业效率具有明显的负面作用，每当国有企业的资本增加1个百分点，会导致产出降低0.555个百分点。

除了国有制因素之外，其他的所有制因素大都对于效率具有比较明显的积极作用，然而，不同所有权类型的企业所具有的积极作用的程度却是有差异的。相比较而言，私营企业和港澳台合资企业具有最强的对于效率的正相关作用；其次是股份合作企业和其他企业、"三资"企业，它们对于效率也都具有比较强的正相关作用；再次，集体企业和有限责任公司对于效率的正相关作用处于大体差不多的水平，也具有积极的效应；最后是股份有限公司，其对于效率的积极作用则相对较低。总之，上述这些类型的企业都表明了它们对于产出效率的不同程度的积极效应。

在"三资"企业中，港澳台合资企业往往具有比较典型的一般私营企业特征，实际上许多这样的合资企业往往都是"假合资"性质的。因此，它们与私营企业具有十分相近的效率作用，其资本比重的增长能够带来显著递增的积极效果。同时，港澳台独资和外商投资企业也具有显著的积极效应。这种状况表明，具有明晰的产权性质和较优越的规模或技术优势，因而具有一定市场力量的企业，必然会具有较高的效率结果（见表5）。

表5	影响产业效率的其他所有制因素	
因变量	参数估计值	T 检验值
Intercept	0.7424	3.94
LK	0.6182	20.28
LL	0.3996	12.56
Large	0.9251	8.82
Middle	0.8846	5.52
集体企业	0.6676	3.60
股份合作企业	0.8341	2.03
有限责任公司	0.5905	3.66
股份有限公司	0.4458	3.09
私营企业	1.1338	7.79
港澳台合资企业	1.1818	5.32
港澳台独资企业	0.8082	5.53
外商合资企业	0.7918	7.05
外商独资企业	0.8885	5.28

$R^2 = 0.9595$ F = 1102   N = 605

注：因变量、解释变量和样本量与表4相同。
资料来源：第二次全国基本单位普查资料数据库。

作为控制变量的大型、中型企业，都表现出显著的对于效率的积极作用。可以从表4和表5中看到，无论因变量怎样变化，大中型企业都表现出十分稳定的对于效率的正相关作用。

所以，我们从上述分析结果中可以十分清楚地发现，不同产权类型的企业具有不同的效率决定特点，这种效率差异是非常显著的。因此，从这个分析结果中，我们进一步地证明了，民营化的产权结构具有积极的正相关的效率效应，它的边际生产率是明显上升的，而国有产权结构则具有消极的负相关的效率效应，其边际生产率是显著下降的。所以，从总体来说，产权在决定效率方面，具有不可忽视的相当重要的作用。

三　资本股权变量对改制企业效率的作用

在中国的经济转轨中，几乎所有实行改制的国有企业都改造成为了股份公司。因此，根据国家统计局的分类统计口径，这里的股份公司范畴在很大程度上能够代表改制企业的基本特征。对于中国转轨政策下产生的改制企业的绩效评估，是我们研究和分析的重点。因此，对于这种改制形成的股份企业进行更为详尽和深入的分析，是我们关注的一个焦点。

从中国的所有权分布状况中可以看到，除了股份公司以外的各种类型的企业，其最终所有权都是十分明确的。但是，由于股份公司中包含的多种股权的复杂性，不像那些产权关系比较单一明确的企业在分析中所表现出来的非常清楚的效率结果，因此，我们有必要对股份企业尤其是混合所有权的股份企业，做一个更深层次的剖析，以便发现蕴含其中的积极有效的决定效率的最终所有权因素。

现在，我们把股份企业从其他企业中分离出来，单单考察在股份企业中不同股权资本的作用。在企业的股权资本中，通常都包含6种资本，即国有资本、集体资本、法人资本、个人资本、港澳台资本和外商资本。在相同的股份类型的分组中，我们将直接采用不同的股权资本结构变量，来识别和分析其可能对效率产生的不同效应。

根据国家统计局的定义，这里的股份企业范畴包括三种类型，即股份合作企业、有限责任公司和股份有限公司，但是不包括私营股份公司和外资股份公司。在这三种具有混合所有权类型的、经改制而形成的股份企业中，究竟是哪些因素对于效率起着重要的影响作用？以下我们来剖析股份企业中不同资本股权因素在决定效率中具有怎样的不同作用。

采用同样的生产函数模型，大致同样的理论假定和解释变量，

我们得到的分析结果表明，无论哪种类型的股份企业，它们一个最明显的共同结果就是，个人资本股权具有特别显著的对于效率的正相关的积极作用。相对于国有资本来说，个人资本具有显著的促进效率提高的作用，每当个人资本增加 1 个百分点，会导致产出增长 0.5—0.8 个百分点。在除此之外的其他资本股权因素中，没有任何一个因素具有这样显著和稳定的正效果。这一结果说明，股份企业中具有最积极效果的制度性增长源泉主要来自个人资本股权的推动（见表 6、表 7）。

表 6　　　　　　　　股份公司中的不同资本所有权对于效率的作用

因变量	股份合作企业		有限责任公司		股份有限公司	
	参数估计值	T 检验值	参数估计值	T 检验值	参数估计值	T 检验值
Intercept	3.750	10.49	3.081	11.14	2.132	7.45
LL	0.697	16.77	0.731	17.41	0.559	12.08
LK	0.321	8.54	0.303	8.21	0.512	13.60
Middle	−0.556	−2.15	−0.032	−0.19	−0.221	−1.57
Small	−0.983	−4.32	−0.538	−3.79	−0.355	−3.02
集体资本	0.166	0.71	0.025	0.12	−0.257	−1.16
法人资本	0.318	1.52	0.716	5.01	0.187	1.30
个人资本	0.637	3.17	0.733	4.27	0.557	3.15
	$R^2 = 0.9018$		$R^2 = 0.909$		$R^2 = 0.919$	

注：因变量、解释变量和样本量与表 4 相同。
资料来源：第二次全国基本单位普查资料数据库。

表 7　　　　　　　　股份公司中的国有资本所有权对于效率的作用

因变量	股份合作企业		有限责任公司		股份有限公司	
	参数估计值	T 检验值	参数估计值	T 检验值	参数估计值	T 检验值
Intercept	3.318	21.13	3.121	18.04	2.070	12.47
LL	0.727	17.79	0.731	17.91	0.555	12.10
LK	0.292	7.92	0.306	8.49	0.511	13.87
Large	0.950	4.15	0.585	4.25	0.395	3.34

因变量	股份合作企业		有限责任公司		股份有限公司	
	参数估计值	T检验值	参数估计值	T检验值	参数估计值	T检验值
Middle	0.381	2.66	0.521	3.82	0.167	1.28
国有资本	−0.369	−1.80	−0.657	−5.00	−0.277	−1.97
$R^2 = 0.900$			$R^2 = 0.908$		$R^2 = 0.917$	

注：因变量、解释变量和样本量与表4相同。
资料来源：第二次全国基本单位普查资料数据库。

在以上三种股份企业中，还可以看到，无论在哪种类型的企业分组中，国有资本都表现出对于效率的较为显著的负效应。这正好与个人资本的稳定的正效应形成明显对照。同时，集体资本在这些股份企业中则表现为某种与效率不相关的作用。

在股份有限公司的分组中，法人资本和集体资本都表现出与效率不相关的结果。所以，股份有限公司对于产业绩效或效率的积极作用，其制度性的原因主要可以归结为个人资本的作用，而非其他资本的作用。由于股份有限公司绝大部分都是由一些大型国有企业所组成，因此，其对于总体的产业效率所产生的积极效应，在一定程度上可能应归结为其先天的技术优势和垄断优势，例如规模效益的结果。因为从以上检验分析中可以看到，国有产权无论是存在于传统的国有资本形式之中，还是存在于现代的公司法人形式之中，它们对于效率的积极作用实际上都是不存在的。

在有限责任公司的分组中，除了个人资本对于效率产生的积极作用外，法人资本也具有一定程度的显著正相关性，其所起的作用与个人资本的作用大体相近。这里的法人资本的作用与其他两种股份企业中的情形有所不同，主要是由于其法人资本的特殊性所造成。一般来说，在有限责任公司中，由于《中华人民共和国公司法》对于股东数目的限制，绝大多数的职工股只能采取法人社团的方式来持有企业股权。因此，在有限责任公司中，法人资本包括了相当一部分这样的职工社团法人，它们的性质与股份合作制类似，只不过在形式上表现为法人资本而不是个人资本。除了职工社团法人以外，

这类企业的资本中必然还包括一些公司法人。一般来讲，国有企业原主管部门的控股股权在改制的股份公司中较多地表现为国有资本，而不是法人资本。因此这种以法人资本表现出来的往往不是国有资本的直接投资，而多半是间接投资，即通过某种层级式的多元股权的公司进行的股权投资，把原来的纯粹国有资本股权加以稀释，所得到的往往是多元化的法人资本。总之，这里的法人资本构成中，实际上包含了较多的职工社团法人、较多的多元持股公司法人，以及可能较少的国有独资法人。在这个意义上，有限责任公司的法人资本具有的积极效果，相当大的一部分是来源于职工社团法人和多元化结构的公司法人。

对于股份合作企业而言，占有近50%的个人资本具有相当重要的效率贡献，而集体资本股权几乎不起什么作用，法人资本则起着不太显著的正向的积极作用。这里的个人资本的主要构成是由企业职工和管理层所组成，毋庸置疑，它们发挥了显著的对于企业效率的积极作用。可以说，股份合作制的成功主要依赖于这部分资本，即企业职工和管理层的股权，所产生的推动和激励作用。

股份合作企业主要是从原公有企业改制而来，或者是从公有企业中分离出来的一部分。由于股份合作企业可以不受股东数目的限制，因而其职工股可以表现为完全的个人资本股权，而不必采取法人股的形式。这样，在股份合作企业的法人资本股权结构中，则较少包含个人资本，而主要的成分可能是一般的公司法人，或者是部分的原国有母体公司法人。结果，与有限责任公司相比，股份合作企业的法人资本所表现出来的相对较弱的效率效应，则在于其缺乏有效的个人资本的积极推动作用。

至于港澳台资和外资，在股份企业中基本上没有任何显著的相关性，因而我们在分析中对其加以忽略。

由于规模对于企业效率具有重要的影响，因此，在以上分析中，我们对此加以了必要的控制。然而，这种控制分析的结果是有趣的。分析表明，尽管在三种股份企业的分组中，大企业都具有显著的正

相关效果，但是，在三者之间，它们却具有明显的差异。在不同性质的股份企业中，规模的作用也有所不同。其中，在股份合作企业中，大企业的规模效应最高；在有限责任公司中，大企业的规模效应较低；而在股份有限公司，大企业的规模效应最低。同样，小企业对于效率的负面作用也表现为相似的差异，即在股份合作企业，小企业的负效应最大，有限责任公司其次，而股份有限公司中，小企业的负效应则较小。

如何解释这种规模效应的差异？相对来说，股份合作企业分组中的国有资本最少，因而企业的较大规模往往是竞争的结果，这种规模效益也能够充分地通过大企业的积极作用而表现出来。而在股份有限公司中，国有资本最多，情形则正好相反，企业的规模在一定程度上来自国有资本的支持，同时也受到国有产权的牵制和削弱，使得规模效益的作用无法通过大企业得到充分表现。因此，在不同产权结构的产业，我们可以看到，规模效益的作用能否充分发挥，也受到了产权结构的影响而有所不同。国有产权对于规模效益所具有的消极影响作用，应当引起人们足够的重视。

从资本与劳动对于产出效率的贡献来看，也可以发现，在三种股份企业中，存在明显差异。在股份合作企业和有限责任公司中，劳动的贡献率很高，达到70%左右甚至更高，而资本的贡献率则只有30%左右。而在股份有限公司，劳动贡献和资本贡献这两者大体相当。这说明，在前者的条件下，生产率的提高或其积极效应主要依靠人的要素，而非资本要素，而在股份有限公司的情形下，生产率的提高则并不明显偏重哪一种要素。这种情形表明，多数股份企业在改制初期主要是依靠资源的重新配置、增加人力资本的投入，而不是依靠物质资本的新投入，来提高生产效率的。这种提高生产率的方式与转制企业所存在的效率潜力一致，因而成为大多数改制企业能够直接采用的、成本最小的基本方式。相对于股份有限公司具有充裕的资金来说，前者会较多地利用人力资源的比较优势，或诉诸劳动密集型的生产方式，而有较多资金来源的企业则往往利用

其资本优势拉动生产效率的提高，或诉诸资本密集型的生产方式。因此，那些一般的改制企业往往在改制后的一段时期主要依靠"劳动推动"或"人力资本推动"。由于可能缺乏大量资金的投入，可能在短期内会缺乏资本更新及相应的设备提升，因而往往需要经过一段"磨合期"的资本积累过程，企业才能实现"资本推动"的较大发展。

四　分析的结论和相应的政策意义

通过以上对于中国 2001 年的普查资料中工业企业的数据分析，通过相关的效率模型的检验，我们证实了所有权变量对于效率的极其重要的决定作用。同时，我们在这里的分析实际上回答了两个重要问题。首先，公有企业的改制是否必要？能否带来效率的增长？相较未改制企业，改制企业是否具有效率的提高？其次，改制后形成的各种企业产权结构是否合理？对其进一步的民营化是否仍然有潜力？

从总体来看，对于不同产业的综合投入产出效率的分析，通过所有权结构变量，可以发现不同所有权的企业对于效率的不同影响作用。国有企业对于效率具有明显的负面作用，私营企业、股份企业和"三资"企业大都表现为积极的对于效率的正相关推动作用。所以，我们的分析表明，改革 20 多年来的经济转轨过程中，中国持续进行的民营化和企业股份化改造的方向是正确的，也取得了相当的成功。然而，国有企业的负效率效应和私营企业的积极效应表明，在民营化的进程中，中国仍然还有很大的潜力。所有权结构的改造，尤其是国有产权的退出，或私有产权的更多进入，仍然具有很大的促进效率上升的空间。

股份企业是中国转轨时期大量出现的企业类型，其中绝大多数是改制而成的。由于进行了不同程度民营化改制的原国有企业都分布在这三种股份制企业之中，因此，对于国有企业进行民营化的直

接效果的检验，就需要对这些股份企业进行更详尽和深入的分析，才能得到我们关注的结果。

对于混合性产权性质的股份公司，由于其中既有国有控股，也有法人控股或私人控股，这些不同的最终控制权企业都归在股份企业的范畴，因而这种混同往往会使相应的效率分析结果模糊不清，无法得到更有意义的结论。为此，我们有必要对混合的资本股权进行必要的分离，以便从中发现不同的控股权或最终所有权，然后评估它们各自独立的对于效率的不同作用。

对股份企业的深入分析结果表明，无论在有限责任公司，还是在股份有限公司，或者在股份合作企业，个人资本都具有最显著的对于效率的正相关的积极效果，而国有资本则表现出显著的负相关的效果。从法人资本在三种不同股份企业的效率作用的差异来看，相对于其他两类股份企业，有限责任公司的法人资本中包含的个人资本股权较多，因而具有更显著的效率的正向效应。同样，对于规模效益在三种股份企业之间的差异的分析也表明，股份有限公司的规模效益明显小于股份合作企业，这是较多的国有产权的消极作用，抵消了规模效益的积极作用的结果。因此可以得出结论，在股份制形式的背后，起决定绩效作用的实质是不同的资本控股权。个人资本股权越多，效率就越高，这表明个人资本有效率增长的积极效应。国有资本股权越多，效率就越低，因而产生效率下降的消极效应。所以，股份企业对于效率的积极作用，其制度上或最终所有权的原因可以归结为个人资本的作用，归结为民营化的积极作用。因此，现有的股份公司的产权结构仍然有着很大的改进效率的余地，从政策上大力鼓励个人资本进行产权投资，增加股份企业的个人资本的股权比重，减少国有股的比重，进一步通过民营化来促使产权结构合理化，是激励和推动股份企业发展的重要途径。

中国经济转轨的另一特征是渐进性，其表现为实行民营化改制的企业在效率提升上也具有渐进的特点，不能指望像当年农村改革那样，一下子就能获得十分显著的效率增长的效果。从以上的分析

中可以看到，在民营化改制后的初期阶段，企业主要依靠人力资本的投入来获得效率，而不是依靠物质资本投入的增加来拉动效率提高。这种提高效率的方式是民营化初期阶段不可避免的方式，表明效率的提高还需要经过一定时期的资本积累过程，才能全面提高。必须清醒认识到，重要的不在于快速提高效率的短期效应，而是要形成长期的合理行为，奠定长期可持续发展的机制和行为基础。目前的民营化改制，就是让企业进入这种合理长期行为的良性发展的轨道，确立一个进入该轨道的切入点，因而是实现成功转轨的重要起点。

占据全部市场份额和企业资本 1/4 多的外资和港澳台资企业，对于中国的发展具有不可忽视的重要意义，也是中国经济增长的重要源泉。至少，在目前的转轨时期，在国有大型企业尚未实现成功转轨，私营企业还未能掌握先进技术和未能大量进入具有规模效益的产业领域的时期，外资和港澳台资企业在很大程度上填补了国有产权缺少制度优势和私营企业缺少规模和技术优势之间的空当。然而，为了促进中国民族工业的发展，尽快促进国有大中型企业的转轨和民营化，大力促进私营企业进入新的产业领域，这是目前政府应采取的重要政策。

总的来说，根据我们的实证经验分析，相对于原有的占支配地位的国有产权体制来讲，普遍进行的民营化或股份化已经明显地促进了绩效的提高。在这个意义上，尽管在改制过程中可能会存在这样那样的问题，但是民营化的大方向是正确的。对此，我们不应有任何动摇而应始终坚持民营化的方向，因为这是中国市场经济的微观基础。因此，现在需要尽快确立各项与民营经济相配套的市场竞争和监管规则，对旧有的计划和行政体制的改革也应当尽快地跟进，否则它们势必会破坏或阻碍民营化的健康发展。

此外，目前存在的问题是，无论从已经形成的所有权的分布格局来讲，还是从改制后的股份企业的产权结构来看，仍旧还是不尽合理。国有股权对于绩效表现为显著的负效果，混合产权的法人资本结构对于提高效率的不太显著的正相关效果，以及个人资本具有

显著的提高绩效的潜在作用表明，进一步的民营化仍然有提升绩效的空间，这是目前改制需要迫切解决的问题，也是今后的发展趋势。对于混合产权的股份企业则需要继续调整其产权结构，降低国有股或国有法人股，提高个人资本股权的比重。这是形成合理的股权结构的重要途径，也是促进企业效益增长的源泉。

参考文献

Caves, R. and D. Barton, *Efficiency in U. S. Manufacturing Industries*, Cambridge, Mas. , The MIT Press, 1990.

Donald A. Hay and Derek J. Morris, *Industrial Economics and Organization*, Oxford University Press, 1991.

Simeon Djankoy, Peter Murrell, "Enterprise Restructuringin Transition: A Quantitative Survey", *Journal of Economic Literature*, Sep. , 2002.

Stephen Martin and David Parker, *The Impact of Privatization*: *Ownership and Corporate Performancein UK*, Routledge, London, 1997.

Stephen Martin, *Advanced Industrial Economics*, Blackwell Publisher, 1993.

Zheng Jinghai, Xiaoxuan Liu and Arne Bigsten, "Efficiency, Technical Progress, and Best Practicein Chinese State Enterprises (1980—1994)", *Journal of Compara-tive Economics*, 31, 2003.

Zheng Jinghai, Xiaoxuan Liu and Arne Bigsten, "Ownership Structure and Determi-nants of Technical Efficiency", *Journal of Comparative Economics*, Sep. , 1998.

陈凌、熊艳艳：《从政府到市场：国外国有企业民营化文献综述》，《经济社会体制比较》2004 年第 3 期。

刘芍佳、孙霈、刘乃全：《终极产权论、股权结构及公司绩效》，《经济研究》2003 年第 4 期。

刘小玄：《中国工业企业的所有制结构对其效率的影响》，《经济研究》2000 年第 2 期。

刘小玄：《中国转轨经济中的产权结构和市场结构》，《经济研究》2003 年第 1 期。

平新乔：《中国国有资产控制方式与控制力的现状》，《经济社会体制比较》2003 年第 3 期。

（原载《经济研究》2004 年第 8 期）

改制对企业绩效影响的实证分析[*]

　　从理论上讲，迄今已有很多研究从理论上论证了产权改制能提高企业绩效，如 Shleifer 和 Vishny（1994）从国有企业目标的非利润最大化的角度、Kornai 从预算软约束角度论证了私有化能提高企业绩效的观点。同时，也有大量的文献对私有化的效果从经验分析的角度进行了验证，Megginson 和 Netter（2001）、Djankov 和 Murrell（2002）都做了很好的综述。

　　就经验分析的文献来看，这些经验研究的案例大都来自发达国家或其他转型国家。现有的对中国民营化的研究较多使用上市公司作为样本，研究上市改制方式的效果。如 Wei 等（2003）用 208 家上市公司 1990—1997 年的财务数据分析了中国通过上市发行股票的效果。结果显示，样本企业上市以后资产负债率显著下降，总资产利润率没有显著变化，而其他各项指标都有显著提高。Sun 等（2003）用与 Wei 等（2003）同样的方法检验了中国上市公司中 634 家企业上市前后的绩效变化。他们发现，上市以后样本企业的真实净利润、销售收入和劳动生产率都显著增加，但就利润率而言，用各种指标衡量的利润率水平上市以后都显著下降。他们还分别用分组比较和混合回归的方法研究了产权结构和企业绩效变化的相关性，结果发现，上市后国有股的比重与企业绩效的变化负相关，并且外资股的参与并没有显著提高样本企业的净利润水平，但法人股的比重与企业绩效呈显著的正相关关系。总之，他们认为中国的上市公司仅取

* 本文系刘小玄主持的国家自然科学基金的项目成果之一。合作者：李利英。

得了有限的成功，其原因在于国有股在上市后的企业中仍占有太大的比重，因此使非国有股既没有能力也没有激励在公司治理中发挥作用。

那么，中国国有企业的改制究竟取得了什么样的效果？改制过程中产权结构的变化可能对于企业绩效产生怎样的影响？对于这些问题的回答，是目前人们普遍关注的。然而，从现有对中国改制效果评价的文献看，多数样本主要来自上市公司，尽管这些研究从一个侧面反映了我国 20 世纪 90 年代中后期改制的效果，但是，在众多的国有企业中，能够取得上市资格，或能够进入百户改制试点的企业毕竟是少数，因此这些研究的结论不足以代表一般的国有企业改制的效果。

本文运用中国社会科学院经济研究所所做的随机抽样调查得到的数据，来考察一般竞争企业的改制效果。该调查的样本来自杭州、无锡、盐城、江门和郑州 5 个城市的纺织、机械、电子、化工 4 个行业的企业，这些城市分别处于经济发达地区、中度发达地区以及相对落后地区。所选行业都是竞争性行业，都在当时进行了较为普遍的大规模的改制实践，但同时还存在相当一部分国有资本未能退出，因而能够代表大多数中国企业的较为典型的转轨特征。从数据结构看，数据覆盖了 1994—1999 年，因而使我们能够从中得到一个包容横截面和时间系列数据在内的综列数据库。在此基础上，我们既能保证可比性，又能兼容不同的改制特征，以便测定和比较不同性质的企业或不同程度改制企业的绩效。

一　一般广义的改制是否提高了企业的经营绩效？

在中国的渐进改革的过程中，改制是一个被广泛应用的概念，国有独资或国有控股的公司化称为改制，从政府手中买断企业控制权的也是改制，产权多元化的公司、上市公司以及股份合作制企业等等也都是改制。总之，不管什么模式，只要企业采取了某种股份

化或公司化的组织形式，都被称为改制。因此，在这里我们把所有这些具有股份化改造的组织形式都称为一般广义的改制。

我们采用转轨经济文献中常用的时点考察方法，用来测定和比较改制前后的绩效变化。由于这种股份化或公司化的改制通常涉及企业组织形式的变化，因此，在企业渐进改制过程中这样的变化便可成为某种较为明显的改制时点。采用这样的时点，我们就可以进行改制前后的比较和分析，像许多研究东欧转型问题的文献那样，考察中国的广义的改制可能带来的绩效究竟如何？

从这一改制含义上来进行分析。主要从两个方面来评估样本企业改制的绩效表现：一是纵向对比，即改制企业改制前后企业的绩效状况比较；二是横向对比，即在控制影响绩效的有关因素后，比较同一时点上改制企业与未改制企业（国有企业和集体企业）的利润率水平差异。

（一）改制与经营绩效的非参数检验：纵向比较

国际上常用 Wilcoxon signed-rank 检验方法分析改制前后绩效的变化。Megginson、Nash 和 Van Randenborgh 最早用这种方法比较了来自 18 个国家 32 个行业中的 61 家企业私有化前后的绩效变化，发现样本企业私有化后的销售收入、经营效率、盈利能力、资本投入及分红都显著上升，资产负债率显著下降，并且就业人数下降的证据不明显。自他们的研究以后，出现了很多用这种方法对不同国家的样本私有化对绩效影响的研究。因此，我们也首先采用这种检验方法对样本企业改制前后绩效的变化进行系统比较。

表 1[①] 是运用 Wilcoxon signed-rank 检验方法和 Binomial 比例检验法对 1995—1998 年改制样本改制前后一年的主要财务指标的检验结果。实证分析结果表明，一是就利润率指标看，样本企业改制前后的利润率水平尽管均值有所上升，但绩效变化的 Z 统计量都很低，并且利润率上升的比例分别为 47% 和 42%，统计检验结果也不显

---

① 　为保持著者行文原貌，文中涉及的图表样式、数据除有考证外均不作修改。下同。

著，这说明改制后第一年的利润率与改制前相比并没有表现出上升或下降的显著特征。二是从总量指标上看，除净利润总额和所得税总额变化不显著外，其余指标均发生了显著变化，销售收入、净产值、总资产、所有者权益均显著上升，就业人数显著下降，尽管平均就业人数仅下降了 16.29 人，但显著性水平很高，且有 64% 的企业就业人数下降。三是就人均指标看，人均销售收入和人均工资都显著上升，但人均利润水平尽管均值有所上升，但这种上升并不显著。

表1　　　　　　　　　　样本企业改制前后主要财务指标的变化情况

财务指标	改制前均值	改制后均值	均值改变量	绩效变化的 Z 统计量	与均值变化方向一致的样本的比例（%）	Asmp Sig.（2 - tailed）
资产利润率（%）	0.51	2.75	2.24	0.61	47	0.60
销售收入利润率（%）	- 0.01	0.83	0.84	0.86	42	0.46
资产负债率（%）	66.32	69.20	2.88	- 2.29	58	0.17
销售收入（千元）	55256	64220	8964	- 2.03	58	0.17
人均工资（千元）	3.48	3.79	0.31	- 2.27	58	0.12

注：由于篇幅限制，表中仅列出几个代表性的财务指标，未列出所计算的全部财务指标。

总之，比较改制前后样本企业财务绩效指标的变化可以发现，虽然改制降低了企业的资产负债率，提高了销售收入和人均工资，但就盈利能力而言，都并没有发现改制能够明显提高盈利能力的证据。

（二）改制与经营绩效的计量检验：改制企业与未改制企业的比较

为了进一步检验改制对企业盈利能力的影响，以下我们将通过加入一些影响利润率的控制变量，运用回归分析的方法，对样本期间的每一年的横截面上的改制企业与未改制企业的资产利润率水平进行比较，试图发现这两类企业之间是否存在绩效差异。

经过反复试验，本文选择了以下几个主要控制变量：销售收入、资产负债率和人均资本占有量。用销售收入控制企业规模和市场需求对企业利润率的影响，这里取对数以减小企业之间销售收入的差

距的绝对值,其相对差距幅度并不受影响。问卷显示沉重的债务负担是企业经营状况恶化的主要原因之一,因此,引入资产负债率控制企业的负债对绩效的影响。人均资本占有量主要用于控制企业之间的技术水平差异对利润率的影响,再考虑到不同企业的地区和行业差异,所估计模型的具体形式如下:

$$ROA_i = \alpha_0 + \beta\ln(k_{it}/l_{it}) + \delta\ln leverage_{it} + \varepsilon\ln Sale_{it}$$
$$+ \alpha DUMpri_{it} + D_i \tag{1}$$

式中 $DUMpri_{it}$ 是改制虚拟变量,若企业已经进行改制则等于1,否则等于0。Sale 是企业当年实现的经价格指数平减过的销售收入,Leverage 是企业的资产负债率,K/L 是人均资本占有量,本模型中还包括行业、地区和年份虚拟变量,为节省篇幅,以 D 囊括。

对上述模型分别用样本企业 1994—1999 年的数据进行回归,可以发现,改制虚拟变量的回归系数为 0.006,T 检验值为 1.28,未能通过显著性检验。由此结果可以看出,在对影响利润率的关键因素进行适当控制的前提下,改制企业与未改制企业在资产利润率方面没有显著的差异。这说明如果把一般广义的改制定义作为改制时点的话,改制企业与未改制企业之间并没有表现出盈利能力方面的显著差异,即这种改制并没有显著提高利润率。

以上分析表明,按照一般的股份化改造的改制定义,无论是从改制前后的比较,还是从改制与不改制的比较,我们都没有发现能够显著提高企业效益的证据。尽管有的企业在改制以后经营状况有显著改善,但这种改善并不具有普遍意义,较多数的企业改制并未取得预期的积极效果。那么在其中究竟是哪些改制企业能够提高绩效,而哪些企业不能?究竟什么样的改制才能够真正促进企业盈利能力的提高呢?我们需要寻找隐藏在一般改制形式后面的更深刻的原因,以发现那些促使企业利润率上升的、更为具体的改制因素。

二　产权结构与经营绩效

中国采取的渐进式改制方式使得改制对企业盈利能力的积极促

进作用往往是一个渐进的过程，而不是一步到位。由于这种原因，国际文献常用的将改制确定为某一具体时点，运用非参数检验方法比较改制前后绩效指标变化的方法对研究我国改制效果具有一定的局限性，它不能较为准确地反映这种改制逐渐变化的效果，为了发现改制促进企业绩效提高的推动因素，我们必须寻找新的切入点。

改制的本质就是产权的变化，因此，以产权变化来测定改制，作为反映改制程度的标志，则可以发现在渐进式改制过程中，产权的变化对于绩效的变化具有怎样的关联和作用，可以发现推动绩效增长的主要制度因素。

因此，渐进式改制过程不宜采用突变式的方式来加以测定和比较，而更适宜采用相应的产权变化过程来分析。以连续的产权结构的变化作为改制变量进行分析，往往更加适合于分析中国这种渐进变革过程的特点。所以，我们赋予改制以产权变化的含义，试图根据企业的产权变化，采用连续变量的分析来进行企业绩效的测定和比较。

从样本企业的情况来看，随着改制的逐步深入，样本企业的产权结构也从总体上经历了一个国有资本比例的下降和私有资本的上升过程，国有资本占实收资本比重的平均值从 1994 年到 1999 年下降了 8 个百分点，集体资本也略下降了 5 个百分点，而个人资本上升了 10 个百分点，法人资本也上升了 7 个百分点。分析发现，在样本中，70%—80% 的产权变化则是由改制所导致的，尤其是 1997 年以后，改制引起的产权结构的变化幅度更大，因此，由于产权结构变化在决定改制中具有的实质性意义，以及它与改制推进方向之间存在的这种一致性，我们可以将产权结构的变化作为评价改制效果的切入点，来考察产权结构的一定变化对企业盈利能力具有怎样的作用。

（一）产权结构与经营绩效：多元回归模型估计

为了进一步研究改制中促进企业利润率提高的因素，我们将产

权结构作为连续变量，来考察其可能的变化对于企业绩效的影响作用。为此，我们以国有资本、法人资本、集体资本、个人资本和外商资本在实收资本中的比重这些连续变量作为反映产权结构的解释变量，讨论它与企业的资产利润率的关系，试图发现产权结构的变化对利润率的影响。

从表 2 的结果可以看到，不同产权主体在总资本中的比重对资产利润率的影响有明显不同。国有资本的比重与资产利润率之间呈显著的负相关，且显著水平是 1% ，这说明国有资本的比重越大，企业的盈利能力就越差。相对来说，其他产权资本都具有不同程度的显著正相关性。其中个人资本对于企业绩效的影响效果最好，其回归系数最高，外商资本其次，集体资本和法人资本再次。

表 2　　　　全部样本中不同产权结构对于资产利润率的影响

解释变量	国有资本		解释变量	其他资本	
	估计系数	T 检验值		估计系数	T 检验值
Intercept	− 0. 121	− 7. 47 ***	Intercept	− 0. 147	− 8. 54 ***
lnSale	0. 014	10. 01 ***	lnSale	0. 013	9. 76 ***
Leverage	− 0. 031	− 19. 40 ***	Leverage	− 0. 030	− 19. 19 ***
ln（K/L）	0. 000	0. 35	ln（K/L）	0. 000	0. 29
国有资本	− 0. 033	− 7. 31 ***	个人资本	0. 057	7. 27 ***
			法人资本	0. 013	1. 88 *
			集体资本	0. 025	4. 70 ***
			外商资本	0. 049	4. 18 ***
F = 40. 156			F = 34. 806		
Adj. R^2 = 0. 213			Adj. R^2 = 0. 217		

注：lnSale 为销售收入的对数形式，Leverage 为资产负债率，ln（K/L）为人均资本占有量的对数形式。国有、法人、集体、个人和外商资本分别为其在企业实收资本中所占比重。由于篇幅限制，表中省略了地区、行业和年份虚拟变量的回归估计值。* 、** 和 *** 分别代表该统计量的显著性水平为 10% 、5% 和 1% 。下同。

为了进一步考察产权结构对绩效的影响，我们再从各股权资本在企业中的相对控股地位来考察不同产权性质对企业总资产利润率

的影响，为此，我们用虚拟变量表示企业的相对控股权，代替上述分析中的产权连续变量，以国有资本拥有相对控股权为基组，比较法人资本、集体资本、个人资本、外商资本拥有相对控股权时与基组的绩效差异。表3是回归结果。

表3　　　　　　　相对控股权分组对于资产利润率的影响作用

解释变量	回归系数	T 检验值
Intercept	−0.150	−8.76 ***
lnSale	0.013	9.93 ***
Leverage	−0.030	−19.28 ***
ln（K/L）	0.001	0.59
个人控股	0.050	7.08 ***
法人控股	0.015	2.37 **
集体控股	0.028	5.68 ***
外资控股	0.043	5.01 ***
Adj. R^2 = 0.219		

注：这里以国有资本拥有相对控股权作为基组。其余变量同表2，同时省略了有关的虚拟变量。

由表3可以看出，以国有资本拥有相对控股权为基组的比较，其结果与连续变量分析是一致的，个人资本相对控股权分组的利润率最高，外资其次，集体、法人再次。表3的分析是对于全部样本而言，反映了产权变化对于企业利润率的显著影响。由于全部样本中包含了许多没有产权变化的企业，因此产权变化的这种显著作用实际上主要是相对于这些产权未变的企业的。

为了更准确地理解和评估产权改制的效果，我们把改制企业从全部企业的样本中单独分离出来，考察在一般改制企业样本中产权变化的效果。通过对这种产权结构的变化进行分析，可以发现，不同程度的产权改制可能会产生怎样的对于利润率的作用或效果。

表 4　　　　　　　　　改制样本中股权结构对于资产利润率的影响

变量	估计系数	T 检验值	变量	估计系数	T 检验值
Intercept	-0.095	-4.1***	Intercept	-0.126	-5.04***
lnSale	0.012	6.31***	lnSale	0.012	6.23***
Leverage	-0.028	-17.53***	Leverage	-0.028	-17.38***
ln（K/L）	0.000	0.07	ln（K/L）	0.001	0.45
国有资本	-0.037	-5.51***	个人资本	0.057	5.92***
			法人资本	0.019	2.05**
			集体资本	0.029	3.45***
N = 1282			外商资本	0.015	0.75
F = 27.034			N = 1282 F = 23.369		
Adj. R^2 = 0.245			Adj. R^2 = 0.249		

注：这个数据库主要删去了注册类型为国有、集体和三资的企业，因此留下的企业基本上都是改制企业。

其余变量同表 2，同时忽略了虚拟变量。

表 4 列出的改制样本的分析结果表明，产权结构变量大都对于资产利润率的影响具有显著性的作用。在改制企业中存在着显著的国有资本的负面作用和其他产权的积极作用，这种不同的作用主要来自产权改制程度上的差异。也就是说，从横向比较来看，对于改制企业来说，国有资本退出的越少，其绩效往往越差，同样，非国有资本进入的越多，其绩效就越好。从纵向比较来看，或对于企业的改制前后来说，国有资本的减少程度越大，非国有资本的增加程度越大，其具有的推动企业利润率增加的作用也就越强。其中，在非国有产权的因素中，个人产权的作用具有最显著的积极效果。

因此，从对于改制样本的分析中，可以得到更有力的证据表明，产权改制的企业，不仅相对于未改制企业来说是更有效益的，就是在同样的改制企业中，产权结构的变化效应表现为，国有资本退出的越多和个人资本增加的越多，对于企业绩效具有的促进作用就越显著。

（二）持股结构与经营绩效：logit 模型的估计

分析表明，非国有产权具有显著的推动绩效提高的效应。那么，究竟是哪些具体的持股主体在其中发挥了重要的作用？如果能够发现这个线索，将对选择改制模式或改制方式具有重要的意义。

为了分析这种持股结构对经营绩效的影响，我们选择改制时的各持股主体的股权比例作为解释变量。从总体上讲持股主体分为七大类：①政府股，包括中央行业主管部门、地方行业主管部门、省政府或省国资局或省综合性国有控股公司、地市政府或地市国资局或地市综合性国有控股公司和其他政府机构；②国有法人股，包括当地和外地的国有法人股；③非国有企业法人股，包括当地和外地的非国有企业法人；④经营者股，指企业主要经营者或经营者班子所持股份；⑤员工股，指企业内除经营者或经营者班子以外的普通员工所持股份；⑥集体股，包括企业自身拥有的企业股或集体股、乡镇政府和企业联社拥有的股份；⑦外资股；⑧企业外部自然人股。在分析中所有这些持股主体的股权比例均采用连续变量。由于有非国有企业法人股、外资股、自然人股参与的企业样本量太小，只有十几家企业，难以进行准确估计，故在此对这几类企业样本加以忽略。

问卷中企业经营者对改制前后经营状况的判断给我们提供了对于绩效评估的基本标准。为了充分运用这一信息，我们用 logit 模型估计，将企业主观判断的经营状况作为因变量，用 y 表示。如果认为改制后企业的经营状况有显著改善，则 y = 1，否则等于 0。

由于样本企业中并不是所有改制企业都牵涉上述那种持股股权的划分，这里的分析只限于这种具有不同持股主体信息的企业，再剔除一些无效样本，用于回归的有效样本共有 160 家企业。

在 logit 模型回归中，我们假设反应概率对产权结构变量系数是线性的，具体形式如下：

$$P\ (y=1\,|\,own)\ =G\ (\beta_0+\beta_j own_j)\qquad j=1，2，3，4，5\ (2)$$

式（2）中，P 表示经营状况好转的概率，即 y = 1 的概率。G

是一个标准的逻辑斯蒂随机变量的累积分布函数，其能够确保估计出来的相应概率严格介于0—1。为了分析各持股主体的持股比例对经营状况的影响，我们分别对不同持股主体的持股比例与经营状况好转的可能性进行回归，用 own_j 表示产权结构变量，$j=1$，2，3，4，5分别代表政府股、国有法人股、经营者股、员工股、集体股。

由表5显示的结果可以看出，在所有不同类型的持股主体中，只有政府股和经营者股两种类型的产权主体持股比例的变化对经营状况改善的可能性有显著影响。在以上所估计系数的基础上，我们可以计算得到相应的企业经营状况改善的边际概率，即政府股的比例每上升1个百分点，经营状况好转的概率就下降0.2个百分点；相反，经营者持股的比例每上升1个百分点，经营状况好转的概率就增加0.2个百分点。国有法人股、员工股、集体股似乎与经营状况好转概率之间没有显著的影响关系。

表5　　　　不同持股结构对于改善经营状况的可能性产生的影响

	政府股	国有法人股	经营者股	员工股	集体股
常数项	1.533 *** (6.469)	1.290 *** (6.206)	0.945 *** (4.139)	1.305 *** (5.622)	1.345 (6.244)
系数估计值	−0.012 ** (−2.170)	−0.002 (−0.211)	0.014 ** (2.159)	−0.002 (−0.252)	−0.005 (−0.789)
Log likelihood	−81.788	−84.030	−83.433	−84.020	−83.751
McFadden R^2	0.027	0.000	0.033	0.000	0.003
LR stat.	4.526	0.043	5.555	0.063	0.599
Prob. (LR stat)	0.033	0.834	0.018	0.803	0.439

注：括号里的数值为T检验值。

由此可见，在样本企业中，改制中具有最显著积极效果的个人资本股权的作用，主要来自经营者股权的作用。其他非国有股权，例如员工股或集体股的作用只有与经营者股权的作用结合起来，才

能有效地发挥出来。所以，在改制中，作为企业家这种要素资源代表的优秀经营者，其重要作用是无法替代的，应当引起我们的足够重视。

三　结论

中国自从 20 世纪 90 年代以来实行的渐进式的股份制改制，对企业的经营绩效产生了什么影响？什么是改制过程中促进企业利润率提高的关键因素？这些问题都是转轨进程中迫切需要回答的理论和现实问题。本文运用中国社会科学院经济研究所的企业调查数据，从多方面对这些问题进行了定量考察，基本可以得出以下主要结论：

第一，一般的企业公司化或股份化的改制效果：显著地提高了企业的规模和产值，但是对于最重要的企业的盈利能力没有显著影响。对样本企业财务数据的分析显示，企业改制后反映企业规模的总量指标如总资产规模、销售收入、净产值、所有者权益都显著增加，但反映企业盈利能力的财务指标包括净利润总额、所得税总额以及利润率尤其是资产利润率与改制前相比上升并不明显，改制企业与未改制企业相比在资产利润率上也没有显著的差别。此外，改制后的企业就业人数显著下降，人均销售收入和人均工资显著上升，但人均利润水平变化不明显。

第二，考察产权结构变动的改制企业，国有产权比重的下降和个人资本比重的上升对企业绩效的提高有显著的作用。这一结论得到了几个方面分析的经验证据的支持：从产权变化的连续变量的角度看，国有产权的比重越高，利润率就越低，而非国有产权越多，利润率就越高，其中个人资本产权所产生的对于利润率的提高作用最为显著。从拥有相对控股权主体的产权性质看，国有资本居于相对控股地位时其利润率也显著的低，外商资本、集体资本和个人资本拥有相对控股权时的利润水平都显著高于国有资本。

第三，个人资本股权的积极作用具体来说主要由经营者持股作为代表力量，经营者持股比例的增加能显著提高经营状况好转的概率，并且在不同的个人持股者之间，经营者持股的积极作用最明显。从样本企业的这一分析结果来看，企业家的作用在个人股权的积极作用中具有最为重要的关键作用。

从 20 世纪 90 年代以来实行的公司化或股份化的一般改制企业的分析来看，单有企业形式上的变化或组织结构的变化，并不能带来企业根本效益的提高。虽然这种改制是不成功的，但其作为渐进式改制的一个初期阶段，也是必要的和有意义的，至少它能够减缓后来的产权改制所带来的冲击和震荡。从根本上来说，只有在产权发生了实质性变化的改制企业，才能带来企业效益的增长。

产权结构的变化，最为重要的就是个人资本股权所带来的积极效应，而在其中，经营者股权又具有十分显著的关键作用。我们的经验分析提供了这样的实证依据，因而能够为中国的转型经济提供可以参考的理论和政策依据。

参考文献

Djankov, Simeon and Murrell Peter, "Enterprise Restructuring in Transition: A Quantitative Survey", *Journal of Economic Literature*, Vol. XL, Sep. 2002.

Megginson, W. L., Netter, J. M., "From State to Market: A Survey of Empirical Studies on Privatization", *Journal of Economic Literature*, June 2001.

Morck, Randall, Vishny, Robert W. and Shleifer, Andrei, "Management Ownership and Market Valuation: An Empirical Analysis", *Journal of Financial Economics*, Jan./Mar. 1988.

Shleifer, Andrei and Vishny, Robert, "Politicians and Firms", *Quarterly Journal of Economics*, 109: 4, 1994.

Sun Qian, Wilson H. S. Tong, "China Share Issue Privatization: the Extent of Its Success", *Journal of Financial Economics*, 70 (2), 2003.

Wei Zoubao, Oscar Varela, Juliet D'Souza, M. Kabir Hassan, "The Financial and Operating Performance of China's Newly Privatized Firms", *Financial Management*, 2003, Summer.

刘小玄：《民营化改制对中国产业效率的效果分析》，《经济研究》2004 年第 8 期。

张威威：《国有企业现代企业制度公司化改制的实证研究》，《经济科学》2002 年
　　第 1 期。

（原载《中国工业经济》2005 年第 3 期）

企业产权变革的效率分析[*]

20世纪90年代后半期是中国经济转轨的重要阶段，在这一时期，伴随着大多数企业市场化的完成，相应的产权改制也在大量地进行。那么，这种改制究竟带来了怎样的变化？哪些改制方式具有积极推动效率增长的意义？产权结构的变化对企业产生怎样的效率影响？对于这些问题的回答，成为中国转轨经济研究中的薄弱环节。

产权是改制的核心问题。本文的重点将研究产权改制对企业效率的作用，进行相应的测定和评价，同时比较不同企业的效率，找出决定这种效率差异的产权因素。

本文的结构框架和逻辑安排大致是这样的，第一部分介绍了分析所依靠的数据的基本来源和特征，同时描述了样本企业的一般特征和产权特征。第二部分主要致力于构造多元回归的决定企业效率的模型，从不同的分析方法和分析角度，尽可能全面准确地进行企业效率的测定和比较。第三部分则给出了数据分析的结果，证实了产权改制产生了积极有效的成果，同时发现决定企业效率的产权因素是非常显著的。最后一部分总结了本文分析的基本结果，并从理论上概括了这些实证研究成果，表明了中国经济转轨过程独特的发展特征和相应的理论启示。

　＊　本文系中国社会科学院经济研究所微观经济室承担的院重点课题的研究成果之一。笔者感谢河南、江苏、浙江以及广东的有关统计部门对我们的数据收集工作的大力支持，感谢Jean Oi教授在2003年8月的新加坡国际会议上对本文的有益的评论。合作者：李利英。

一　数据和样本特征

（一）数据：抽样方法及特征

研究的样本主要来自中国社会科学院经济研究所 2000 年的企业调查，451 家样本企业是从所选择的五个城市的四个产业中得到的。

五个城市分别是杭州、无锡、盐城、江门和郑州，分别处在浙江、江苏、广东和河南四个省。无锡、杭州基本上代表了江浙经济发达地区，郑州、江门则处于中等发达地区，而地处苏北偏僻地区的盐城，则处于不太发达地区。这样的地区分布大体上表现了不同程度经济发达地区并存的特点。

调查样本主要集中在四个产业，它们分别是纺织、机械、电子、化工。聚焦这少数几个产业的目的是不使有限的样本分布过于分散，造成不同产业之间的外生差异很大，降低企业之间绩效的可比性，无法达到我们分析的目的。因此，我们尽量选择外在经营环境和市场条件比较相似的企业进行比较，使企业之间具有较好的绩效可比性。此外，这些产业既不是像服装、家具之类的轻工产业，国有资本已经基本退出，也不是那种具有很强的国家控制力和计划性、垄断性的产业。它们都是一些竞争性的行业，都是在当时进行了较为普遍的大规模的改制实践，但同时还有相当一部分国有资本未能退出，因而能够代表大多数中国企业的转轨特征。

具体来说，从每个城市的这四个行业的全部企业中，进行随机抽样，从中大致选择和抽取得到 100 多家的企业样本。抽样时每个行业的样本都要兼顾大中小企业，由于大企业的数量不太多，因此基本上能全部或大部分进入样本。抽样时还需要兼顾不同所有制和不同股份制类型的企业。在这样的抽样规则的基础上，形成了样本数据。

数据覆盖了 1994 年至 1999 年，因而使我们能够从中得到一个包容横截面和时间序列数据在内的综列数据库。

（二）样本企业的特征

企业的注册类型是反映企业所有权特征的重要指标。样本企业的所有制分布状况见表1①。

表 1　　　　　　　　　不同注册企业的分布（1999 年）

企业类型	国有	集体	有限责任	股份有限	股份合作	私营合伙	"三资"	其他
企业数（家）	83	74	145	46	34	25	26	18
所占比重（%）	18.40	16.41	32.15	10.20	7.54	5.54	5.76	3.99

注：上述注册类型主要是按企业在国家工商部门登记的类型为基础的，仅做了一些微小的合并，其中私营合伙包括私营企业和合伙制企业，其他类型中包含了各种无法确定产权性质的联营企业和其他类型企业。

一般来说，注册类型为国有企业和集体企业的基本上都是原来的公有企业体制，表明它们处于未改制的状况。公有企业实行改制无非是搞股份化或公司化的改造，无论它们是选择上市，或者是被非国有企业收购，或者是由企业经营者和职工购买，或者是实行国有控股或国有独资的公司改造，都需要改变企业注册类型，从国有或集体企业改为某种公司性质的类型，其中最主要和普遍的改制形式是有限责任公司、股份有限公司或股份合作制企业，当然，也有一部分转为私营企业。

由表 1 可见，在样本企业中，未改制的公有企业仍有约 35%。股份合作企业基本上都是由改制企业构成，而有限责任公司则可能包含改制企业和一般企业这两部分。股份有限公司通常是由上市公司和部分准备上市的企业组成，它们主要来自一些大的国有企业，也有少量的非国有企业。这三部分股份企业约占样本总和的 50%。

在 20 世纪 90 年代，样本企业中大多数都经历过各种不同形式的改制，有些还经历过两次甚至三次改制。这样的改制方式的分布

① 为保持著者行文原貌，文中涉及的图表样式、数据除有考证外均不作修改。下同。

大致如表 2 所示。

表 2　　　　　样本企业在 20 世纪 90 年代改制方式的分布　　单位：家

股份制	118	合资	63
股份合作制（平均持股）	29	租赁	46
股份合作制（经营者持大股）	50	委托经营	10
经营者收购	15	破产重组	5
企业外部私人收购	4	其他改制方式	33
其他民营企业收购	6	无改制	116

注：由于有些企业在这段时期可能经历过一次以上的不同改制方式，故加总数大于样本总数。

由表 2 可见，样本企业中约 1/4 的企业没有经历过任何改制，约 1/4 的企业经历过股份制改造。另外，合资、股份合作制、经营者收购或持大股方式等几种方式大致数量相当。相对来说，外部人收购所占比重非常小，这也是 20 世纪 90 年代中国的企业改制的一个基本特点。

（三）样本企业的产权变化特征

从总体上来看，从 1994 年到 1999 年，样本企业的产权结构经历了一个国有资本比例不断下降和个人资本、法人资本比例不断上升的过程。具体来看，在全部样本企业中，国有产权的比重从 1994 年到 1999 年，下降了 8 个百分点，集体资本下降了 5 个百分点，而个人资本上升了 10 个百分点，法人资本上升了 7 个百分点。

在可比样本[①]企业中，国有产权的比重下降了 6 个百分点，集体企业仍然是下降了 5 个百分点，个人资本上升 8 个百分点，而法人资本则上升 4 个百分点。

由此可见，国有资本的下降、个人资本和法人资本的上升主要是由新增非国有企业和改制企业所引起的，在样本中，70%—80%

---

①　由于各年的样本缺失值不同，因此，各年的有效样本组成也略有不同。为了使得样本具有完全的可比性，故增加了相同样本的比较。

的产权变化则是由改制所导致的。从产权变化的进程来看，1994 年至 1996 年处于渐进和缓慢的改制过程，而 1997 年之后，则处于改制加快的过程。

由于国有资本具有最典型的公有产权特征，而个人资本则是市场经济中最重要的产权关系的基础，它也是现代法人资本的最基本的基础。因此，我们在考察上述产权关系时重点放在这两种典型产权结构上，以此来反映整体样本的产权分布特征。

我们把国有资本和个人资本按照其不同的股权比重分成若干组，来考察它们的分布及其变化。从这两种产权分组的企业数的分布看来，纯粹的 100% 国有资本的企业从 1994 年的 109 家，降到了 1999 年的 95 家。50% 以上的个人资本的企业从 20 家上升到 67 家。

从不同规模企业来看，股权分布也各具特点。其中，大型企业的国有产权比重最高，平均水平达到 61%，个人产权比重最低，只有 6%，而小型企业的国有产权比重平均为 19%，其个人资本比重则为 16%。

总的来说，20 世纪 90 年代后半期的转轨发展趋势是一种渐进式的产权变革，相对东欧等转轨国家来说，产权变动的速度相当缓慢。国有资本的产权比重不是急剧地而是逐渐地降低，个人资本和法人资本比重也是逐渐地上升。同时，纯粹的国有企业逐渐减少，国有资本控制的企业数量也在不断减少，个人资本控制的企业则越来越多。不过，这种产权变化主要是发生在中小企业，而在大型企业中则不太多，因此在大型企业中，国有产权仍然占据很高的比重。

二　模型和分析方法

（一）基本模型与方法

测定和比较企业绩效的指标存在许多种，我们在这里集中分析企业的效率指标，这是微观经济学常用的，经常被称为"技术效率"或"投入产出效率"。这个指标能够比较全面综合地反映企业的资本

和劳动的投入和相应产出的关系，而不是只能表现单一生产要素的生产率。更为重要的是，分析这个效率指标所需要的企业有关数据，通常具有较好的真实性和可靠性，因此，常见的企业虚报或操纵某些财务绩效数据的问题，在这样的分析中较少存在。

技术效率的测定和分析，按照国际文献的方法，通常依赖生产函数模型。生产函数模型作为一个基本形式，可以用于企业业绩的横向比较或纵向比较，以及综合两者的比较。本文主要采用的是 CD 生产函数和超越对数生产函数①的计量模型，在此基础上采用不同的估计方法，同时构造了多元变量的回归方程，其中可以添加必要的改制变量和一系列控制变量。生产函数的具体形式如下：

$$\ln Y = \alpha + \beta 1 \ln L + \beta 2 \ln K + \beta_i X_i \qquad (1)$$

$$\ln Y = \alpha + \beta 1 \ln L + \beta 2 \ln K + \beta 3 (\ln L)(\ln L)$$
$$+ \beta 4 (\ln K)(\ln K) + \beta 5 (\ln K)(\ln L) + \beta_i X_i \qquad (2)$$

方程中的因变量 Y 为企业净产值，K 和 L 分别代表资本和劳动投入要素。X_i 为添加的各种解释变量。这些解释变量主要包括改制变量和各种控制变量。改制变量包括资本股权结构、持股结构、改制发起者等，各种控制变量则包括行业、时间、地区等。通过这种方式，我们能够检验改制对于企业效率的影响作用。

为了排除可能产生的"靓女先嫁"的偏倚的影响作用，除了进行企业之间的横向比较，我们需要进一步地深入进行企业改制前后的纵向比较，考察在这样的比较条件下，企业业绩是否有所提高。因此，在上述模型的基础上，我们还可以采用固定效应的估计方法，对其加以测定、检验和比较。因为通过这样的固定效应估计，可以对企业固有特征加以控制，从而消除企业可能在先天条件下形成的特定条件的影响，而集中考察效率在转型期间伴随产权变化可能发生的相应变化。

固定效应模型的主要作用在于进行纵向比较，以弥补一般 OLS

---

① 因为两种生产函数的分析结果十分相似，所以，由于篇幅限制，本文只列出了 CD 生产函数的分析结果，而未列出超越对数生产函数的计算结果。

模型在综列数据分析时可能产生的不足，消除在横向比较中由企业自身固有的先天性导致的差异结果，而突出企业在转型期由于不同程度的改制变化所引发的纵向差异效果。

（二）分析角度和分析方式

分析民营化的效果一般从两方面进行，一是横向比较，将改制企业的业绩和现存国有企业或未改制企业的业绩进行比较。二是纵向比较，即比较企业改制前和改制后的业绩。如果我们从这两个角度都能进行测定和相应的比较分析，那么这种检验的效果就是较为可靠和全面的。

然而，在数据分析中，我们发现存在两个主要的难点。首先各种比较都需要涉及"改制"的定义，究竟应当怎样定义改制？怎样从比较准确的理论角度，而不是人们常用的泛泛的改制概念，来确定改制的范畴，这需要我们给出一些比较准确的量化的界定或质的界定。在这样的基础上，全部分析才会有一个可靠的依据。

在现实经济中，改制是一个被人们广泛使用的概念，它往往指企业变更其组织形式的结果。企业从传统的国企变成了国有独资的公司，属于公司化改制；企业从传统的国企，经过适当包装后上市，是一种上市改制；企业拿出一部分国有产权，或与外商合资，或卖给职工和经营者，或卖给企业外部收购者，可称为多元化产权的改制；当然，公有企业全部被个人买断，或被外部收购者买断，成为非公有控股性质的公司，这也是一种改制，可以称之为完全买断的改制。

改制形式的多样化和复杂性，使得我们必须将改制用某种定量指标表现出来，在这个基础上才能较为准确地测定和评价改制的效果。因此，产权指标就成为我们的合理选择，只有产权指标才能包括各种不同的改制形式，才能反映企业在一定时期的产权变化动态，因而才能较准确地反映不同改制形式的本质，测定不同的改制效果。

从理论上来看，在 20 世纪 90 年代，具有实质性意义的改革通常是那些发生产权变化的改革，只有这样的改革，才能从本质上改

变企业性质，从长远意义上推动企业的发展和效率的提高。因此，我们在分析这一时期经济变革过程时，主要赋予改制以产权变革的含义，使改制的含义主要局限在产权变革的范围内。在这个意义上，我们将根据企业的产权改制特征，来进行不同企业之间的绩效比较。

其次，为了比较改制前后的业绩，需要有一个较为确定的改制时点，否则比较就无法进行。然而，在对于样本企业的数据进行处理的过程中，我们发现，中国的改制是一个渐进的过程，往往经过了若干步骤，才逐步成为目前的体制状态。例如，在实行产权转让之前，许多企业就已经开始按照改革政策的要求，先进行了非生产性资产的剥离，实行下岗裁员政策，分期分批地进行各种要素的重组，为后来的产权改制打下了必要的基础。这些改制前的重组在很大程度上对于企业效益已经有所促进和提高。当许多企业为产权改制所必要的重组基本完成之后，产权改制就往往是瓜熟蒂落和水到渠成的事情了。这种渐进过程的推进，在很大程度上避免了突变式改制可能造成的动荡不安或难以适应的结果。

渐进改革中，即使是产权转让，也不是一步到位，而是逐步地分期进行。例如，我们发现，样本企业在何时进行何种改制的选择中，往往同时包含几个不同时点和不同形式的改制。许多企业在20世纪90年代初期就进行了股份制改造，但是到了90年代中后期，改制则升级为经营者、职工或民营企业收购的方式。其中，不少企业从股份合作制的平均持股，发展为经营者持大股，这也是人们经常说的二次改制现象。在这种情形下，我们是选择第一次改制时点，还是选择第二次改制时点呢？在分析中我们做了反复的测试和模拟。如果选择一般形式上的改制（例如实行股份制改造的那一年）作为初始点，改制后企业并没有比改制前出现显著的效率提高。如果选择当企业具有某种产权结构特征（例如国有股权比重降至70%）的时候，作为改制时点，分析结果表明，改制后企业效率明显比改制前提高。不过由于改制时间和产权变化的不同步，经常出现有些企业在样本期间的产权结构全部符合改制时点的要求，而有些

企业则全部不符合要求。这样的比较可能达不到比较改制前后的变化的目的。

这就是中国特有的转轨过程，企业民营化不是一下子完成其变革的，而是逐步地一道道地拉开序幕，一层层地剥开外壳，然后触及本质的。对此，我们有时往往很难给出一个准确时点，用以判定改制的发生与否，从而比较改制前后的业绩变化。

那么，如何解决改制前后绩效的比较？在中国特定的渐进改革过程中，如果采用一个改制时点，可能我们难以发现在此前后的特别显著的变化或差异，因为实际上改制时点已经被扩大延伸成为改制时段。因此，比较准确的方法是，比较改制时段之前和改制时段之后的业绩变化。然而，这样的比较分析，没有一个很长时期的调查数据的跟踪往往是不可能的。在现有数据的条件下，解决纵向业绩比较的替代办法之一是，我们可以在一定时段内，根据产权变革的推进方向，来比较其变化对绩效影响的不同效果。如果产权改制的方向与效率提高的方向是一致的，则说明改制产生了提高效率的积极作用。

（三）解释变量的选择

选择解释变量十分重要，实际上，在每个解释变量的背后，都存在一个理论假设，这种假设往往是根据理论和实践经验的抽象所得到的。我们的模型将通过这些解释变量，来检验这些基本的假设是否成立，以丰富或完善中国的转轨理论。

（1）股权资本结构。按统计口径，任何一个企业都不外乎有六种资本来源，即国有资本、集体资本、法人资本、个人资本、港澳台资本和外商资本。企业的股权构成则由这些资本的不同比例的组合而形成。

一个企业是否改制，关键就是看其是否具有资本产权结构的变化。调查数据提供了这组变量的每年的数值，使得我们能够将业绩变化的测定与企业产权的渐进变化密切地联系起来。因此，这个变量不仅对于企业之间的横向比较，而且对于研究企业改制过程中的纵向变化，都具有很好的解释意义。

（2）持股结构，即不同的持股主体所持有的股权比重，持股主体包括政府部门、企业法人、外资投资者、企业经营者、企业员工、外部自然人等。这些持股主体是从另一个角度来反映企业的股权结构，这些个人持股主体通常由企业的不同利益相关者所组成，因而是比一般的资本结构更为具体的股权结构，不同的持股结构往往能够直接地表现出企业的治理结构模式。因此，对于该变量可能产生的效果进行检验，实际上是在考察不同的治理结构会产生怎样的效率。这样的分析能够为改制及企业未来的发展提供有意义的参照。

（3）改制的发起者。根据调查问卷，改制发起者有行业主管部门、地方政府部门、企业经营者、企业员工、外部收购者和其他。通过这组指标，我们可以区分不同改制发起者对于改制可能产生的不同影响。

除了有关改制的指标外，我们还有以下可能与企业绩效相关的一系列控制指标：

（4）隶属关系指标，这是根据企业隶属的不同等级来确定的，具体包括中央、省、地市、县区、乡镇村和其他这六种等级指标。这主要用于控制不同隶属关系的企业之间可能存在的绩效差异。

（5）行业、地区和年份指标，通过添加这些指标，能够把行业、地区和时间对于企业绩效的外生影响作用加以控制。

实质上以上这些控制变量都是作为虚拟变量加以应用，也就是说，在扣除了这些变量影响的前提下，再来考察那些主要的改制解释变量的影响作用。

三　分析结果

（一）不同资本股权结构的企业效率比较

根据我们对于各种不同注册企业的大致分析，私营与合资企业的效率最高，其次为三种股份制企业，再次为集体和其他企业，而国有企业的效率最低。然而，在按注册分类的企业中，由于各种股

份企业的产权结构可能是混合的产权组合，我们有必要对于更明确的企业资本股权结构进行比较，从而发现在混合产权结构中，不同的资本股权结构会具有怎样的效率。

从表3可见，在企业的资本股权结构中，国有资本具有与企业效率的反向关系，相对来说，国有资本具有十分显著的、最低的产出效率。同时，个人资本则具有与效率的正相关关系，具有十分稳定和显著的较高产出效率。港澳台、外商和法人资本也具有显著的良好效率。即使是集体资本，其相对于国有资本来说，也具有较好的效率水平。

表3   **不同资本股权结构的企业效率比较**

变量	估计系数	T检验值	变量	估计系数	T检验值
Intercept	1.95952	5.63	Intercept	1.56985	4.42
Lk	0.35306	12.53	Lk	0.35049	12.27
Lemp	0.64498	16.94	Lemp	0.63407	16.49
gj	−0.51482	−7.18	gr	0.57661	4.75
			fr	0.52198	4.81
			jt	0.34475	4.2
			got	0.49023	2.2
			ws	1.20964	6.12
	F = 119.87	< 0.0001		F = 102.76	< 0.0001
	Adj. R^2 = 0.5866			Adj. R^2 = 0.5894	
	N = 1844			N = 1844	

注：gj 为国有资本占企业实收资本的比重；gr 为个人资本比重；fr 为法人资本比重；jt 为集体资本比重；got 为港澳台资本比重；ws 为外商资本比重。由于篇幅限制，本表未列出所有的控制变量，包括时间、地区、行业、规模和隶属关系之类的虚拟变量。

在中国这样的逐渐推进改制、无法实现一步到位、程度差异很大的多种产权结构企业并存的环境下，对于不同程度上进行了产权改制的企业来说，一般的改制定义（例如股份制）似乎无法涵盖各种产权结构的差异。所以，以是否实行股份化，或公司化作为判断是否改制的标准，单纯比较改制前后的绩效变化，往往不能说明问题。因为，不是所有的改制企业都必然能够提高效率的。

在这个综合了企业六年连续数据的综列数据库中，由于企业的资本股权变量是随着时间而变化的，其中最基本或主要的变化方向是国有资本逐步退出，民营资本不断扩大。因此，上述这项比较分析，不仅反映了不同结构企业之间的绩效差异，也在一定程度上反映了企业效率随着产权结构变化而增长的动态效果。由此可见，从动态来看，各种非国有资本所具有的显著的边际效率增长值，具有十分重要的促进企业效率增长的积极作用。

（二）不同资本股权结构分组的企业效率比较

由上述分析可见，国有资本比例越高，企业效率水平越低，或者个人资本比例越高，企业效率越高。那么，对于渐进性的改制来说，我们还需要知道，在目前的发展阶段，国有资本的退出和非国有资本在多大程度上的进入是能够产生效率的？我们经过反复的测定和比较（见表4），发现以下的分组能够给出更准确的定量分析的答案。

表4　　　　　　　　　不同股权结构分组的效率比较

变量	估计系数	T检验值	变量	估计系数	T检验值
Intercept	1.46225	4.13	Intercept	1.75324	5
Lk	0.39001	14.25	Lk	0.39234	14.2
Lemp	0.59548	15.77	Lemp	0.57504	15.18
gj2 (70%（含）—100%)	0.000745	0.01	gr2 (10%（含）—30%)	0.01098	0.2
gj3 (50%（含）—70%)	0.10412	2.34	gr3 (30%（含）—50%)	0.00104	0.02
gj4 (10%（含）—50%)	0.06878	2.5	gr4 (50%（含）—70%)	0.09457	2.09
gj5 (0—10%)	0.08997	6.41	gr5 (70%（含）—100%)	0.06953	2.84

注：gj1—gj5 为国有资本占实收资本比例的分组，其分别为100%，70%（含）—100%，50%（含）—70%，10%（含）—50%，0—10%；gr1—gr5 为个人资本比例分组，其分别为 0—10%，10%（含）—30%，30%（含）—50%，50%（含）—70%，70%（含）—100%。由于篇幅限制，本表未列出所有的控制变量，包括时间、地区、行业、规模和隶属关系之类的虚拟变量。

根据上述股权结构分组的分析结果，我们发现，当国有股权在100%和70%（含）—100%的分组中，最无效率。当国有股权下降到50%（含）—70%分组中，企业效率开始显著上升，也就是说，国有股权退出只要达到50%（含）—70%时，就能够取得推动效率增长的显著效果。对于个人股权分组而言，个人股权在50%以下的分组也没有效率，而个人股权的显著的正效率效应则需要在50%个人股权以上，才能表现出来。在这里，由于在国家股和个人股之间还有法人股的存在，因此两者不可能完全相对应。

我们可以从中看出，在这个发展阶段，在样本企业所代表的这种企业中，国家股的退出至少达到30%以上，个人股的进入，则需要达到50%以上，这样的产权结构才能发挥积极显著的作用，否则改制可能很难具有明显的积极效果。

（三）不同改制发起者的企业效率比较

企业的改制发起者是谁？这是个很重要的问题，也涉及为什么要改制的问题。

企业家发起改制的目的主要是实现利润最大化的目标，为了实现这个目标，他们必须依靠一个合理配置的产权结构，一个具有稳定产权基础的控制权。所以，最重要的是，与改制发起者相联系的是改制者目标以及实现其目标的基本前提。上述情形下所产生的对于效率的积极效果，正是隐藏在发起者身后的改制动机和合理模式选择的结果。

从表5中还可看到，企业职工作为改制发起者，对于企业效率的显著推动作用仅次于企业经营者的作用。这说明任何成功的改制，都不能离开职工的推动和支持。在转轨过程中，具有一个良好的内部关系和治理机制的企业，往往更可能实现平稳转型，发挥出有效率的积极作用。

表5　　　　　　　　　　不同改制发起者的企业效率比较

变量	估计系数	T检验值
Intercept	1.90008	5.42

变量	估计系数	T 检验值
Lk	0.36518	13.19
Lemp	0.57383	15.22
Sp1	0.12999	1.6
Sp2	0.14907	2.32
Sp3	0.40211	5.77
Sp4	0.30748	2.14
Sp5	0.10316	0.41
Sp6	0.2584	0.75
F = 97.77 < 0.0001		
Adj. R^2 = 0.5767		
N = 1918		

注：Sp1 为行业主管部门；Sp2 为地方政府部门；Sp3 为企业经营者；Sp4 为企业员工；Sp5 为外部收购者；Sp6 为其他；Sp1—Sp6 分别为虚拟变量，即当企业做出以上改制发起者的选择时，变量为 1，否则为 0。没有限制企业只能选择一项，故其可能选择一项以上。由于篇幅限制，本表未列出所有的控制变量，包括时间、地区、行业、规模和隶属关系之类的虚拟变量。

当改制发起者是企业经营者（或经营者与职工）时，他们的主要目标是与企业的效率目标相一致的。如果为了某种既得利益，他们可以无需改制，可以依赖旧体制来获得既得利益。所以，在主要依赖自愿选择进行改制的条件下，不是依赖政府而是借助市场力量来提高企业效率的发展选择，在某种程度上可以成为反映改制者能力的一种标识。

至于地方政府，它们的改制目标经常是多元的、不稳定的和多变的，与企业目标也往往是不同的。因此，政府目标最优化与企业目标的不一致，则是导致企业改制效果可能不太好的原因。由此可见，政府确定一个合理的改制目标是相当重要的，其关键在于，这个目标必须与企业效率的发展目标相一致，而不是可能会压抑或阻碍企业未来的发展。

（四）不同持股结构企业的效率比较

这是一个比一般的股权资本结构更为具体的持股者结构，它涉及民营化过程中，不同身份的所有者的股权可能对企业效率产生的

不同影响（见表6）。

表6　　　　　　　　　不同持股主体结构企业的效率比较

变量	估计系数	T 检验值	变量	估计系数	T 检验值
Intercept	1.94785	3.82	Intercept	1.53955	2.95
Lk	0.49272	10.84	Lk	0.48937	10.35
Lemp	0.47997	8.47	Lemp	0.4705	8.05
zf	-0.46811	-3.05	fgy	0.07676	0.28
gy	-0.75242	-3.92	ws	0.59788	2.23
			mag	0.68009	3.76
			emp	0.63528	3.82
			ren	0.69034	2.18
			jt	0.13843	0.58
			tv	0.78518	2.94
			ot	0.8321	2.6
F = 55.57　　< 0.0001			F = 44.66　　< 0.0001		
Adj. R^2 = 0.5700			Adj. R^2 = 0.5721		
N = 948			N = 948		

注：zf 为政府部门持股份额；gy 为国有法人持股份额；fgy 为非国有法人持股份额；ws 为境外投资者持股份额；mag 为经营者班子持股份额；emp 为职工持股份额；ren 为外部自然人份额；jt 为企业集体持股份额；tv 为乡镇村政府持股份额；ot 为其他出资者持股份额。由于篇幅限制，本表未列出所有的控制变量，包括时间、地区、行业、规模和隶属关系之类的虚拟变量。

上述分析表明，在民营化过程中，不同的持股主体对于企业效率具有十分不同的作用。政府或国有法人公司作为持股主体没有什么区别，都具有十分显著的效率负效应。具有明显积极促进效率作用的持股主体是经营者、职工、外部自然人、境外投资者等。也就是说，除了非国有法人股或集体股之类的少数持股主体具有不显著的效果，其他的多数民间投资者都具有相对显著的积极正相关的效率效果。不过，在这些不同的民间投资者之间，似乎并不存在较明显的效率差异。

（五）改制进程中企业产权变化对效率的影响

在这里，主要打算从两个方面分析。一方面，把所有未改制企业从样本中删去，可以得到一个全部为改制企业的综列数据库，以便专门考察推动改制企业效率增长的产权因素。在这里，改制企业的标准界定为已经实行了股份制改造的企业，不包含那些仍然注册为国有、集体和"三资"性质的企业。在这个改制企业的数据库中，各种股权结构变量都是连续的、可变的，并且可能是渐进变化的，通过它们对效率的影响作用的分析（见表7），我们则能够看到某种比较纯粹的由产权变化而引致的效果。

表7　　　　　　　　　推动改制企业效率增长因素的比较

变量	估计系数	T 检验值	变量	估计系数	T 检验值
Intercept	2.03435	3.92	Intercept	1.83192	3.47
Lk	0.42224	10.16	Lk	0.41563	9.79
Lemp	0.52279	9.09	Lemp	0.51642	8.99
gj	−0.26272	−2.52	gr	0.34909	2.35
			fr	0.31545	2.3
			jt	0.1803	1.48
			got	0.82484	1.74
			ws	0.73646	2.58
N = 1054			N = 1054		
F = 63.66			F = 54.34		
Adj. R^2 = 0.5670			Adj. R^2 = 0.5684		

注：这个数据库主要删去了注册类型为国有、集体和"三资"的企业，因此留下的企业基本上都是改制企业。gj 为国有资本比重；gr 为个人资本比重；fr 为法人资本比重；jt 为集体资本比重；got 为港澳台资本比重；ws 为外商资本比重。由于篇幅限制，本表未列出所有的控制变量，包括时间、地区、行业、规模和隶属关系之类的虚拟变量。

从表7可见，在改制过程中，推动企业效率增长的动力来源于产权结构中的非公有资本，它们表明了改制引致的积极效果。同时，即使在改制企业中，国有股权仍然与效率提高显著负相关，而集体资本的效果则不显著。这说明改制企业不仅与未改制企业相比具有

效率优势，而且在改制企业自身中，这种效率差异也能够在不同资本股权结构的企业之间反映出来。

　　另一方面，我们采用了固定效应方法来估计改制的变化效应。通过这种方式，我们可以把改制企业确定为产权结构发生变化的企业。这种方法的实质是把那些不变的企业特征控制起来，因而可以单纯地考察那些可变的企业特征所产生的效果。采用这种方法，在全部样本企业中，那些产权结构未有任何变化的企业特征通常被加以控制，而那些发生产权变化的企业特征则成为分析的重点对象。因此，固定效应分析方法可以在一定程度上专门考察或检验那些由于产权变化可能产生的不同效果。

表 8　　　　　　　　　　固定效应模型中的改制效果比较

变量	估计系数	T 检验值	变量	估计系数	T 检验值
Intercept	− 2. 26603	− 3. 89	Intercept	− 2. 03268	− 3. 43
Lk	0. 20376	4. 83	Lk	0. 212713	5. 09
Lemp	1. 050209	14. 61	Lemp	1. 060894	14. 72
gr	0. 355679	2. 01	gj	− 0. 36808	− 2. 5
fr	0. 182827	0. 86			
jt	0. 198334	1. 06			
got	− 2. 02608	− 3. 2			
ws	1. 426697	3. 26			
N = 1877			N = 1877		
Adj. R^2 = 0. 8362			Adj. R^2 = 0. 8342		
F = 6. 64			F = 6. 73		

　　注：该模型由于对企业性质加以控制，故不必再控制地区、规模和行业等固定特征变量。其余变量同表 7。

　　从表 8 可见，当我们控制了所有企业的不变特征之后，企业的股权资本结构仍然表现出显著的改制影响，其中，个人资本股权所产生的积极作用总是稳定的和显著的。在固定效应条件下，不仅国有资本仍然表现为显著的负效应，其余的产权要素，例如法人资本

要素的绩效也不显著，而外商或港澳台资本，则表现出某种不稳定的效率变化。所以，当排除了企业自身不变的固有特征产生的影响之后，这些结果似乎表明，"三资"企业本身可能具有某种先天的效率优势。

四　主要结论和理论政策含义

产权是否至关重要？这个经典性的问题一直是经济学家关注和争议的中心。然而，我们更关注的是它对于中国经济实现成功转轨的意义。本文试图通过中国转轨实践中的经验数据的研究来检验这个命题。

对于改制的效果检验主要从两方面来进行。一是在各种不同所有制的企业之间或者改制企业与未改制企业之间进行，分析结果表明具有明显的效率差异。对于改制与未改制企业之间的效率比较，在有关文献中人们有争议的是，那些企业效率高是因为好企业往往先改，差企业则未改，所以是先天性因素导致的这种绩效差异。不过，我们这个包含大中小企业的样本，并不一定支持"靓女先嫁"的规律，而是表明，改制企业的确比未改制企业的效率更高，个人资本股权较多的企业比国有资本较多的企业具有更好的效率。

二是从动态发展的考察来看，由于改制定义的模糊性和改制的渐进性，对于改制前后的企业效率变化较难准确地加以测定。然而，由于改制的方向和趋势总是表现为国有资本的不断退出和民营资本的不断扩大，因此根据股权结构的变动进行分析的结果发现，国有资本股权的变化与企业效率水平显著负相关，而个人资本股权变化与企业效率水平是显著正相关，法人股权的变化也与企业效率呈较显著的正相关。这就清楚地表明，产权变革取得了积极的效果，并且仍然具有相当大的潜力和余地。

所以，我们采用作为时间连续变量的股权结构的动态考察，不仅能够反映出不同股权结构企业之间的效率差异，而且，也能够较

好地反映出改制进程中企业效率是如何伴随着产权渐进改制而变化的。在这个意义上，股权结构的分析能够把模糊的改制范畴清晰地加以量化，能够较准确地表现出改革进程中的产权变化，从而能够解决改制过程中对于不同步改制进程的企业的横向或纵向的效率测定和比较。这种分析正是适应了中国转轨过程的特点。①

本文涉及的另一个重要理论问题是改制方式或路径的选择。怎样的改制路径是合理的？现行的改制方式是否能取得较好效果？

由于中国的企业改制是渐进式改革，企业内部人在改制中发挥了十分重要的作用，而外部人收购企业的情形还不太多。样本企业中，改制时企业经营者主要来源于原企业经理的占65%，来源于内部提拔的占17%多，内部人的这两项合计为82%之多。这种改制路径主要依赖于中国渐进改革的方式，即企业的改革从扩大自主权、实行承包制逐渐发展而形成的企业控制权体制。这样的改制路径实质上是通过不断扩大企业的剩余权，通过市场竞争的筛选，从不断扩张的增量产权的激励，到企业所有权的部分转变，以至到最终的所有权转变的这么一个过程。这种民营化的胚胎，实际上伴随着市场化的过程不断地形成和成长。

那么，依赖于这种渐进发展路径的内部人改制方式是否有效呢？我们的研究从两个方面进行了考察。一是从不同持股主体的角度进行了分析，结果表明，相对于政府主体和国有法人的持股主体来说，经营者班子、职工、外部人等持股主体，均具有大致相同的、较好的、正相关的效率结果。二是从产权改制发起者的角度考察，发现企业经营者作为发起者的改制效果最好，其次为职工发起者，地方政府再次。因此，这些研究都表明，当时普遍出现的内部人的改制大都取得了较有效率的结果。

中国的改制具有十分典型的独特性，这正是25年来的市场化进

---

① 不像东欧国家，具有十分鲜明的私有化改制界限，中国转轨特点的不同在于，各地区各企业的改制进程差异很大，改制过程也是缓慢推进，根据发展的需要和受到大环境的制约，一步一步地进行改制。

程所形成和造就的。在市场化的推动下，在民营企业的竞争压力下，国有企业的产权模式也在不断调整，不断增加个人产权和退出国有产权，以便逐步适应这种竞争格局的要求。由市场竞争导致的企业渐进式的民营化，在某种程度上，往往更多具有企业内部人推动的色彩。同时，企业效率的提高，实际上是伴随着企业产权契约不断合理化的调整而产生的。

中国这种产权改革不是像东欧和苏联那样的突变式的私有化，而是随着市场化的进程，考虑人们的可接受性，适应企业持续发展的稳定性要求，而逐步地进行变革。这样较缓慢的产权变革对于提高效率的作用可能也较慢，但是一般不会带来企业生产力发展的中断，不会造成大规模的动荡不安。一般来说，较多考虑到各种利益相关者要求的渐进的产权变革，比较容易被接受，能较好地解决公平和稳定问题，但是可能会牺牲一些效率和发展速度。这里存在公平和效率、稳定与速度的替代问题，在这两者之间，寻找到一种最佳均衡状态，则是政府在转轨过程中寻求实现的最优目标。

中国采取的先放开市场，进行自由竞争的发展战略，与东欧和苏联的未有市场化而私有化先行的改革政策相比，具有重要的优越性。在市场放开的进程中，一方面，民营企业的大量出现，有效地增加了市场竞争压力，同时又能及时修补国企亏损或倒闭造成的对经济的损害。另一方面，竞争压力迫使国企必须进行产权变革，否则就面临被淘汰的危机。适应于此的改制企业便能生存和发展，而不适应者则被淘汰或收购兼并。

然而，在外部收购兼并方面，目前还存在很多问题未解决。由于不是所有的企业都有能力进行改制，同时也不一定都能改制成功，不少效率低下的国企仍然难以依靠自身力量走出困境，这时外部的推动力量是十分重要的。在这方面，政府的鼓励和放开政策是迫切和必要的，政策的基本宗旨是能够保障利益相关者的基本权益不受到损害，尽量减少外部收购的各种障碍，把这部分企业的活力和潜力激发出来。

因此，在改制路径上需要多条腿走路，而不是依赖某一两种方式，不仅需要通过内部改制，还需要配合外部收购兼并，各种产权改革方式的并存和互补，才能使企业生产力保持稳定、持续和迅速发展。

参考文献

Djankov，Simeon and Murrell，Peter，"Enterprise Restructuring in Transition：A Quantitative Survey"，*Journal of Economic Literature*，Vol. XL，Sep. 2002.

Megginson，W. L. and Netter，J. M. ，"From State to Market：A Survey of Empirical Studieson Privatization"，*Journal of Economic Literature* ，June 2001.

Shleifer，Andrei，"State Versus Private Ownership"，*Journal of Economic Perspectives*，Fall，1998.

刘小玄：《民营化改制对中国产业效率的效果分析》，《经济研究》2004 年第 8 期。

姚洋：《非国有经济成分对我国工业企业技术效率的影响》，《经济研究》1998 年第 12 期。

张军：《中国的工业改革与经济增长》，上海三联书店、上海人民出版社 2003 年版。

（原载《中国社会科学》2005 年第 2 期）

民营化改制的背后[*]

——国有企业改制重组调查研究报告(摘要)

在世界银行支持下,国务院发展研究中心企业研究所于 2004 年初筹划对中国国有企业改制与重组进行一次大规模问卷调查和数据分析。问卷调查工作于 2004 年 8 月初启动,2004 年 12 月初结束。

问卷所定义的改制是指国有及国有控股企业转让国有产权存量和吸收非国有投资者增量资本的行为;所定义的重组是指国有及国有控股企业破产、关闭、解散,以及国有及国有控股企业之间有偿并购或者无偿划转产权的行为。本次调查共向 6627 家企业发放了问卷,其中包括 74 家中央企业及其二级子公司共计 1524 家,北京、重庆、黑龙江、辽宁、河北、河南、山东、江苏、江西、湖北、湖南、广东、广西、陕西、甘肃、四川 16 个省份和省会城市所属企业共计 5103 家。样本企业的行业分布很广,几乎涵盖了除金融、电力、石油开采部门以外的所有行业。

截至 2004 年 11 月底,我们从 5073 家企业收回了问卷,回收率约为 77%。有效问卷为 4138 份。其中关于改制的有效问卷为 2696 份。关于改制的有效问卷中,中央企业有 1044 家,地方企业有 1652 家。

大量改制发生在 2000 年之后

从改制与未改制的分布来看,全部样本企业中约 44% 的企业为

---

* 合作者:刘芍佳。

改制的56%的企业是未改制的。中央企业大约有1/4进行了改制，地方企业则有56%的企业进行了改制。样本企业的这种特征是与现状大致相符的。

改制前企业80%都是国有独资企业，也有16%和4%的企业分别是在国有控股和相对控股的企业基础上进行改制的。这表明，国有企业的改制是渐进的，企业往往首先从国有独资改为国有控股，然后再从国有控股状态逐步向民营化转变。从样本企业来看，绝大多数企业还是处在较早的、刚刚从国有独资开始起步的改制阶段。

从改制时间的分布来看，样本企业中有1142家企业提供了这个信息。其中，最大量的改制发生在2000年至2004年。从改制发生的时间来看，最为集中的是在2000年至2003年，其占样本总量的80%以上。样本企业涉及的时期大体反映了1997年以来的改制状况（见表1[①]、表2）。

表1 改制时间的分布

改制年份	样本企业		中央企业		地方企业	
	企业数（家）	百分比（%）	企业数（家）	百分比（%）	企业数（家）	百分比（%）
1997 年之前	13	1.14	2	0.78	11	1.24
1997	30	2.63	7	2.72	23	2.60
1998	40	3.50	10	3.89	30	3.39
1999	80	7.01	15	5.84	65	7.34
2000	121	10.59	24	9.34	97	10.96
2001	221	19.35	90	35.02	131	14.80
2002	217	19.00	31	12.06	186	21.02
2003	305	26.71	54	21.01	251	28.36
2004	115	10.07	24	9.34	91	10.28

---

① 为保持著者行文原貌，文中涉及的图表样式、数据除有考证外均不作修改。下同。

表 2 改制方式的分布

改制方式	样本企业		中央企业		地方企业	
	企业数（家）	百分比（%）	企业数（家）	百分比（%）	企业数（家）	百分比（%）
仅存量转让	497	45.14	105	45.45	392	45.06
仅吸收增量	340	30.88	102	44.16	238	27.36
存量增量兼有	264	23.98	24	10.39	240	27.59

改制的方式有三种：转让资产存量；增量吸引非国有产权的投资，或者两者兼而有之。在中央企业，前两种情况的比例大致相当；而在地方企业，依靠增量改制的方式仅有存量改制方式的一半。两者的差异表明了两种不同主体占有资源的性质的差异，也表明了由此所决定的改制方式的差异。

从改制的动议者来看，最多比例的动议者是政府部门和企业的母公司。实际上这两者之间没有很大区别，由于多数企业已经改成了集团控股公司的下属企业，因而由其主要的直接所有者和监管者作为动议者来推动改制是顺理成章的事情。当然，也有一些企业还未进入控股集团的系列，因此仍旧由政府作为直接所有者来推动改制。

值得注意的是，有10%多一点的企业改制主要是由经营者作为主要动议者的。这反映了这些企业在改制问题上的主动性，也反映了地方政府在改制问题上采取了某种放开鼓励的政策。

中央企业和地方企业在改制动议方面的差异主要体现在债权银行与四大资产管理公司方面：在中央企业，有较多数量的改制动议是由债权银行和四大资产管理公司来推动的。而对于地方企业来说，它们的作用则是微乎其微的。

仅三成企业改变所有制性质

企业的所有制属性是由其控股股东的产权属性所决定。全部样

本中，有 997 家企业填写了股权信息，其中中央企业 220 家，地方企业 777 家。改制对企业第一大股东属性变化的影响见表 3。在调查所涉及的改制企业中，只有 31% 多的企业通过改制把企业的控股属性从国有改为非国有，表明改制对企业主要的产权属性的改变并不太大。尤其是中央企业，90% 左右的改制企业仍保持国有控股。相比之下，地方对国有企业的产权改革力度要大，将近 38% 的地方改制企业让国有产权退出了企业的控股地位。同时，改制也形成了不同的第一大股东控制企业的产权模式，共九大类。

表 3   改制企业的国有与非国有控股属性

	样本企业		中央企业		地方企业	
	企业数（家）	占改制比重（%）	企业数（家）	占改制比重（%）	企业数（家）	占改制比重（%）
政府或国有企业控股	652	68.63	219	89.39	419	62.17
非国有企业控股	298	31.37	26	10.61	255	37.83
改制企业有效观察数	950	100.00	245	100.00	674	100.00

由表 4 可见，国有或国有控股公司作为第一大股东的改制企业最多，占 51% 之多；另外两类国有性质的控股模式也占到 17% 之多。民营企业及民间资本和外资企业合计约占 8%，经营层或其投资设立的公司和职工持股会或职工投资公司合计占 14.63%。境内自然人和其他则占 8% 多。

中国国有企业的民营化改制的显著特点是在一定的市场化基础上进行的，其推进也是伴随着市场化的进程而渐进性地发展。改制基本上形成了多元化的混合股权结构，而不是一步到位的私有化。其典型特征是，绝大多数企业在国有控股的条件下，逐步吸收了各种非国有产权的成分，形成了非国有产权成为第二大股东或第三大

股东的混合产权结构。这种多元化的产权结构已经成为改制企业的一支"主力户型"。混合的多元产权结构是转轨时期的过渡产物，是各方利益相关者为了适应竞争的需要而不断博弈的产物，也是一定社会文化和意识形态所能够承受的产物。从发展来看，在市场竞争中，不同产权权益的代表者也在不断地互动，最后必然会收敛于某种最适合于市场竞争和社会环境的企业模式。

表4　　　　　　　　按第一大股东分组的不同控股模式的分布

分组	户数（家）	百分比（%）
政府及其职能部门	43	4.53
国有资产经营（管理、投资、控股）公司	123	12.95
国有或国有控股公司	486	51.16
民营企业及民间资本	64	6.74
外资企业	13	1.37
经营层或其投资设立的公司	48	5.05
职工持股会或职工投资公司	91	9.58
境内自然人	63	6.63
其他（含国有参股企业、大学科研机构及事业单位、集体企业、非银行金融机构等）	19	2.01

现实中往往是"丑女先嫁"

我们看到，在改制的起点上，与同期存在的其他企业相比，民营或经营层控股的企业处在一种绩效的相对劣势地位。实际上，在这个样本中，我们的分析证据基本否定了"靓女先嫁"的假设。恰恰相反，现实中通行的往往是"丑女先嫁"的规则。这表明，改制经常是政府按照其部门利益最大化进行选择的结果，不到山穷水尽无可奈何的地步，政府通常不会轻易放弃其控制权的。

因此，对改制前企业绩效的分析结果正反映了政府的改制模式选择倾向，把一些较好的企业由自己来控股，而把一些较差的企业

当作包袱甩出去，让民营资本来接盘。这就是所谓"抓大放小"的政策，实质上导致的是"抓好放差"的结果。

这是中国国企民营化的一个重要特点。与东欧和苏联的情形完全不同——不是全面推开普遍性的民营化，而是有选择地实行民营化。因而，中国的改制具有根本不同的发展起点，以及根本不同的以政府部门利益为导向的改制政策。结果，这样的政策导致改制样本具有很大的先天性差异，而这些先天固有的差异，不可能在改制后立即消除，还会在改制后的一定时期存在，并继续影响企业的业绩指标。

有鉴于样本的这种较大偏差性，我们的分析不考虑企业之间的完全横向比较，因为这样无法排除那些先天的影响企业业绩的因素，而主要是考虑企业在改制前后的业绩变化。也就是说，我们主要比较改制企业是否比以前更好一些，主要是自己与自己比；同时，在纵向比较的基础上，即企业与自己的过去相比较的前提下，来进行适度的横向比较，即比较哪种改制模式具有较好的提升效益的效果。

对于改制企业的绩效指标的分析表明，改制取得了显著的正向效应。通过对于改制前与改制后的绩效测定与比较，发现改制后的企业盈利能力比以前有明显的提高。然而，改制以后企业出现效益的明显增长，往往是在改制后的一两年，再往后来的发展则不太容易了，效益提高也不显著了，改制似乎缺少某种持续递增的趋势，但能保持大致平稳发展的趋势。

通过对于不同的改制模式的改制前后绩效的比较分析，可以发现，相对于国有控股或政府控股的改制模式来说，民营企业控股的改制后绩效效果最好，经营层控股其次，职工持股会再次。虽然它们都具有较好的促进企业盈利提高的作用，但这种有梯度的效益差异，反映了不同改制模式的不同效果。相对来说，国有控股模式则不存在这种显著的积极效果。

改制并非仅需权衡公平与效率

在现实中，改制并不是按哪一种模式的效率最高，就选择哪种模式去发展。改制过程往往是在一种半自发的利益导向的规则下来进行。即使某种模式可能会具有较高效率，但是，在各种利益相关者的相互牵制下，在必要的改制补偿（不管是合理的还是不合理的）难以到位的条件下，效率较高的改制往往具有较大阻力，不容易普及推广，可行性也较弱。因此，在既定的制度框架下，改制将面临非常困难的境地，既让真正的企业家来接盘，当企业家与企业既得利益者不一致时，又要兼顾企业的各种潜在既得利益者，并且还要兼顾弱势群体的利益不受伤害——如何进行合理权衡，则是改制面临的挑战。如果无法解决这些问题，改制就会处处受阻，面临搁浅和停滞。

实际上，改制中需要权衡的方方面面很多，不仅仅是公平与效率的权衡。如果改制中需要权衡的只是公平与效率，那么用效率能换来公平也是值得的。

但是现在，即使我们牺牲了效率，也未必能换来公平，换来的可能只是既得利益者能够继续保持其控制权势力范围的旧体制的延续。

在某种处处受制的大环境下的改制，只能是诉诸矛盾较少的、各方利益兼顾较多的模式。于是，国有控股这种兼顾其他利益相关者的模式，以及职工持股会控股的模式，成为目前改制最为普遍的选择。在目前的大环境条件下，企业中的这两种力量是比较强的，然而，他们对于改制模式的选择往往是从有利于自身局部利益出发的，而不一定是与社会效益最大化的目标相一致。除非外部社会环境和社会制度发生较为重要的变化，才可能出现大量的、更完全的民营化模式，否则，这种不完全的或部分民营化的混合产权模式，将会存在一段较长时期，成为目前转轨过渡时期的主流。此外，除

非市场环境恶化、竞争压力太大，企业不彻底民营化而无法生存，这时企业才会选择效率更高的民营化模式。

因此，在这个意义上讲，越是宽松的、高速增长的宏观市场环境，市场竞争压力越小。对于企业来说，选择是否改制以及选择何种模式，都可能会具有某种不利于效率的作用。

（原载《中国企业家》2005 年第 11 期）

制造业企业相对效率的度量和比较及其外生决定因素(2000—2004)*

一 导言

效率是任何经济社会所关注的永恒命题，没有效率的社会是没有生命力的，在一个市场经济的社会，效率就意味着竞争力，意味着创新。没有效率的社会或国家，在开放的世界中是没有地位的。同样，效率也意味着为社会提供更多的可分配资源，一个社会的经济效率是提升还是降低，意味着该社会能够拿出多少有效资源进行分配。经济效率高的社会具有较丰富的资源，因而通常能够较好地解决扶贫济弱问题，解决收入差距过大的问题，从而为社会获得更大自由度的公平提供充分的空间。同时，在市场经济中，企业间的效率差异通常会随着竞争而趋同，因而导致企业之间收益的趋同。因此，在这个意义上，效率和公平是一致的。

一个社会的经济效率，在相当大程度上取决于其最基本细胞——企业的效率，这是我们研究效率的一个基本起点。当中国正面临着一个转轨时代时，其提供了最充分的多元选择的机会，因而类似于一个很大的经济试验场。其中，各种企业组织形式和相应的产权结构层出不穷，那么，它们之间的竞争是否公平，以及可能产生怎样的竞争效果？这些都需要我们去仔细考察和追踪研究，需要根据现

---

* 合作者：李双杰。

实发展的最新数据不断进行研究的更新。

关于中国的效率问题的研究早在 20 世纪 80 年代就由 Gary Jefferson 等人开始，其后吴延瑞、郑京海、刘芍佳、胡永泰等的研究都从不同角度涉及对中国的经济效率的测度和原因的探讨。近年来，关于这方面的研究不断涌现，出现了一批相当不错的研究成果，对中国的生产率研究起到了很大的促进作用。

Jefferson 等（2000）度量了 1980—1996 年不同所有制企业的生产率变化，发现集体企业保持了生产率的长期增长，而国有企业的生产率在 20 世纪 80 年代适度增长，但在 1992—1996 年出现持续下降。Jefferson 等（2003）利用 22000 家中国的大中型工业企业 1994—1999 年的数据，在各年度分别度量和比较了不同所有制企业的效率，发现国有制比重与生产率之间存在明显的负相关性，因而表明国有企业的所有制多元化改革是成功的；而且，即使是较低国有产权比重的国有企业，其效率也低于其他任何所有权类型的企业。涂正革和肖耿（2005）运用企业水平的面板数据，采用随机前沿生产函数模型，研究了中国的 37 个工业产业的大中型企业 1995—2002 年的全要素生产率（TFP）的变化，发现在此期间 TFP 平均年增长率达到 6.8%，呈现出迅速的上升态势。郑京海等（2002）运用企业水平的面板数据（1980—1994 年），采用 Malmquist 生产率指数进行度量，同时把其分解为技术进步和效率，来分析 800 家国有企业调查样本的效率变化及其效率的决定因素。刘小玄（2000，2004）运用全国普查数据度量了影响产业效率的因素，发现产业中的不同所有制比重对于产业效率具有十分重要的影响作用。王志刚等（2006）运用 1978—2003 年的分省数据，采用随机前沿模型对各地区之间的生产效率进行比较和分析，发现东部地区效率最高，其次是中部和西部，各地区间效率差异在此期间基本保持不变。

上述研究分别从不同角度涉及不同所有制企业、不同地区和不同产业效率的度量和比较。然而，对于不同所有制企业的比较，由于企业样本数据受到时间和空间的局限，往往不能反映最新的或全

局的状况，企业效率和所有制的关系也随着不同发展阶段而变化，因此，我们的研究试图在覆盖全国制造业的基础上，跟踪观察其最新发展的动态，根据现实变化的数据来更新这项研究。

对于不同地区和不同产业的效率比较，以前研究由于采用分省或分产业加总数据，有很大局限性，往往只能以省或以产业为基础，度量较为宏观的生产率，而无法直接度量各省或各产业自身的效率。现在我们的研究采用了企业水平的数据，则能使得这种度量建立在更加准确的微观基础上，因而可以直接度量不同产业和不同省份企业的效率及其差异。

市场经济的发展路径大都依赖于相对效率的比较，即那些效率较差的企业会被竞争所淘汰，相对效率好的企业则能够胜出。因此，本文重点在于度量不同企业的相对效率，把各类企业放在具有最可靠可比性的参照系下，进行度量和比较。我们主要关心的是，在经历了20世纪90年代的大规模的企业改制之后，国有企业是否还需要通过改制来提升效率？各种不同所有制类型、不同地区和不同产业的企业之间是否实现了竞争压力下的效率趋同化？决定企业效率差异的因素主要是什么？对于这些问题的回答，必然会涉及我们是否能够科学度量企业的相对效率及其差异，并找出背后的原因，这对于促进中国经济进一步的合理发展具有积极的意义。

通过对中国在2000—2004年全部制造业的企业水平的数据的分析和研究，我们试图利用这个最全面的经验数据，更新以往的文献对中国企业效率的研究，发现最新的企业相对效率变化及其决定因素的证据，为中国转轨经济的重要发展过程和相应的结果提供比较完整的实证依据。

二　中国制造业的基本现状和数据描述

中国的企业改革最为集中的领域就是制造业，经过二十多年的

改革，制造业已经逐步成为竞争性行业，成为中国发展最快和各种创新最活跃的领域。因此，我们考察企业改革的效果和测定企业效率，也就自然地集中在制造业领域。

我们选择的制造业，是工业部门中扣除采掘业和电力煤气自来水部门之后的所有轻重工业部门（产业代码从 13 至 43）。数据涵盖了这些产业内的全部国有和非国有的规模以上的企业，与《中国统计年鉴》中的工业企业统计口径基本一致。数据来源于国家统计局，从 2000 年至 2004 年共 5 个年份（见表 1）[①]。因此，这个数据库能够代表目前中国制造业的基本主导现状。我们就是以这个制造业的数据库为基础，来测定和比较企业的效率水平，来分析和研究企业效率的决定因素。

表 1　　　　　　　**2000—2004 年制造业的基本现状描述**

年份	全部工业企业数（家）	全部制造业企业数（家）	制造业销售收入占工业销售收入比重（%）	制造业就业占工业就业比重（%）	制造业资本占工业资本比重（%）
2000	162883	148277	85.20	82.85	66.58
2001	169031	155410	85.71	83.27	64.76
2002	181557	166868	85.96	83.63	64.24
2003	196222	181186	86.63	84.96	63.12
2004	279092	259412	86.26	85.55	62.69

从计划经济向市场经济的转轨时期，最大的变化就是企业所有制和企业隶属关系也需要相应地转化（见表 2）。

---

① 为保持著者行文原貌，文中涉及的图表样式、数据除有考证外均不作修改。下同。

表 2　　　　　　　　　2000—2004 年制造业的所有制和隶属关系分布

	2000 年		2001 年		2002 年		2003 年		2004 年	
	企业数（家）	比重（%）	企业数（家）	比重（%）	企业数（家）	比重（%）	企业数（家）	比重（%）	企业数（家）	比重（%）
注册类型										
国有	27960	21	22365	15	18868	12	14739	9	13350	5.6
集体	33856	25	27325	19	24016	15	19469	11	14340	6
股份合作	10253	8	10237	7	9538	6	8721	5	7387	3.1
有限责任	10664	8	15490	11	18741	12	22453	13	34214	14.4
股份有限	4447	3	4888	3	5207	3	5515	3	5900	2.5
私营	20745	15	33855	23	45817	30	63521	37	109257	45.8
港澳台资	15381	11	17278	12	18115	12	20260	12	26253	11
外资	11050	8	12254	8	13665	9	16439	10	26640	11.2
其他	1553	1	1382	1	1274	1	1217	1	992	0.4
隶属分类										
中央	2928	2	2596	2	2793	2	2597	1	3369	1
省	7501	5	7312	5	6896	4	6473	4	6939	3
地市	17673	13	16234	11	15295	10	14528	8	12189	5
县	32461	24	26856	18	25120	16	23181	13	15723	7
街道和居委会	3521	3	4034	3	4211	3	4609	3	3618	2
镇	12895	9	14754	10	15230	10	17571	10	8889	4
乡	22283	16	14258	10	12500	8	10637	6	2303	1
村	17463	13	13567	9	13107	8	12481	7	5361	2
其他	20045	15	46760	32	61823	39	81659	47	179942	76
股权分类										
gj100%	23067	17	18700	13	15525	10	12417	7	11395	5
jt100%	22307	16	19183	13	16601	11	12997	8	14002	6
fr100%	14355	11	16889	12	19786	13	25480	15	34545	14
gr100%	23339	17	35619	25	47578	31	62149	36	101091	42
got100%	6675	5	7976	5	8549	6	10723	6	16834	7
ws100%	4394	3	5484	4	6689	4	8343	5	13150	6

续表

	2000 年		2001 年		2002 年		2003 年		2004 年	
	企业数（家）	比重（%）	企业数（家）	比重（%）	企业数（家）	比重（%）	企业数（家）	比重（%）	企业数（家）	比重（%）
混合股权	41772	31	41223	28	40513	26	40225	23	47316	20

注：股权分类中，gj100%为完全国有股企业，jt100%为完全集体股企业，fr100%为完全法人股企业，gr100%为完全个人股企业，got100%为完全港澳台股企业，ws100%为完全外资股企业，除以上 6 种企业外，其余均为混合股权的企业。由于一些企业数据中涉及的股权信息不完整或有遗漏，故这部分企业作为统计缺失处理，所以企业总数略少。

从表 2 可以看到，2000 年国有企业的数量占全部制造业的 21%，然而到 2004 年这一比重只有 5.6%，其绝对数从近 28000 家降至 13000 多家，下降了 50% 以上。集体企业数量占全部制造业企业的比例也从 25% 降至 6%，企业数量减少近 20000 家。股份合作制企业也有所下降，企业数量减少了 2000 多家。股份有限公司略有上升，企业数增加了 1000 多家。港澳台资企业和外资企业的数量都有大幅上升，均增加了 10000 多家。上升最为迅速的是有限责任公司和私营企业，前者从 2000 年的 8% 上升到 2004 年的 14.4%，增加了 24000 多家新企业，而私营企业数量占全部制造业企业的比例则从 15% 猛增至 45.8%，企业数量净增 80000 多家。

从企业的行政隶属关系的变化也可以看到在这一时期的转轨剧烈变化的特征。计划经济的特点就是，任何企业都有其行政隶属关系，从中央到省、市，再到地、县、乡、镇、村等，形成一个庞大的无所不包的网络，每个企业都处在这个行政控制网络之中。然而，市场化则突破了传统的行政网络，建立起以市场横向联系，而非纵向隶属的关系网。因此，在 2000—2004 年，我们能够看到，至 2004 年高达 76% 的企业不再具有传统的行政隶属关系，而在 2000 年这一比例只有 15%。除了大量新增企业不再具有传统隶属关系，在原有具有隶属关系的企业中，下降最多的是乡村企业和县属企业，减少数量分别从 10000 多家至 20000 多家不等。其次是地市企业和镇属企业，分别减少了 5000 多家和 4000 多家。省属企业数量略有减少，

只有几百家，中央隶属企业则不减反增，增加了400多家。

从表2提供的隶属关系的变化中可以发现，在这段时间，大量的乡村集体企业和县属国有企业实行了民营化，因而脱离了原先的隶属关系，许多地市属企业也是民营化的重要来源。省级企业数量的减少表明，较高等级地位和较大规模的企业的民营化速度较慢，而中央企业数量略增的情形则表明，在中央控制的100多家大企业集团中，通过集团的层层控制，实际上已发展出一个庞大的具有两三千多家子孙公司的央企集团系统，而不少企业还正在努力加入这个中央的企业集团体系，以求得到其中可能的优惠关联或保护。市场竞争似乎只对中下层级的企业产生压力，对于中央企业来说，可能具有较强的行政性垄断力量的支持，因而还远未形成足够的市场压力。

本文采用的数据库来源于国家统计局，该数据包含了从2000年至2004年全部国有以及规模以上非国有工业企业。这个数据库是中国最为权威的数据来源，能够全面代表所有的制造业企业，也不会存在抽样偏差或以偏概全的问题。因此，在这样的数据来源的基础上，我们能够全面地描述和揭示出中国企业在经济转轨的这一特定时期的基本变化特征。

在处理数据的过程中，我们特别注意到了以下几个问题，并进行了相应的考虑和处理。

（1）各年的统计口径不太一致，不仅指标变量每年有所不同，而且统计指标也在变化，这就给我们的动态变化分析增加了难度。例如，从2003年开始，产业划分标准做了某些调整，因此，在做有关产业指标的统计处理中，必须考虑到某些产业代码指标的变化。又如，规模指标也进行了调整，从2003年起，大、中、小企业的规模统计口径进行了较大调整，提高了大中企业的规模标准。因此，我们的分析主要以各个年份的截面分析为主，通过比较静态的方法，来获得近似的动态变化效果。

（2）除了2001年和2004年以外，各年都有增加值指标，因此，

为了得到该指标，我们依据统计规定的口径，分别通过计算得到该指标。其中，2001 年的计算公式为：增加值 = 总产值 - 中间投入 + 增值税；由于 2004 年没有总产值指标，其计算公式为：增加值 = 销售收入 + 期末存货 - 期初存货 - 中间投入 + 增值税。

（3）2000—2003 年的统计数据是国家统计局按常规方式搜集的，是把各地统计机构上报的统计数据进行汇总的结果，2004 年的数据则是以大规模的全国普查数据为基础得到的，这是动员了更多人力物力的调查汇总的结果。因此，2004 年的企业数目大大超过上年，其中很难区分有多少是当年新增企业数，有多少是以前未上报统计数据的企业。

三　分析方法和模型框架

效率度量有参数方法和非参数方法两种，非参数方法如数据包络分析法（DEA）不需要已知生产函数的具体形式，只要已知投入产出的数据即可通过线性规划模型来度量效率。参数方法是通过设定具体的生产函数，采用经济计量方法估计参数和效率值，以随机前沿分析法（SFA）为代表。

本文采用随机前沿生产函数模型来进行效率的估计。生产函数所估计的效率是综合性的，比起单一的劳动生产率具有更全面的视角和综合效果。前沿生产函数的理论意义在于，考察样本企业相对于其生产可能性边界的关系，从中可以计算出企业水平上的效率。前沿生产函数的方法论上的意义在于，其能够排除服从正态分布的误差项，仅保留偏态分布的残差值，作为企业技术效率的近似值代表。

此外，之所以采用随机前沿（Stochastic Frontier）的估计方法，而非确定前沿（Deterministic Frontier）的估计方法，主要原因是考虑到庞大的数据规模，其中可能存在的随机误差也会相应较多，采取确定前沿模型对于数据的精确度要求较高，而随机前沿模型则可

以有效解决这些随机误差问题，不至于受到某些误差值或异常值的影响。对于我们这个有十几万家企业数据的数据库来讲，不可能逐一核实每个观察值的准确性，因而 SFA 模型较为适合。

1977 年，Meeusen 和 Broeck（MB），Aigner、Lovell 和 Schmidt（ALS）同时提出了 SFA 模型，模型中考虑了随机因素对于产出的影响，稍后 Battese 和 Corra（BC）（1977）则写出了关于 SFA 的第三篇文章。他们的模型如下：

$$y = f(x; \beta) \cdot \exp(v - u)$$

其中 v 代表随机影响，$v \sim N(0, \sigma^2)$，$u \geq 0$ 代表技术无效率。

MB 假设 u 服从指数分布，BC 假设 u 服从半正态分布，ALS 假设 u 服从半正态分布或指数分布。由最大似然法估计出了 β、σ_v^2、σ_u^2 后，可以计算出样本的平均效率

$$E(-u) = E(v - u) = -\sqrt{\frac{2}{\pi}}\sigma_u \ (u 服从半正态分布) \ 和 \ E$$

$(-u) = E(v - u) = -\sigma_u$（u 服从指数分布），遗憾的是，以上模型不能计算每个观察点的效率。

1982 年，Jondrow 等把技术无效率项从残差中分离出来，利用条件分布估计出每个观察点的技术效率，这是一个很大的进步。因此，随机前沿模型能够把每个企业样本的残差进行分离，因而能够估计出每个企业的技术非效率水平。这种方法上的突破，解决了随机前沿模型原先相对于确定前沿模型的一个弱点，因而不仅能估计出全部样本的平均效率水平，也能如确定前沿模型那样，估计出每个观察值的点效率。因此，在微观层次的企业水平上，而不是在加总水平上，获取效率估计值，以此为基础，就能为我们进行不同分类组合的效率测定和比较提供极大的便利。

随后有关 SFA 的研究均以此文为基础，其发展集中体现在 Kumbhakar 和 Lovell（2000）所著的 *Stochastic Frontier Analysis* 一书中。

SFA 的基本模型表示为

$$y_i = f(x_i; \beta) \cdot \exp\{v_i\} \cdot \exp(-u_i), \ i = 1, 2, \cdots, I.$$

其中，y_i 为第 i 家企业的实际产出；x_i 是第 i 家企业的 N 种生产要素的投入向量；f 是生产函数，若取 C – D 生产函数，则模型的一般公式是：

$$\ln y_i = \beta_0 + \sum_{n=1}^{N} \beta_n \ln x_i + v_i - u_i, \quad i = 1, 2, \cdots, I.$$

对 v_i 和 u_i 做如下的假设：

（1）$v_i \sim i.i.dN(0, \sigma_v^2)$；

（2）$u_i \sim i.i.dN+(0, \sigma_u^2)$；

（3）v_i 与 u_i 之间相互独立，且与解释变量不相关。

v_i 代表跨企业的随机性，例如测量误差、其他统计噪声和公司无法控制的随机冲击等。u_i 涵盖了公司内部的无效率因素的影响，技术效率 TE_i 定义为实际产出与可能实现的最大随机前沿产出之比：

$$TE_i = \frac{y_i}{f(x_i; \beta) \cdot \exp\{v_i\}} = \exp(-u_i), \quad i = 1, 2, \cdots, I.$$

我们根据这个模型进行分析时，可以看到其具有的稳健性如下：（1）如果发现异常数据，则剔除了异常数据后的企业效率排序与带有异常数据的企业效率排序没有什么差异。例如在某一产业，发现有 9 个企业的观察值（增加值、职工人数、固定资产净值）的排序出现为 1 的情况，计算的企业效率排名与剔除了这 9 个异常数据后的企业效率排名的相关系数超过 0.99，对排序没有影响。（2）对于 u_i 服从的分布假设差异也是稳健的，当假设 u_i 服从半正态、指数、伽马分布时计算的企业效率排序没有什么差异。如对某个产业进行了几种分布的效率测定，结果发现这三种分布计算的企业效率排序的相关系数均超过 0.988，说明模型对不同分布假设是稳健的。（3）依据该模型编制的不同软件的计算结果无差异。例如，我们对几个产业进行了不同软件的计算测试，发现用 LIMDEP 软件和用 FRONTIER 软件的效率计算结果的相关系数超过 0.998，对其效率顺序无影响。

本文首先根据 SFA 模型，分别以各产业（2 位数代码产业）为基础，计算出每个企业在其所在产业内的效率水平。对于效率估计具体采用的是 C – D 生产函数，均假设 u_i 服从半正态分布。首先，

通过这种方式，能够有效地控制不同产业的特定技术差异对企业效率的影响。其次，根据这些企业效率估计值，按照所有制、地区、行业和隶属关系进行分类度量，比较其间相对效率的差异和考察其在各年度的变化。最后，汇总全部的企业效率估计值，以企业效率估计值作为因变量，进行多元回归，试图发现决定企业效率的外生因素。

理论上的效率与实践中的效率经常是有差距的，前者是在各种外部条件基本相同的条件下，纯粹地反映企业投入产出之比的效率；后者则是在非常不同的条件下，企业在受到这些不同因素控制下所产生的效率。因此，当我们进行相对效率的比较时，如果无法保持"其余条件不变"这个假定，那么就不能只考虑企业的内生决定因素，考虑到外生因素的影响则是至关重要的。因为不同的外生因素会直接影响到企业行为，影响其投入或产出的选择，因而也会直接产生不同的效率结果。因此，本文将主要考察企业效率的外生决定因素。

大体来说，以往大量涉及企业效率的研究文献主要可分为以下两大类。

一是从增长的动态角度考察效率变化，采用面板数据，主要方法是全要素生产率（即 TFP）的度量。可用 OLS 方法，还可以对生产率采用 M 指数或随机前沿生产函数进行分解，将一般的综合生产率分解成技术进步和效率变化，以及规模和配置效率等，以便更具体地考察效率增长的不同来源。二是从静态角度考察相对效率及其变化，采用截面数据，主要方法仍可采用随机前沿分析法（SFA）和确定前沿分析法（DEA），以及一般的 OLS 方法。两种研究各有特色，截面数据的静态分析主要反映同一时期内不同经济实体之间的相对关系，而对于全要素生产率的考察往往能反映动态的增长效应，因而往往更受重视。

不过，动态研究主要采取面板数据，对于数据指标的时间可比性要求很高，需要进行一系列的数据调整工作，这些数据处理环节

越多，可能会造成的潜在误差也就越多。我们可能不知道这个结果的可靠性究竟多大，是否会在某个中间数据处理环节出错。例如，对于资本存量指标进行估计，通常只能以产业为基础来进行，而一个通用的产业标准如何能够适用于该产业内众多不同企业的资本存量？产出指标的平减也是如此，不要说一个产业内可存在多元化的产品，即使是一个企业也可能存在若干种不同产品，因此仅采用一个产业的价格指数来对企业水平数据进行平减，可想而知会存在不少误差。但是，我们也不可能对成千上万家企业数据逐个地进行重新估计和调整。

因此，为了分析的准确性，为了避免某些不准确的数据调整结果，我们采用了截面数据的分析，这样可以直接采用原始数据，因而可靠性较好，但是缺陷在于无法进行动态增长分析。为此，我们准备采用比较静态分析，其优越性在于，不仅可以反映特定时期内不同类型企业之间的相对效率，也能够通过不同时期的比较，反映其发展和变化。同时，当我们有了一个比较可靠的来自原始数据的分析参照系时，就能够在此基础上进行更加复杂的动态分析。

因此，本文的研究基本以原始数据为基础，各种变量例如资本、劳动和产出，均采用不加处理的原始数据，资本指标采用固定资本净值，劳动指标采用企业职工人数，产出指标则采用企业净产值或增加值。在此基础上用各年的截面数据来进行比较静态分析，对不同所有制企业、不同省份和不同产业的各年的效率估计值进行度量和比较，并发现决定效率的可能原因。

四　效率的度量及其比较

（一）产业相对效率度量的结果

由于本文的考察重点是企业之间的相对效率差异，而非企业效率的变化，因而我们没有对于价格变化因素进行平减，没有充分考

虑市场波动的影响，但是，从各行业效率上升的不同幅度，仍然可以看到产业之间的相对效率差异是明显的（见表3）。总体来看，除了烟草加工、石油加工和医药产业的效率有所下降，其他绝大多数行业的效率都有不同程度的上升。这个产业效率差异直接体现在垄断性行业与竞争性行业之间，表明垄断对于效率有消极作用。

相对来说，各年产业效率均处于较低水平的主要有食品加工、食品制造、饮料制造、专用设备、仪器仪表等产业。由此可见，较低效率的产业一方面集中在一些初级加工产业和相应小规模企业为主体的产业，这些大都是由产业的技术特征决定的。另一方面，低效率产业还在一定程度上与烟草加工、专用设备、仪器仪表产业相关，这很可能是与这些产业的垄断性质相关，因为专用设备和仪器仪表通常较多地包含一些垄断性质的大宗订货，例如矿山、石化等专用设备，以及导航仪表、汽车仪表、试验仪表、地质气象海洋天文和环境保护等政府公用事业所需要的仪器等。

各年产业效率较高的有服装加工、文体用品、皮毛制品等产业。这些产业最为明显的特点就是竞争性很强，没有进入壁垒，主要依靠人力资本和技术创新取胜，较少依赖国家控制的稀缺资源和行政性订货，更多地依赖市场评价和消费者的市场选择。

从以上的行业平均值来看，制造业的平均效率有所提高，但是由于这里的效率指标未考虑加权平均，所以通常并不直接作为动态的度量增长的总体指标，但可作为一个重要的参考指标。此外，由于经济周期或宏观波动对于企业效率变化也会有一定影响，当市场景气时，企业的产出增加，但固定成本则可能不会相应增加，因而会提高效率。所以考察企业效率动态变化需要有一个较长的周期，才能得到较为准确的判断。但是不管如何，这并不影响我们考察企业的相对效率的准确性。

从制造业内各产业之间的差异变化来看，变异系数指标在不断降低，也就是说，产业之间的效率差异在考察的5年期间有所缩小，这种现象可能是市场竞争必然导致的积极效果，竞争会促使各要素

表3　　　　　　　　　　不同产业的相对效率比较（2000—2004年）

2000年		2001年		2002年		2003年		2004年	
产业	效率	产业	效率	产业	效率	产业	效率	产业	效率
服装加工	0.4773	服装加工	0.5029	服装加工	0.5022	服装加工	0.5435	电子通信	0.6369
橡胶制品	0.4472	皮毛制品	0.4661	石油加工	0.4930	文体用品	0.4904	皮毛制品	0.5532
文体用品	0.4407	文体用品	0.4641	文体用品	0.4832	其他制造	0.4877	服装加工	0.5406
皮毛制品	0.4264	其他制造	0.4536	其他制造	0.4806	纺织	0.4760	金属制品	0.5177
塑料制品	0.4262	塑料制品	0.4529	皮毛制品	0.4594	电子通信	0.4737	其他制造	0.5096
纺织	0.4223	石油加工	0.4496	造纸制品	0.4553	金属制品	0.4732	木材加工	0.5071
非金属矿制品	0.4216	造纸制品	0.4455	纺织	0.4434	皮毛制品	0.4673	化纤	0.5069
化纤	0.4163	非金属矿制品	0.4402	塑料制品	0.4426	石油加工	0.4598	橡胶制品	0.5041
烟草加工	0.4156	金属制品	0.4401	电子通信	0.4416	普通机械	0.4592	纺织	0.4993
造纸制品	0.4132	橡胶制品	0.4371	非金属矿制品	0.4381	橡胶制品	0.4546	普通机械	0.4947
普通机械	0.4127	有色金属	0.4334	木材加工	0.4379	塑料制品	0.4527	塑料制品	0.4903
金属制品	0.4087	化纤	0.4253	普通机械	0.4368	木材加工	0.4493	造纸制品	0.4883
家具制造	0.4039	电器机械	0.4234	化纤	0.4357	电器机械	0.4461	文体用品	0.4848
有色金属	0.4036	家具制造	0.4168	电器机械	0.4354	造纸制品	0.4428	黑色金属	0.4816
电器机械	0.3990	黑色金属	0.4106	有色金属	0.4232	家具制造	0.4391	电器机械	0.4805
石油加工	0.3979	普通机械	0.4105	橡胶制品	0.4169	非金属矿制品	0.4359	家具制造	0.4736

续表

2000 年		2001 年		2002 年		2003 年		2004 年	
电子通信	0.3888	化工	0.3991	烟草加工	0.4169	化纤	0.4278	交通运输设备	0.4667
木材加工	0.3864	医药	0.3872	交通运输设备	0.4051	化工	0.4269	非金属矿制品	0.4648
化工	0.3758	仪器仪表	0.3863	化工	0.4032	烟草加工	0.4217	专用设备	0.4557
医药	0.3713	纺织业	0.3844	家具制造	0.4005	有色金属	0.4191	化工	0.4513
交通运输设备	0.3657	交通运输设备	0.3835	印刷	0.3963	医药	0.4116	印刷	0.4504
印刷	0.3644	电子通信	0.3825	黑色金属	0.3855	仪器仪表	0.4115	有色金属	0.4463
专用设备	0.3474	印刷	0.3754	医药	0.3833	交通运输设备	0.4103	仪器仪表	0.4260
仪器仪表	0.3453	专用设备	0.3617	仪器仪表	0.3760	黑色金属	0.3980	食品制造	0.4240
饮料制造	0.3345	烟草加工	0.3490	专用设备	0.3642	印刷	0.3960	石油加工	0.4213
黑色金属	0.2381	饮料制造	0.3301	饮料制造	0.3445	专用设备	0.3903	食品加工	0.3905
食品加工	0.1822	食品制造	0.3282	食品制造	0.3413	食品制造	0.3606	医药	0.3897
其他制造	0.1785	食品加工	0.3219	食品加工	0.3355	食品加工	0.3596	饮料制造	0.3808
食品制造	0.1271	木材加工	0.1845	金属制品	0.2770	饮料制造	0.3544	烟草加工	0.3494
年平均值	0.3703		0.4016		0.4157		0.4358		0.4719
年变异系数	0.2276		0.1525		0.1233		0.0974		0.1223

注：上述产业的效率按照从大到小的顺序进行排列，以便进行比较。

在不同产业之间流动，因而会出现效率差异越来越小的趋势。从2000 年至 2003 年这种效率差异明显缩小，但是从 2004 年来看，其差异似乎又有所扩大，这应该引起我们今后研究的特别关注。

（二）地区相对效率的度量结果

我们把各地区度量的效率从高到低进行了排序（见表4），发现上海、江苏、广东和山东经常处于最高效率水平的地位，只是到了2004 年北京才跻身较高效率水平的行列。福建、浙江、湖北和河北则处于第二梯队，效率最低的主要集中在西藏、贵州、甘肃、青海这几个边远省份。

表 4　　　　　　　　各地区相对效率比较（2000—2004 年）

2000 年		2001 年		2002 年		2003 年		2004 年	
地区	效率	地区	效率	地区	效率	地区	效率	地区	效率
上海	0.431	上海	0.469	江苏	0.449	上海	0.4898	上海	0.5394
江苏	0.418	广东	0.450	山东	0.448	江苏	0.4819	北京	0.5099
广东	0.416	江苏	0.439	上海	0.445	山东	0.4759	江苏	0.5020
山东	0.400	山东	0.438	广东	0.443	广东	0.4674	广东	0.4998
浙江	0.394	福建	0.421	福建	0.438	福建	0.4561	福建	0.4978
河北	0.384	湖北	0.420	湖北	0.427	湖北	0.4512	山东	0.4900
福建	0.380	浙江	0.416	浙江	0.418	浙江	0.4457	河北	0.4820
湖北	0.379	河北	0.410	北京	0.409	河南	0.4398	浙江	0.4729
北京	0.376	北京	0.404	河南	0.404	北京	0.4339	天津	0.4652
河南	0.371	河南	0.399	内蒙古	0.402	内蒙古	0.4313	内蒙古	0.4650
辽宁	0.340	内蒙古	0.397	河北	0.401	河北	0.4270	四川	0.4637
天津	0.335	天津	0.375	四川	0.384	天津	0.4119	河南	0.4627
内蒙古	0.326	辽宁	0.369	天津	0.376	辽宁	0.4059	辽宁	0.4613
重庆	0.325	重庆	0.368	辽宁	0.372	四川	0.4055	安徽	0.4596
四川	0.325	四川	0.365	湖南	0.365	湖南	0.3980	湖北	0.4550
安徽	0.312	宁夏	0.356	安徽	0.362	吉林	0.3970	新疆	0.4525
吉林	0.311	安徽	0.347	重庆	0.361	重庆	0.3925	湖南	0.4472
宁夏	0.307	湖南	0.341	海南	0.352	安徽	0.3878	重庆	0.4460

续表

2000 年		2001 年		2002 年		2003 年		2004 年	
地区	效率	地区	效率	地区	效率	地区	效率	地区	效率
湖南	0.299	吉林	0.338	宁夏	0.352	宁夏	0.3762	江西	0.4360
黑龙江	0.290	云南	0.325	吉林	0.351	江西	0.3700	吉林	0.4332
云南	0.284	新疆	0.324	黑龙江	0.340	黑龙江	0.3590	宁夏	0.4324
海南	0.284	山西	0.324	甘肃	0.338	陕西	0.3576	陕西	0.4273
广西	0.278	广西	0.323	广西	0.336	广西	0.3525	甘肃	0.4235
陕西	0.270	海南	0.320	山西	0.333	山西	0.3525	云南	0.4195
山西	0.268	陕西	0.319	江西	0.331	云南	0.3501	黑龙江	0.4189
江西	0.268	黑龙江	0.317	新疆	0.326	新疆	0.3417	广西	0.4156
贵州	0.265	江西	0.308	陕西	0.324	海南	0.3396	海南	0.4073
新疆	0.260	贵州	0.294	云南	0.321	青海	0.3260	青海	0.4053
甘肃	0.251	青海	0.282	青海	0.290	贵州	0.3107	山西	0.4026
青海	0.220	甘肃	0.282	贵州	0.273	甘肃	0.2891	西藏	0.3854
西藏	0.210	西藏	0.231	西藏	0.257	西藏	0.2530	贵州	0.3630
平均效率	0.322		0.360		0.369		0.393		0.4497
变异系数	0.1864		0.158		0.1405		0.1488		0.0872

注：上述地区的效率按照从大到小的顺序进行排列，以便进行比较。

从全部地区的年平均效率来看，总的发展趋势呈逐步上升状态，但是2004年的效率忽然有了大幅度提高，这很可能与市场波动和价格上涨因素有关。从地区效率的差异变化来看，各地区之间的差异随着时间推进而逐步缩小，这一差异的降低趋势也是明显的，并且与通货膨胀因素无关。

（三）不同隶属企业的相对效率

表5列出了不同隶属关系企业的效率。从2000年来看，所有企业可以明显地分成两大板块，一块是县属、地市属、省属和中央企业这四种企业，其效率在30%—36%，而在街道企业、乡镇村企业和其他企业这几种类型，效率明显高于前者，均在40%—44%。这个结果是令人吃惊的，那些效率明显较高的企业，不是中央企业或

省属等地位高的企业，竟然都是在行政隶属的边缘地带的企业，或者是那些没有传统行政隶属关系的企业。

表 5　　　　　　　　　不同隶属关系企业的相对效率比较

隶属关系	2000 年	2001 年	2002 年	2003 年	2004 年
	效率	效率	效率	效率	效率
中央	0.3600	0.3811	0.3863	0.4020	0.4730
省	0.3353	0.3587	0.3642	0.3868	0.4723
地市	0.3268	0.3561	0.3636	0.4020	0.4593
县	0.3000	0.3378	0.3553	0.3843	0.4219
街道和居委会	0.4432	0.4504	0.4412	0.4667	0.4857
镇	0.4186	0.4416	0.4350	0.4603	0.4775
乡	0.4111	0.4407	0.4434	0.4605	0.4717
村	0.4254	0.4519	0.4382	0.4683	0.4835
其他	0.4009	0.4314	0.4311	0.4567	0.4890
年平均值	0.3802	0.4055	0.4065	0.4320	0.4704
年变异系数	0.1334	0.1143	0.0939	0.0853	0.0431

然而，从各个年份的截面数据的比较来看，中央企业的效率增长率从 2000 年至 2004 年增长了约 11 个百分点，省市地县属企业增长了十二三个百分点，乡镇村企业及街道和居委会企业的效率增长了 4—6 个百分点。很明显，较高行政隶属级别的企业的增长率高于低级别的企业。更具体地来看，这种增长的加速是从 2003 年之后开始的，在此之前，各类企业的增长率差不多，而 2004 年与 2003 年相比增长率忽然有了很大差异。其中，中央企业和省属企业在一年内就增加 7—8 个百分点，而乡镇村之类的企业仅增加 1—2 个百分点。

正因为各种企业的效率提高速度不同，原来低效率企业的效率提高速度较快，因而两大隶属板块之间的差异也在不断缩小，除了县属和地市属企业的效率略低外，其余各类企业的效率似乎都在趋同。在两大板块之间，虽然仍存在着显著差异，但这些差异的程度，从 2000 年的 8—10 个百分点，下降至 2004 年的 2—3 个百分点，要

比原先小得多。

为什么分属两大板块的企业效率在这 5 年内,尤其是在 2003 年之后,具有如此明显的趋同效果?原因可能是多样的,但重要原因之一可能归于企业所有制的变化。由于原有的计划体制下的较高行政隶属级别的企业大都是国企,当大量的低效率国企退出或进行改制后,才使得这些企业的效率大大提高。

因此,所有的各种效率差异和变化都与企业所有制密切相关,考察企业所有制的差异和变化对效率的影响,则必然成为我们研究转轨时期企业效率的重点。

(四) 不同所有制企业的相对效率比较

最为一般的所有制分类依据是企业注册类型。根据现有的官方注册类型,我们把传统国有企业、国有独资公司和国有联营公司合并为国有范畴,把传统集体企业、集体联营合并为集体范畴,在私营企业范畴中则包括私营与合伙企业,以及私营股份公司,港澳台与外资范畴则包含各种合作、合资以及独资的"三资"企业。至于股份合作、有限责任和股份有限公司,我们直接依照原有的注册进行分类,没有进行合并。按照这样的分类,我们得到用随机前沿生产函数模型计算的各种所有制分组的平均效率。

由表 6 可见,国有企业的效率处于最低的水平,尽管其在缓慢上升,但与其他类型的企业比较而言,其要低十来个百分点。在所有企业中,外资企业的效率最高,相对于中间水平大约高 5 个百分点。绝大多数企业,即三种股份制企业、私营企业和集体企业等,处于中间水平,其间并无显著的效率差异。

表6　　　　按注册类型分类的不同所有制企业的相对平均效率

注册类型	2000 年	2001 年	2002 年	2003 年	2004 年
国有	0.2429	0.2726	0.2822	0.2760	0.3747
集体	0.4042	0.4278	0.4229	0.4030	0.4794
股份合作	0.3870	0.4158	0.4105	0.3910	0.4687

续表

注册类型	2000 年	2001 年	2002 年	2003 年	2004 年
有限责任	0.3703	0.4055	0.4083	0.3917	0.4798
股份有限	0.3995	0.4314	0.4328	0.4149	0.4877
私营	0.4010	0.4256	0.4250	0.4123	0.4779
港澳台资	0.4148	0.4439	0.4469	0.4327	0.5094
外资	0.4451	0.4734	0.4681	0.4574	0.5351
其他	0.3790	0.4224	0.4227	0.4108	0.4802
年效率平均值	0.3827	0.4132	0.4133	0.3989	0.4770
年变异系数	0.1482	0.1358	0.1271	0.1213	0.0910

可以发现，从比较静态来看，2004 年国有企业的平均效率比 2000 年上升了约 13 个百分点，而私营、集体和股份合作企业仅上升了约 7 个百分点，外资、港澳台资、股份有限公司则上升了约 9 个百分点。国有企业的效率增长速度最快。从各年的增长来看，2003 年之后，增长速度明显加快。国有企业在此阶段猛增 10 个百分点，其余企业也分别有不同程度的增长，但都小于国企的增长幅度。

不过，以上的注册类型分类往往不太准确，一些企业改制后仍然沿袭原先的注册类型，而并未作相应变化，因此，较为准确的分类则需要依据企业股权结构，根据股权的性质来进行所有制分类。以下我们将按照现有的 6 种股权性质进行分类，股权比例为 100% 的各自代表其所有制性质的企业，其余为混合股权企业。这样，可以得到完全国有、集体、法人、个人以及港澳台资和外资这 6 种类型的纯粹所有制的企业，以及得到混合股权结构的企业，共分 7 种类型。

由表 7 可见，在不同所有制企业中，完全国有股企业的效率在所有企业中仍然是最低的，相对其他几种类型的企业，要低十来个百分点。除了完全国有股企业以外，其他的各种所有制企业之间，并无十分明显的效率差异，不过，纯外资企业的相对效率仍然高于其他企业大约 5 个百分点。

表 7　　　　　按照股权性质分类的不同所有制企业的相对平均效率

	2000 年	2001 年	2002 年	2003 年	2004 年
国有股 100%	0.2311	0.2643	0.2759	0.2723	0.3706
集体股 100%	0.3983	0.4237	0.4135	0.3957	0.4844
法人股 100%	0.3912	0.4207	0.4215	0.4074	0.4793
个人股 100%	0.3910	0.4193	0.4186	0.4067	0.4758
港澳台资股 100%	0.4062	0.4370	0.4432	0.4264	0.5112
外资股 100%	0.4414	0.4676	0.4620	0.4526	0.5360
混合股权企业	0.4014	0.4302	0.4324	0.4190	0.4997
年变异系数	0.1787	0.1611	0.1496	0.1418	0.1093

　　按照以上股权分类来看，与 2000 年相比较，完全国有股企业在 2004 年上升将近 14 个百分点，完全个人股、法人股和集体股企业上升了 8—9 个百分点，完全港澳台资和外资企业则上升了 9—10 个百分点。这个结果与按注册类型分类的度量结果有些类似，仍然是国有企业的效率增长幅度最大。正因为这样的不同增速，才可能使得各个分组之间的原有的效率差异有所缩小。

　　从不同所有制企业的差异系数来看，其正在缓慢降低，但相对于隶属企业板块的明显的效率趋同化来看，不同所有制企业之间的效率趋同化并不十分强烈。其原因很明显，企业改制后其行政隶属关系往往未变，尤其是那些引进了一部分外部股权但仍保持一定国有股的企业，则会保持原先的隶属性，因此，改制对这些企业造成的效率提高必然带动了这些板块的整体效率的提高。但是，在按股权性质分类的企业中，完全的国有股企业通常不太可能得到这种改制因素的促进，而可能是来自其他方面因素的促进。所以，趋同化的结果并不如其他分类的效果明显。

　　值得注意的是混合股权结构的企业，其不同于完全私人股或外资股的企业，也不同于传统公有制企业，其中有相当多的企业都是改制后形成的资本多元化的股份公司。这类企业表现出来的良好效

率，标志着改制企业的效率提升是明显的。

五 企业效率的外生决定因素

在分别度量和比较了不同地区、不同产业、不同隶属关系以及不同所有制企业的相对效率之后，我们需要将以上这些因素综合起来进行考察，看看这些外生因素综合起来对于企业效率具有怎样的影响，它们各自具有怎样的不同程度的决定作用。

为此，我们需要建立多元回归方程，方程有如下形式：

$$EFF_i = a_0 + bOWE_i + cGM_i + dHY_i + eDQ_i + \varepsilon_i \tag{1}$$

$$EFF_i = a_0 + bLS_i + cGM_i + dHY_i + eDQ_i + \varepsilon_i \tag{2}$$

其中，因变量 EFF 为通过 SFA 模型计算得到的企业效率估计值，OWE 为所有制变量，我们主要采用企业的股权结构、注册类型指标来代表，GM 为规模变量，HY 为产业变量，DQ 为地区变量，LS 为隶属变量。由于隶属变量和所有制变量有较强的共线性，因此，我们将两者分别进行回归，故得到以上两个不同的方程，分别为所有制方程和隶属关系方程。在这两个方程的解释变量中，除了股权结构采用的是连续变量以外，其余的变量基本上都是虚拟变量，各自代表其特定的性质。

对于上述回归模型进行检验的主要结果[①]描述如下：

（1）将注册类型、股权结构、所有制类型分别代入多元回归方程进行检验，结果发现，在控制了产业、地区和规模变量的条件下，相对于其他类型企业来说，国有企业属性对于效率的影响是显著负面的，其消极作用是明显的。关于这点，无论是从注册类型、所有制类型来看，还是从股权结构来看，均为如此。这个检验结果与以上我们测定的各种不同所有权分类的相对效率结果基本相同，因而从不同角度证实了国有制在企业效率中具有的显著的负面的决

---

① 主要的回归结果分别包含各年的不同类型所有制变量与行业、省份和规模等变量的组合。由于篇幅限制，未列出所有年份的计算结果。如有感兴趣者，可与作者联系。

定作用。

（2）在所有企业中，外资股权对于企业效率的积极影响作用显著最高，不仅大大高于国有企业，也明显高于其余的各种所有制企业，虽然高于后者的幅度并不太大（大约为几个百分点），但也是很显著的。在其余各类企业，包括港澳台资、私营、股份和集体企业之间，并无显著的效率决定因素的差异。这个结果也与以上我们测定的分组相对效率的结果是一致的。这个结果表明，相对于国企，各类非国有股权均有积极的促进企业效率的决定作用，其中，外资的决定作用尤其较高，这可能与外资企业不仅具有企业制度合理性，还具有先进技术设备的优势密切相关。

（3）从隶属关系来看，上述回归方程同样证实，对于企业效率的积极决定作用最为显著的是街道和居委会下属的企业，其不仅大大高于县、地市、省和中央企业的效率，也显著高于乡、镇、村属企业，虽然高于后者的幅度不太大。在县级以上的企业中，决定效率的作用高低大体上是按照等级排列的，即中央最高，省级其次，再次是地市属企业，最低是县属企业，这里表现出了公有企业在计划经济中的等级地位在很大程度上决定了公有范围内的企业效率，表现为计划等级地位与企业效率的正相关。然而，在更大的市场范围内，这种影响不再存在，企业效率则主要取决于企业的制度合理性和市场竞争压力的综合结果，并且出现了等级地位高的企业效率反而较低，等级地位低甚至无等级的企业效率反而较高的现象。这正是市场冲破了权力等级制度对于效率的束缚，依靠竞争的优越性产生的结果。

（4）作为转轨时期的产物，大量的混合股权企业的出现，是企业改制的产物。这类企业具有良好的效率，表明改制后形成的混合股权对于企业效率具有积极的决定作用。

（5）在产业效率的决定因素的比较中，较引人注意的是烟草加工业，在2000年该产业对于效率的积极作用处于最高档次，而到2004年则跌至最低档次的水平。烟草加工业的效率大幅度降低似乎

与宏观调控没有什么关系，该市场具有较稳定的需求，不会出现大起大落的波动。因此，其中原因很可能与市场保护或垄断有关。只有在垄断的市场保护下，效率的急剧下降才可能出现，否则必然导致企业退出市场。

电子通信业对于效率的作用在2000年处于较低水平，而到2004年则跃升至最高档次，这与市场需求急剧上升是密切相关的。类似的还有石油加工业，其在2002年处于最高水平上，但到2004年则落至最低档次。黑色金属业也是如此，2000年处于最低档次，后来则逐步上升到较高水平。这两个产业对于效率的不同影响作用明显受到价格变化和市场波动的影响。

与相对效率度量（见表3）的结果大体一致的是，服装加工、文体用品、橡胶制品、皮毛制品等产业，基本上处于较高效率的某种稳定状态，不受到市场波动的影响；而食品制造、食品加工、饮料制造、医药、仪器仪表、专用设备等行业，则处于较低效率的稳定状态。

总之，产业相对效率的决定因素主要来自该产业的所有制或股权结构，来自垄断或竞争的性质，某些产业还在较大程度上受到宏观调控和市场波动的影响。

（6）在地区的效率决定作用的比较中，上海、江苏、山东总是处在最高的档次，稳定不变。效率决定作用变化的一个明显特征是，2004年北京地区对于效率的作用急剧上升，甚至超过江苏、山东，仅次于上海。湖北、浙江、广东的相对作用则逐步下降，从原先的第一梯队落到了第二梯队。地区对效率变化的作用在很大程度上可能受到该地区新增投资的产业方向和新增企业性质的影响。北京、上海相对于广东、浙江的效率比较，似乎反映了某种政府力量与市场力量的比较。广东、浙江更多诉诸分散化的民营企业和市场化的资源配置，而上海、北京则有较多政府的政策优势支持和行政化的资源配置。在这样的相对效率变化中，似乎隐含着某种资源配置的控制力在起作用，而这种控制力往往不是来自市场，而是来自政府。

总之，地区相对效率的决定在很大程度上受到该地区市场发育成熟的程度、地区的所有制结构、地区的资源禀赋、资源配置和产业结构的影响，因而地区相对效率不仅是市场竞争的结果，是地区长期生产率积累的结果，也是产业结构和资源分配的结果。

六　基本结论和总结

本文采用随机前沿生产函数模型度量了不同产业、不同地区、不同隶属关系和不同所有制企业的效率，在效率度量的基础上，比较这些分类企业之间的效率差异，以及不同企业的效率增长态势。

基本的结论是，从各种分类企业的各年平均水平来看，企业的技术效率普遍都有所提高。

一般研究技术效率大都是考虑企业内生因素对于效率的影响决定作用，考虑企业是否以最小投入得到最大产出。然而，在中国，我们认为研究企业效率必须要考虑外部因素的影响，因为它们起着非常重要的决定作用。通过随机前沿生产函数模型，我们检验了现实中可能存在的决定中国制造业企业效率的外生因素。

为什么外生因素能够决定企业效率？这在某种程度上表明了市场的不完善、竞争的不充分、生产要素的流动障碍较高等，因而才导致了产业、地区、隶属关系和所有制这些外生因素对于企业效率及其差异产生了重要影响。在完善的市场经济中，这些因素不会导致企业之间产生较大的效率差异。因此，我们试图检验，在 5 年来的经济转轨时期中，企业效率是否具有趋同化的表现。

本文分析的结果表明，企业效率似乎的确具有趋同趋势，在不同产业、不同地区和不同隶属关系之间，随着时间的推移，效率的差异明显表现出缩小的趋势。然而，相对来说，在不同所有制企业之间，这种效率的趋同化并不太强烈，仅表现出缓慢的缩小趋势。究其原因，则在于国有企业的效率虽然有相当的改进，但相对其他企业来说其效率仍然偏低。尽管制造业国有企业的资本比重从 2000

年的 42.5% 降至 2004 年的 18.66%，但是许多未退出的国企仍然是处于效率低迷状态。一个社会的整体效率水平的提高，首先有赖于最低边际上的效率的改进，因此，改变国企的低效率状态，对于提升整个社会效率，仍具有重要意义。

由于我们分析的数据与 Jefferson 等（2007）的最新论文采用的数据大致相同，因此有必要对两者的结论略作比较。尽管采用的分析方法不同，但在考察不同地区企业之间的效率趋同化方面，都发现不同地区之间的效率差异正在减少。不过在所有制差异方面，由于 Jefferson 等重点是考察加总的面板数据的生产率增长的差异，并未区分各产业的特点；而我们则在各年的截面上考察企业的相对效率差异，是以不同产业为基础来进行效率的估算，故结论也必然会有所不同。

我们的检验还表明，效率不仅与所有制相关，还与市场结构相关。在比较产业之间的相对效率时发现，竞争的市场结构导致较高的企业效率，而垄断的市场则产生了较低的效率。从不同性质的产业之间的效率差异就可以发现这一点。

然而，在分析地区效率差异的变化时，我们发现，高效率并非完全与高的市场化地区具有一致的趋势，而是在某种程度上趋向于具有资源分配优先权的地区，因此，北京地区具有的先天资源配置优势可能会导致其效率上升，而市场化程度最高的浙江、广东地区的效率相对北京来说，则有所下降。因此，当某些稀缺资源成为发展瓶颈的时候，享有资源优先分配权的企业则能优先提高效率。

所以，仅考虑所有制一种因素对于效率的影响是不够的。市场对于效率的决定作用不仅表现在市场波动和市场结构上，还表现在市场力量上，也就是说，具有控制市场资源的外生力量是决定企业效率的重要因素。在一般市场经济条件下，控制市场资源的力量通常来自企业内在竞争力，实际是一种内生因素，而在中国，这是一种外生的行政力量，是企业自身无法决定的。在这样的情形下，效率的决定就会偏离市场竞争的轨道。外生因素的影响越大，市场就

越会产生不公平竞争，因而可能产生的社会效率损失就会越大。

总之，本文对各年的外生决定因素进行检验的结果表明，地区、行业和隶属关系之间的效率差异在 2000—2004 年有所缩小，这可能是市场化竞争带来的进步。不过，这种进步似乎还可能会出现反复，市场力量还在一定程度上受控于政府之手，这只手仍在不同程度和不同方向上影响着企业效率。

参考文献

Aigner, D., C. Lovell and P. Schmidt, "Formulation and Estimation of Stochastic Frontier Production Function Models", *Journal of Econometrics*, 1977, 6 (1): 21 – 37.

Battese, G. and G. Corra, "Estimation of A Production frontiermodel: With Applicationto the Pastoral Zone of Eastern Aust ralia", *Australian Journal of Agricultural Economics*, 1977, 21 (3): 169 – 179.

Coelli, T., D. Rao and G. Battese, *An Introduction to Efficiency and Productivity Analysis*, Boston: Kluwer Academic Publishers, 1997.

Jefferson, G., A. Hu, X. Guan and X. Yu, "Ownership, Performance, and Innovation in China's Large and Medium-size Industrial Enterprise Sector", *China Economic Review*, 2003, 14 (1): 89 – 113.

Jefferson, G., T. Rawski and Y. Zhang, "Productivity Growth and Convergence across China's Industrial Economy", *Journal of Chinese Economics and Business Studies*, 2008, forthcoming.

Jefferson, G., T. Rawski, L. Wang and Y. Zheng, "Ownership, Productivity Change, and Financial Performance in Chinese Industry", *Journal of Comparative Economics*, 2000, 28 (4): 786 – 813.

Jondrow, J., C. Lovell, I. Materov and P. Schmidt, "On the Estimation of Technical in efficiency in the Stochastic Frontier Production Function Model", *Journal of Econometrics*, 1982, 19 (2 – 3): 233 – 238.

Kumbhakar, S. and C. Lovell, *Stochastic Frontier Analysis*, United Kingdom: Cambridge University Press, 2000.

Meeusen, W. and J. van Broeck, "Efficiency Estimation from Cobb-Douglas Production Functions with Composed Error", *International Economic Review*, 1977, 18 (2):

435 – 444.

Wu, Y., "Is China Economic Growth Sustainable? A Productivity Analysis", *China Economic Review*, 2000, 11 (3): 278 – 296.

Zheng J. and A. Hu, "An Empirical Analysis of Provincial Productivity in China (1979—2001)", *Journal of Chinese Economic and Business Studies*, 2006, 4 (3): 221 – 239.

Zheng, J., X. Liu and A. Bigsten, "Efficiency, Technical Progress, and Best Practice in Chinese State Enterprises (1980—1994)", *Journal of Comparative Economics*, 2003, 31 (1): 134 – 152.

刘小玄:《民营化改制对中国产业效率的效果分析——2001 年全国普查工业数据分析》,《经济研究》2004 年第 8 期。

刘小玄:《中国工业企业的所有制结构对效率差异的影响——1995 年全国工业企业普查数据的实证分析》,《经济研究》2000 年第 2 期。

涂正革、肖耿:《中国的工业生产力革命——用随机前沿生产模型对中国大中型工业企业全要素生产率增长的分解及分析》,《经济研究》2005 年第 3 期。

王志刚、龚六堂、陈玉宇:《地区间生产效率与全要素生产率增长率分解 (1978—2003)》,《中国社会科学》2006 年第 2 期。

（原载《经济学季刊》2008 年第 3 期）

金融资源与实体经济之间配置关系的检验*

——兼论经济结构失衡的原因

一　引言

中国经济 30 多年来的改革，使得生产性的实体经济迅速转型为以非国有企业为主体的经济。在制造业部门，据 2007 年规模以上的企业数据，非国有企业的总销售额和总就业人数均超过了 90%，占绝对的主体地位。然而，在金融部门，这个比例恰恰相反。在过去的十多年，非国企获得银行的正式贷款不到 20%，其余 80% 以上的银行贷款都流向国有部门[1]。据官方公布的数据（见表 1），私营个体企业的短期贷款比重仅仅为 3%，乡镇企业则为 6%。

中国的金融市场，尤其是银行控制的信贷市场的放开，在各种市场放开中是最为滞后的。在这个领域，国有及其控股银行基本垄断着金融领域，出现了以民营企业为主体的商品市场与国有经济为主体的金融市场的长期并存发展的格局。那么，这种并存平行的两种市场能否协调发展？以国有为主体的银行体系能否为中国的经济发展提供最优的信贷配置，并促进中国经济公平而有效率的发展？实体民营经济是否能够从国有金融部门得到发展所必要的融资支持？大量的中小企业及其创业者，能否从现有金融机构得到公平竞争的

＊　合作者：周晓艳。
① 卢峰、姚洋：《金融压抑下的法制、金融发展和经济增长》，《中国社会科学》2004
年第 1 期。

融资来源？中国长期以来难以纠正的经济结构失衡是否与这样的信贷资源配置机制密切相关？

我们将试图从金融资源配置的角度来探讨这些问题的答案，通过中国 2000 年至 2007 年的中国制造业的企业数据，通过建立信贷行为模型，发现企业融资的决定因素，并检验商品市场的资源配置与金融资源配置的相互关系是否相匹配，两者的发展是否协调。

二 文献综述

关于金融与经济发展的关系的研究不计其数，大体上看主要从两个角度来进行研究。一是考察经济增长是否与金融发展密切相关，后者是否推动了经济增长？二是从资源配置角度考察，金融配置是否能够适应企业有效率的发展，这是关系到经济结构优化的前提。

对于中国的相关研究，大量的是从产业或地区的角度考察经济增长与金融发展的关系。例如张军和金煜（2005）考察了金融自由化对生产率的影响，他们采用了 1987—2001 年的省级面板数据检验了两者的关系，发现金融深化对生产率具有显著的正的影响。

Shangjin Wei 和 Tao Wang（1997）的文章利用 370 个城市（1989—1991 年）的数据，分析了国有银行和国有工业企业的关系，他们发现了明显的证据，表明银行存在系统的、有利于国有企业的强烈政策导向，即具有较高国企比重的城市更可能得到较快的信贷增长。在这个模型的基础上，作者论证了这种政策导向必然会降低非国有部门增长，并使得促进国企重组措施的有效性也受到不利影响。

Loren B. 和 Hongbin Li（2003）利用在江浙地区 15 个县 59 个镇（1994—1997 年）抽样调查的 169 家企业数据，考察了农村地区正规的贷款市场上的银行借贷行为，比较了纯私营企业和乡镇集体企业的贷款差异，证实了银行对私营企业的歧视，并进一步考察了歧视的程度、来源和结果。Cull 和 Xu（2003）的研究则直接考察了银行的贷款配置效率，利用 1980—1994 年中国 400—500 家企业的抽

样调查数据考察了贷款配置的决定因素。他们发现，银行贷款与国企盈利之间在改革开放的初期并无显著关系。然而，随着时间的推移，银行持续增加了对盈利国企的贷款，表明银行的信贷配置在整个20世纪80年代有所改进，但是，银行信贷与盈利的联系在90年代变弱。阳佳余和包群（2007）利用1998—2003年制造业上市公司的数据，考察企业总体融资约束水平和不同特征企业受到融资约束的差异。他们发现，从总体看，制造业上市公司投资行为确实受到融资约束，但国有股比例高于60%的公司受流动性约束程度较低，而国有股比例低于20%的公司受外源性融资约束程度较高。此外，张军、易文斐和丁丹（2008）利用1992—2005年的547家上市公司的数据，检验了金融自由化对于企业投资行为的影响，计量结果表明金融改革缓解了企业的外部融资约束，表明金融改革的积极作用。对于企业水平数据的研究，往往重视企业的融资约束问题。从纯理论来看，企业的融资来源于外部和内部应当没有差别，然而，在实际中，当外部融资成本率超过企业的收益率时，企业融资则偏好于内源融资，否则它们会更倾向于外源融资。Alessdrial、Liu和Song（2008）的研究表明，绝大多数民营企业的融资是内源性的，这表明在中国，民营企业面临的外部融资成本较高，因而受到较强的融资约束。

上述有关研究分别从不同角度，通过银企关系，研究了金融资源配置与产业资源配置的关系。本文的研究主要侧重于微观的企业层面，与一般的利用地区和行业数据来进行的研究有所不同，我们试图从更微观的层面发现金融资源配置的特征。尽管银行或金融领域的改革近年来有所进展，发现金融改革促进了生产率和经济增长，然而这些主要是利用加总的地区或行业数据的研究，往往很难发现金融资源能否直接有效地被企业利用。金融资源的配置与企业的绩效有多大的相关性？金融资源的配置效率在微观的企业层面是否得到了实质性改进？这些似乎并未得到明显的证据。我们试图利用全面的企业数据，从企业层面的信息中发现企业与银行的关系，发现

金融资源是如何在商品市场配置，考察不同类型的企业通过怎样的方式得到金融支持，从而能直接观察和研究金融资源能否有效地促进企业的发展和实体经济的增长。我们的研究主要是从企业的角度来考察融资资源配置的决定因素，涉及金融市场上的银行信贷行为。在识别银行贷款行为方面，参考了 Loren 和 Li 的研究，在考察融资资源配置效率方面，我们还参考了 Cull 和 Xu 的研究，也考察了信贷与企业盈利的关系。我们研究的时期则是 2000 年以后，采用的企业数据是全国范围内规模以上的全部制造业企业，可以更全面和系统地反映融资资源在不同所有制企业的配置状况。

金融行为的基本特征是如何选择贷款对象，即如何配置信贷资源。在转型期间，对于不同所有制企业的选择，往往成为资源配置的一个重要方面。我们试图从金融市场的信贷选择行为所依据的指标去考察，确定银行行为的特征，可以从中看到金融市场的基本特征，可以根据这些特征进而发现金融市场传递给商品市场所产生的效应。

考察金融与增长主要是从总量上来看，而考察金融资源配置则是从质的方面来看。我们的重点在于后者，不仅在于单纯的增长，还要看其配置结构主要是由什么因素所决定，看金融资源是否被有效率地使用，这是关系到实体的经济结构是否优化的问题。

三　基本假设和数据描述

在中国，尽管已经从计划经济的金融垄断市场，逐步向市场化方向进行转型，但是，金融市场的改革往往是最滞后的，因而在金融市场远未放开的情形下，信贷缺口相当大，远远无法满足实体经济的发展需求。信贷配给的市场使得信贷需求方，即企业，往往只能被动地接受银行的选择，而供给方银行，在与企业的关系中，通常起着决定性的作用。给不给贷款，给多少贷款，只有银行才能决定。因此，我们的信贷配置模型，主要是考察信贷供给者如何在不

同企业之间分配贷款，根据什么信号来进行贷款的配置，以及哪些因素在影响信贷决策。在信贷市场的供求关系中，作为商品市场上的企业，和作为金融市场上的银行，双方的市场地位是不同的。因此，我们的信贷配置模型主要从企业融资或负债的角度出发，来考虑银行的选择偏好。至于企业，那只是银行选择棋盘上的一些棋子，其分量的轻重，完全取决于企业能够在多大程度上满足银行的目标。

模型的建立应当反映融资供给行为的核心特征，即银行根据什么因素来选择贷款对象？是否对各种贷款对象有所区别？如果有，区别的主要界限在哪里？或者哪些企业较容易得到贷款，哪些不容易得到？企业能够得到的外部融资多少是否与企业的效益密切正相关？或者还与其他因素相关？总之，对于上述问题进行经验研究和检验，试图发现融资资源配置的主要依据，考察金融市场的资源配置效果是否与商品市场的效益相一致，或者是否偏离甚至阻碍实体经济的有效率发展？这些是我们进行这项经验研究的主要目的。

本文的数据来自国家统计局规模以上的全部工业企业，考虑到企业之间的可比性，我们选择了全部制造业企业作为分析主体，而排除了采掘业之类的资源产业和电力之类的公用产业，这样可以排除某些由于外部环境差异较大造成的企业之间的不可比性。其次，由于该数据库包含了规模以上的全部企业，随着经济的发展，各年的企业数目也在快速递增，每年都有许多新的企业进入，因此，各年的企业数目变化很大。为了能够捕捉到企业的长期可持续的行为特征和银企关系特征，我们排除了那些在此期间进入和退出的企业，选取了能够保持各年持续性的企业，形成了一个平衡的面板数据。全部数据从 2000 年开始，至 2007 年，共有 8 年，包括约 33 万家的企业观察值。

表1①提供了相关的统计描述。可以看到，不同所有制企业分组之间存在着很大的差异。无论从企业的长期负债来看，还是从流动

① 为保持著者行文原貌，文中涉及的图表样式、数据除有考证外均不作修改。下同。

负债来看，国有企业都控制着大多数的金融资源，而民营企业则只掌握很少的金融资源。从人均长期负债来看，国企的资源占有额是私营企业的5—6倍；从短期流动融资来看，国企大约是民企的两倍。从实际利息率来看，国企实际上只需要支付1.6%的融资费率，而民企则需要支付5.4%。然而，从利润率来看，国企的利润率只有1.3%，而民企的利润率则为7.8%。从简单的平均值的对照中，可以很明显地发现，国企与民企面临差异巨大的融资条件和环境；也可以看到，民企即使具有较高的利润率，但也不得不更多依靠内源融资，而较少依靠外源融资。这是因为，由于在长期融资市场上，不管是债券股票，还是银行长期信贷，民企难以进入的现象都是显而易见的。那么在短期融资市场上，民企是否也受到歧视？也就是说，即使民企能够比国企取得较高的效益，它们也只能得到较少的外部金融资源的支持？

表 1　　　企业融资的相关指标的统计描述（2000—2007 年）

所有制分组	企业数（家）	人均长期负债（千元）	人均流动负债（千元）	资产负债率	实际利息率	总资产利润率
国有及控股	33596	71.5	226.6	0.7	0.016	0.013
集体及控股	41496	13.2	113.4	0.62	0.055	0.084
法人及控股	66923	24.4	169.4	0.59	0.042	0.069
个人及控股	101247	13.3	121.4	0.62	0.054	0.078
外商及控股	38214	29.1	245.7	0.47	0.037	0.065
港澳台及控股	39261	12	151.5	0.49	0.042	0.039
其他	8724	25.1	185.7	0.58	0.069	0.063
合计	329622	23.5	160.6	0.59	0.061	0.064

　　注：1. 人均长期负债和流动负债的定义分别为企业长期负债/企业人数、企业流动负债/企业人数，资产负债率为企业总负债/企业总资产，实际利息率的定义为企业财务费用/企业总负债；总资产利润率＝企业总利润/总资产（ROA）。
　　2. 所有制分组分别按照各类所有权比重在51%以上作为控股的依据。

　　我们将试图从企业贷款的角度，来分析外部融资供给的依据是什么，从而找出这种融资差异的原因。以下我们将根据信贷行为

的基本假设和判断，即决定企业贷款的最主要因素，来建立基本的模型。

　　首先，选择企业的流动负债指标作为因变量①。企业的流动负债主要来自银行贷款②，但也会有少量的其他负债，例如应付账款等，这些实际上都是企业对于外部金融资源的占用。因此，选择这个指标，一方面可以近似地代表企业的银行信贷额，另一方面，也能表明企业占有和利用外部融资资源的程度。实际上，这是从企业的角度来考察银行的贷款行为，以及考察企业在外部融资市场上受到怎样的影响和约束。

　　其次，企业销售收入是信贷资源配置的主要依据之一。企业销售额的增减，也可反映企业面临的市场波动。市场波动对于信贷配置具有很大影响，景气时期企业销售收入增长，信贷需求上升，银行贷款也会相应增加，而不景气时期，则信贷需求下降，相应的贷款供给也会下降。企业销售与流动负债通常应为明显的正相关关系，销售收入的增长需要更多的流动资金；反之，在市场需求的刺激下，更多的流动资金也会导致更多的销售额的增长。这两者的因果关系也经常是相互的。在现实中，企业通常是以产品周转期作为贷款周期，多数企业的产品往往一年内能周转若干次，因此可采用当年销售额作为解释变量，来检验信贷水平的原因和结果。企业的固定资产规模或可抵押财产通常是信贷资源配置的重要依据。银行为了规避风险，采取不动产的抵押方式来进行贷款，是最为普遍、最为安全的贷款配置方式。不管是在怎样的市场波动条件下，作为不动产来说，其价值通常较为稳定。只要不出现类似2008年国际金融危机那样的特殊情况，这样的信贷配置都不会有什么问题。

　　再次，融资费用或利息率，也可能在很大程度上影响信贷的需

---

　　①　根据数据库的计算，平均来看，企业的流动负债约占总负债的90%。
　　②　根据数据库的计算，平均来看，扣除应付账款后，企业的银行负债占流动负债的70%左右。

求以及企业融资的多少。利息率高，企业融资成本高，则可能会降低企业的融资需求，减少贷款；反之，较低的融资成本，则可能会增加融资需求，从而增加企业的外部融资数量。利息率与银行贷款通常是反比关系，表现为利息率越低，则贷款需求越大；反之，贷款需求会较小。融资费用与贷款则成正比，即贷款越多，所需成本也越多。不同企业面临的利息率或融资成本是有差异的，这与企业所处市场地位相关，银行往往根据其市场地位来决定给企业提供怎样的价格，银行具有一定范围内融资价格浮动的决定权。所以，企业的实际利息率不同，承担的资金成本不同，因而在这种条件下得到的外部融资量也有很大的不同。

最后，也是我们想要考察的问题。企业利润或利润率的高低，通常应当成为银行选择融资企业的最基本标准。从理论上看，银行需要根据企业的预期利润来决定贷款，因为只有在企业利润或利润稳定增长的基础上，银行贷款才能促进企业发展，并安全及时地偿还。然而，利润往往随市场的波动而变，不是一个十分稳定的信号，银行如何预期企业的利润及其变化，则成为某种难题。因此，银行信贷与利润不太容易做到完全的一致性。然而，信贷资源按照企业利润状况的优劣来进行分配，两者的正相关性越高，则表明配置效率越好；反之，则表明金融资源配置效率较差，考察这个指标的差异和变化，可以作为判定配置效益的重要依据。贷款与利润存在互为因果的关系，究竟是利润好的企业能得到较多贷款，还是较多贷款导致了较好的利润？到底是银行贷款决定企业效益，还是企业效益决定银行贷款？两者的因果关系似乎很难说清楚。通常来说，当金融机构具有较大的垄断力量时，在特定时期和较小范围内，银行贷款能够决定企业利润。然而，从长期和整体市场来看，作为实体经济的企业绩效应是金融资源配置的决定者。因此可以假定，在我们考察的这个较长时期的全局范围，企业绩效作为信贷的决定因素，两者的正相关越高，表示配置效率越好，不相关表示配置效率较差，负相关表示配置效率很低。

四　模型的建立及其估计结果

根据以上这些企业外部融资的主要决定依据，可建立融资配置模型如下：

$$\text{Ldebt}_{it} = \beta_0 + \beta_1 \text{lpr}_{it} + \beta_2 \text{lsale}_{it} + \beta_3 \text{lasset}_{it} + \beta_4 \text{IR}_{it} + \text{hy} + \varepsilon_{it}$$

其中 i 表示第 i 个企业，t 表示年份。Ldebt 表示对企业的流动贷款或负债取对数；lsale 则表示对企业的销售收入取对数；lasset 表示对企业的固定资产取对数，lpr 表示对利润取对数；IR 表示实际利息率（财务成本／总债务），hy 为一组代表不同行业的哑变量，作为控制变量。对上述各个连续变量取对数，可以将其转化为相同的百分比的变化，以便把它们放在同样的坐标参照系下来进行分析。

在方法上，通过霍茨曼检验的识别，我们选择了面板数据回归常用的固定效应模型，即排除了企业个体效应满足随机分布的假设，而认为企业个体效应与其他解释变量是相关的。固定效应模型通过控制每个企业的不随时间而变化的个体特征，来重点考察那些可能随着时间而变化的动态特征。

为了考察融资的配置效率，我们主要根据现期指标来考察，因为银行考察企业，往往是以其现期固定资产和销售订单为依据，来决定是否给予贷款。至于企业利润或利润指标，从理论上来看，银行应根据企业的预期效益或者其潜在的盈利能力，来决定是否贷款和贷款多少，选择现期指标显然更接近理论目标。然而，在实际中，由于现期利润指标通常是事后的、难以直接观察的，所以银行通常需要以上期利润作为参考指标来决定是否发放贷款。因此，从实际贷款行为出发，我们还要引进上期利润作为解释变量，以便比较银行的事前选择与事后结果，考察其选择行为是否具有较好的融资配置的效果。因此在上述模型基础上，引进上期利润 llpr 作为因变量，可得到下式：

$$\text{Ldebt}_{it} = \beta_0 + \beta_1 \text{llpr}_{it} + \beta_2 \text{lsale}_{it} + \beta_3 \text{lasset}_{it} + \beta_4 \text{IR}_{it} + \text{hy} + \varepsilon_{it}$$

表 2　　　　　　　　全部企业样本估计结果（2000—2007 年）

	ldebt	ldebt
lpr	- 0. 0254 *** (- 20. 92)	
llpr		0. 000133 (0. 11)
lsale	0. 422 *** (155. 93)	0. 371 *** (133. 19)
lasset	0. 322 *** (138. 86)	0. 312 *** (120. 94)
IR	- 0. 00278 *** (- 23. 51)	- 0. 00277 *** (- 23. 09)
行业哑变量（略去）	—	—
R-sq: within	0. 2775	0. 2356
R-sq: between	0. 7201	0. 7056
R-sq: overall	0. 6681	0. 6595
F value	2665. 6	1846
_ cons	2. 282 *** (54. 42)	2. 768 *** (59. 08)
N	264676	231865

注：*** 表示 p < 0.001。
为节省篇幅，略去了所有的两位数行业哑变量的估计结果。

根据表 2 对全部企业的总体回归结果来看，大体上可表现出以下特征：

销售额、固定资产和流动负债呈显著正相关，实际利率与负债呈显著负相关。

从企业的上期利润来看，其与流动负债不相关；从企业现期利润来看，其与流动负债则为负相关。这表明了企业外部融资配置的消极效应。

从以上的融资配置行为可以看到，资金供给者或银行主要是以企业销售和固定资产作为贷款配给的依据，这两种依据在企业的融资来

源中约占 70% 的份额，而利润并非作为主要配置依据。因此，效率低下的融资配置结果实际上是建立在这样的贷款行为基础之上的。

为了更深入地考察这种融资配置的原因，我们试图从不同分类或分组的线索来研究。

在不同规模的企业之间是否存在融资行为及其配置效应的差别，我们按照统计局的大中小企业的资产规模口径进行了分组，在此基础上进行分析（见表 3）。

表 3 按资产规模分组的回归结果（2000—2007 年）

	大中企业	大中企业	小企业	小企业
llpr	-0.00329 (-1.40)		0.00135 (0.95)	
lpr		-0.0251*** (-10.80)		-0.0233*** (-16.76)
lsale	0.410*** (69.31)	0.467*** (81.94)	0.343*** (107.27)	0.393*** (126.28)
lasset	0.474*** (57.37)	0.461*** (61.55)	0.286*** (96.84)	0.299*** (112.91)
IR	-0.00231*** (-24.54)	-0.00230*** (-25.19)	-0.0304*** (-32.12)	-0.0299*** (-32.97)
行业哑变量	—	—	—	—
R-sq: within	0.3525	0.3932	0.1875	0.2220
R-sq: between	0.5861	0.5854	0.5004	0.5242
R-sq: overall	0.6182	0.6277	0.4292	0.4452
F value	571.6	773.4	1103.9	1609.8
_cons	1.188*** (10.90)	0.791*** (8.06)	3.092*** (56.57)	2.596*** (53.08)
N	43800	48613	188065	216063

注：同表 2。

在大中企业分组中，企业销售额和固定资产与流动负债的正相关十分显著，尤其是固定资产，其对于融资来源的贡献约为 47%，

远远超过小企业约29%的贡献率。销售收入的贡献比例也超过了小企业约7个百分点。这表明大中企业的外部融资90%以上依靠固定资本和销售，而小企业则只有不到40%的融资依靠销售，另外只有甚至不到30%的融资是依靠固定资本。这表明，在贷款选择行为中，具有更多固定资产抵押能力的大中企业明显有优势。

在以利润体现的效益方面，大中企业的配置效益与小企业差不多，都表现为显著的负相关或不相关。在实际利率方面，利息率的负相关十分显著，但是大中企业的利率弹性明显低于小企业，表明利息率对大中企业的借贷水平的影响很小。

从不同规模企业的差异，可以证实或强化上述模型的假设，即融资行为对融资对象的选择，首先是以企业固定资产，其次是以企业销售作为依据，而并非根据企业利润来选择。当然，企业销售业绩也能在一定程度上反映利润的多寡，但前者是作为银行选择行为的依据，后者则取决于销售业绩与利润有多大程度的一致性。对于只是一味追求规模扩张和增长业绩的企业来说，对于只看抵押能力、不看实际效益潜力的融资供给者来说，这种信贷行为的配置效率往往较低。

那么，信贷资源的配置差异是否仅仅由规模差异决定？以下进一步从不同所有制分组来考察信贷资源的配置效应差异及其原因（表4、表5）。

表4　　　　　　　　　　　　　**按所有制分组的回归结果（1）**

	国有企业	国有企业	民营企业	民营企业
lpr	−0.00484 (−1.58)		−0.0336*** (−15.38)	
llpr		0.00421 (1.27)		0.00412 (1.95)
lsale	0.303*** (37.96)	0.256*** (30.64)	0.437*** (91.34)	0.372*** (77.74)
lasset	0.308*** (35.39)	0.289*** (28.96)	0.346*** (90.05)	0.334*** (78.55)

	国有企业	国有企业	民营企业	民营企业
IR	0. 190 *** (14. 21)	0. 193 *** (13. 47)	− 0. 0898 *** (− 25. 69)	− 0. 0887 *** (− 25. 58)
行业哑变量				
R-sq：within	0. 2178	0. 1852	0. 3516	0. 3046
R-sq：between	0. 7923	0. 7927	0. 5904	0. 5744
R-sq：overall	0. 8005	0. 8000	0. 6140	0. 6009
F value	139. 3	88. 47	1153. 7	815. 5
_ cons	3. 987 *** (24. 45)	4. 559 *** (26. 27)	1. 891 *** (25. 24)	2. 448 *** (29. 65)
N	21937	18204	87868	79014

注：＊＊＊表示 P < 0. 001；国有企业定义为国有控股占 51% 以上的企业，民营企业定义为个人控股占 51% 以上的企业。

表5　　　　　　　　按所有制分组的回归结果（2）

因变量 = ldebt_ f	国有企业	国有企业	民营企业	民营企业
lpr	− 0. 00767 * (− 2. 40)		− 0. 0325 *** (− 14. 46)	
llpr		0. 00901 ** (2. 62)		0. 00328 (1. 51)
lsale	0. 293 *** (33. 80)	0. 233 *** (26. 10)	0. 361 *** (71. 07)	0. 298 *** (58. 17)
lasset	0. 303 *** (30. 37)	0. 270 *** (23. 82)	0. 318 *** (75. 70)	0. 309 *** (66. 19)
lfina	0. 0514 *** (12. 16)	0. 0603 *** (12. 93)	0. 128 *** (51. 06)	0. 128 *** (46. 91)
行业哑变量	—	——	—	—
R-sq：within	0. 2471	0. 2131	0. 3897	0. 3398
R-sq：between	0. 8108	0. 8084	0. 6642	0. 6535
R-sq：overall	0. 8224	0. 8193	0. 6582	0. 6475
F value	122. 2	79. 65	1173. 6	825. 4
_ cons	4. 118 *** (21. 95)	4. 868 *** (25. 41)	2. 166 *** (28. 68)	2. 657 *** (31. 65)

续表

因变量 = ldebt_ f	国有企业	国有企业	民营企业	民营企业
N	17205	14081	77559	69601

注：＊表示 $P<0.05$，＊＊表示 $P<0.01$，＊＊＊表示 $P<0.001$；本表的自变量 lfina 定义为企业财务费用取对数，其他变量同表 4。

可以发现，国企以固定资产和销售额作为融资依据的份额占 54%—60%，相对来说，民企以固定资产和销售额作为融资依据的份额占 70%—78%，远远高于国企的比重。值得研究的地方在于，国企的外部融资或贷款来源除了依靠我们所知道的固定资产和销售额依据外，还有什么潜在的渠道或其他的依据？这些不可观察的渠道正是民企所不具备的，很可能是民企的融资明显低于国企的重要来源。

从利润来看，国企分组的利润与流动负债没有相关性，而民企则是显著负相关。这其中的原因可能在于，尽管许多民企效益较好，但是由于不具备银行贷款的要求，而仍然得不到贷款。

国企分组与民企分组的较大差异还表现在利率上。国企的利率对外部借贷的弹性是显著正相关的，表明随着利率提高，借贷也在增加，这与一般的利率与借贷成反比的关系完全不同。民企的实际利息率与外部借贷则是显著负相关，利率越高，则需要承担较高的利息成本，因此贷款越少。这种现象表明，利率对于国企基本没有调节弹性，或者说国企对融资成本根本不在乎，表现为典型的融资软约束，而对于民企，则有很大弹性，民企对融资成本相当敏感。

那么，在融资费用上，两者是否存在差异呢？为此，我们在原有模型的基础上，引进融资成本变量 lfina，代替原有的利率变量，来检验两者之间是否存在差异，以及有多大的差异。

表 5 提供了国企与民企在融资成本上的差异，两者的成本差异非常明显，相差 6—7 个百分点。也就是说，为了得到同样的贷款或外部融资，民企要承担更高的成本。

为了使得国企与民企之间更具有可比性，我们把这种比较放在相同的规模维度下，以便进一步发现贷款行为差异的决定因素（见表6）。

表6	同等规模分组内的不同所有制企业的比较			
	大中企业（国有企业）	大中企业（民营企业）	小企业（国有企业）	小企业（民营企业）
lpr	− 0.00513（− 1.18）	− 0.0253 ***（− 3.77）	− 0.0128 **（− 2.90）	− 0.0312 ***（− 13.02）
lsale	0.387 ***（31.58）	0.397 ***（23.56）	0.223 ***（17.92）	0.344 ***（63.40）
lasset	0.400 ***（21.43）	0.448 ***（23.30）	0.221 ***（16.04）	0.307 ***（67.55）
lfina	0.0650 ***（10.14）	0.115 ***（13.19）	0.0373 ***（6.68）	0.122 ***（46.07）
R-sq：within	0.4257	0.4752	0.1130	0.3346
R-sq：between	0.7717	0.5822	0.5977	0.5195
R-sq：overall	0.8058	0.6055	0.5720	0.5111
F value	897.5	1228.8	202	6512
_ cons	1.968 ***（9.90）	0.857 ***（4.89）	5.192 ***（33.22）	2.524 ***（54.56）
N	7022	8385	10183	69174

注：同表5。

从大中企业来看，国企与民企在以销售额作为融资依据方面没有差异；在固定资产方面，民企高于国企4个百分点；在利润方面，民企的融资水平与此显著负相关，而国企是不相关。在融资费用方面，大中民企高于大中国企约5个百分点。

从小企业来看，国企与民企的差别则比大中企业分组大得多。融资费用方面，小型民企高于小型国企约9个百分点，小型国企的融资费用非常低，甚至低于大中型国企。销售额方面，民企高于国企12个百分点；固定资产上，民企高于国企8个百分点。由此可见，小型国企较少依靠一般银行的规范行为获得融资，依靠销售额和固定资产的份额仅占不到45%，而外部融资的一多半都无法从上述贷款行为模型中得到解释，它们很可能还依靠更多的其他途径的或者具有特殊优惠的融资依据。

在小型企业的绩效方面，民企和国企都是较为显著的负相关。然而，虽然表面上两者差不多，但成因却似乎正好相反。民企是因为多数效益好的企业得不到贷款，国企则是因为许多效益差的企业却能得到贷款。

综上所述，从上述模型的回归结果来看，企业的短期融资或信贷资源主要是以企业固定资产和销售额为依据来配置的，然而，这样的融资配置与企业效益的相关性很弱，甚至是负相关性，表现为很低的融资配置效率。

信贷配置的低效率的来源还在于，国企，尤其是小型国企，相对于民企来说，为了获得同样的外部融资，其所需要的销售担保依据和固定资本抵押要比民企少得多。因此，国企融资来源的背后必然存在着一些难以直接观察到的信贷决定因素，而正是这些因素，很可能导致了融资配置效率的损失。

从融资价格弹性和融资费用来看，国企的利率弹性很小，甚至几乎没有弹性，表现为典型的信贷软预算特征。民企则具有较高的利率弹性，同时，民企承担的融资费用也比国企高得多。承担较低融资价格的国企配置了较多的融资资源，而对于承受了较高实际利率和较高融资成本的民企或小企业来说，虽然其往往具有较好绩效，但只能得到较少的融资来源。这也是信贷水平与效益显著负相关的重要原因。

五　理论和政策含义

近年来金融体制进行了一系列改革，强化了银行的商业行为的意识，试图把银行从政策行为转型为商业行为。一些相关的研究也似乎表明，银行的改革转型也带来了经济增长。然而，我们从微观层次上进行的检验，发现银行行为主要是在促进量的增长方面有所改善，而在资源配置效率方面并未有根本改进。

经验分析表明，民企与国企面临着不同的金融约束。作为金融市场的供给主体，银行对民企通常表现为相对过紧的约束行为，无

论是对利率或融资成本，还是对融资抵押或融资条件，都实行了严格的控制和约束。但是，对于国企，银行表现为低利率和低成本的软预算约束行为。银行的这种行为偏好，对于大中型国企来说，迎合了它们盲目追求规模扩张和大量重复建设，而缺乏创造真实效益增长的行为，而对于小型国企来说，则可不计成本、不计效益和风险地给予低抵押条件的融资。说到底，这种银企行为的实质，仍然是依靠投资驱动的增长模式所要求的融资软约束。由以上分析发现，这种约束不是信息不对称或市场风险的结果，而是带有全局性的系统风险所致，是一种制度性歧视造成的有规律的市场二元分割。

从信贷市场均衡来考察这种二元现象，国企得到高于市场均衡的信贷配置，而民企得到低于市场均衡的信贷配置。因此，国企支付较低的资金价格即可得到较多的信贷资源，而民企则需要支付较高的价格，才能得到所需的一部分融资。在目前制度既定的市场条件下，国企的信贷风险较小，而民企的风险较大，这种潜在的风险则通过贷款歧视行为表现出来，结果造成了金融市场的二元分割的消极效应。实际上，我们这里所检验的仅是信贷资源的配置，在全部金融资源中这还只是一小部分，并未涉及固定资本的融资市场，例如股票市场、债券市场、信托市场等长期融资。在这些融资市场，对于民企的歧视更加严重，门槛更高。

国企与民企在金融市场的不同地位会产生消极的经济效应，即国企的低融资价格会导致实际的高风险，不过这种风险在名义上往往看不出来，而是由政府埋单，是隐含的风险，是可能由全民埋单的通货膨胀风险。同时，民企的高融资价格会导致投资不足和相应的消费不足，其结果可能是发展的"停滞"。因此，滞和胀的并存很可能是金融市场与商品市场不匹配的必然结果，是有其深刻的制度根源的。

在短期内，由于高于均衡与低于均衡的两种状态在某种程度上可以抵消，使得表面的通胀水平可能表现为不高的状态，但其内在的结构由于制度的二元障碍无法进行调整，从长期来看，低于金融市场均衡的民企的增长发展受到抑制，而高于市场均衡的国企的信

贷风险则大大增加，其结果是社会福利的损失，以及造成的经济泡沫化与长期通货膨胀的后果。

金融市场垄断带来的结果还表现为，民营企业，尤其是中小民企处于低下的市场地位，无法公平地得到社会融资资源的支持，其创业和发展受到抑制，因而难以培育出庞大的中产阶层和相应的市场需求，这种不公平的资源配置则是社会失衡的重要根源。

从以上分析引申的政策含义在于，放开金融市场，降低金融市场的准入门槛，尤其是中小企业面临的融资市场，可有效降低民企的融资成本，刺激民间的创业发展和生产潜力的挖掘。同时，放开大量民企难以进入的实体产品的投资领域，不仅可有效解决这些领域的供给不足带来的瓶颈制约问题，还能大大提高这些领域的经济效益。这两个放开，能使民企的投资收益与融资成本相匹配，是从根本上解决民间投资需求不足的治本之道。

参考文献

Alessdrial Guariglia, Xiaoxuan Liu and Lina Song, "Internal Finance and Growth: Micro-econometric Evidence on Chinese firms", Working Paper, Leverhulme Centre in University of Nottingham, 2008.

Boyeau-Debray, G. and S. Wei, "Can China Grow Faster: A Diagnosis of the Fragmentation of its Domestic Capital Market", *IMF Working Paper*, 04/76, 2004.

Boyeau-Debray, G., "Financial Intermediation and Growth: Chinese Style", *World Bank Policy Research Working Paper*, No. 3027, 2003.

Jeffrey Wurgler, "Financial Markets and the Allocation of Capital", *Journal of Financial Economics*, 58, 2000.

Loren B. and Hongbin Li, "Bank Discrimination in Transition Economies: Ideology, Information, or Incentives?", *Journal of Comparative Economics*, 31: 387 –413, 2003.

Robert Cull and Lixin Colin Xu, "Who gets credit? The Behavior of Bureaucrats and State banks in Allocating Credit to Chinese State-owned Enterprises", *Journal of Development of Economics*, 71: 533 – 559, 2003.

Shangjin Wei and Tao Wang, "The Siamese Twins: Do State-owned Bank Favor State-owned Enterprises in China", *China Economic Review*, 8 (1), 1997.

拉詹、津加莱斯：《从资本家手中拯救资本主义》，余江译，中信出版社 2004
　　年版。

林毅夫、孙希芳：《银行业结构与经济增长》，《经济研究》2008 年第 9 期。

卢峰、姚洋：《金融压抑下的法制、金融发展和经济增长》，《中国社会科学》2004
　　年第 1 期。

阳佳余、包群：《金融发展与企业融资约束：基于企业数据的经验研究》，《中国
　　金融评论》2007 年第 2 期。

张军、金煜：《中国的金融深化和生产率关系的再检验：1987—2001》，《经济研
　　究》2005 年第 11 期。

张军、易文斐、丁丹：《金融改革是否缓解了中国企业的融资约束》，《中国金融
　　评论》2008 年第 3 期。

（原载《金融研究》2011 年第 2 期）

可竞争市场上的进入壁垒[*]

——非经济性垄断^{**}的理论和实证分析

一 问题的提出

垄断是最有歧义的经济学范畴之一，通常人们对这个概念有不同的观点。一般来说，垄断行业似乎比较容易界定，即存在行业进入壁垒，导致该行业只有一家或极少几家企业占领市场，其他企业都不能进入。然而，在可竞争市场上，是否存在垄断企业，往往比较复杂，需要为此搜集大量的证据，表明其具有操纵市场的行为，才能得以识别。在实际中我们可以观察到，在那些看似竞争的行业，存在或明或暗的进入壁垒，阻碍合理的进入行为。那么，这样的市场是否存在垄断呢？如果不存在，那么如何理解这样的"玻璃门"进入壁垒？如果存在，它们是以怎样的方式存在？如何通过经济学的系统分析，而非以"个案"的证据搜集，来识别这种进入壁垒导致的垄断？

垄断说到底就是进入壁垒。按照进入壁垒的特征，我们可以把垄断区分为行业进入壁垒和行业内部的进入壁垒，前者是完全垄断，

———————————

* 国家自然科学基金面上项目"寻找企业边界的均衡点：规模与效率"（批准号71172225）；国家自然科学基金面上项目"沿海制造企业内迁决策——基于区域的企业成本效率动态比较研究"（批准号71171137）。合作者：张蕊。

** 本文所研究的垄断，类似于国内文献经常使用的"行政垄断"范畴，之所以采用"非经济性垄断"的概念，是因为它反映了该垄断的本质特征，相对于或区别于其他的经济性垄断，例如自然垄断或创新形成的垄断。

后者则是局部垄断。某些特定行业的垄断通常比较容易看到，它一般通过控制市场供给得以实现高额垄断利润。在一些可竞争行业内，并不存在行业的进入壁垒，但实际上存在系统性、稳定性的垄断行为，造成了局部垄断。然而，对此人们往往难以直接观察，它是由各种隐性进入壁垒所致。这种局部垄断市场的特点是，它与竞争市场经常是相互交织的，往往是在大的市场环境内存在的一块块具有垄断性的独立领地。它一般无法控制全行业的市场供给，但是能控制其势力范围内的供给。

在上述两种垄断中，每一种都可能同时存在合理的经济性垄断与不合理的非经济性垄断。研究的难题在于，如何区分这两种垄断？从一般企业来看，追求"独一无二"的垄断是其天性。鼓励和适当保护创新形成的垄断，合理确定自然垄断的边界，等等，都能促进社会福利最大化。然而，如果把不同性质的垄断相混淆，就会形成市场上盛行依赖"权力或关系"而非创新的不公平竞争规则。因此，厘清垄断的不同本质是极为重要的问题。只有在确定不同性质垄断的理论基础上，才能有效地界定反垄断的边界，从而使我们的市场经济真正在公平和效率的轨道上发展，而不至于走向歧途。

在中国，行业垄断主要存在于政策明文规定的部门，对该领域的理论研究和相关讨论已比较充分。然而，在此之外，那些存在多家企业的、看似竞争的部门仍存在大量的"玻璃门"现象，即看不见的进入壁垒似乎无处不在，对这些局部垄断的理论研究还相当缺乏，对其的合理规制就更无从谈起。

按照产业经济学传统的结构—行为—绩效（SCP，Structure-Conduct-Performance）三段论范式，通常认为，市场结构决定企业行为，企业行为则导致了企业绩效。其中，不同产业的市场结构往往是外生的，是既定的，而企业行为和绩效则由此来决定。按照这个思路，以往考察的垄断主要是在行业或地区层面。许多产业经济学方面的文献都是从外部市场出发，或从外部制度和市场环境出发研究企业行为和绩效，考察不同市场或制度环境对绩效的影响效果。然而，

这些从外部壁垒出发的研究，固然可以发现行业或地区之间的差异，但却难以发现行业内部的不同企业之间是否存在进入壁垒、存在有差异的不公平待遇。

本文的主要宗旨在于，在没有十分明显进入壁垒的领域，在具有多家企业的可竞争行业，进入壁垒造成的垄断是否可能存在？这些垄断壁垒是否具有合理性？在这些行业内部，企业行为是否都服从于同样的市场竞争规则？因此，如何识别这种中国式的垄断，它们具有哪些特征，成为我们最为关注的问题。我们试图在微观的企业层面进行研究，因而能够发现在同一产业内企业之间的竞争关系是否合理，试图发现是否存在某种不平等竞争的规则，是否存在进入壁垒导致的市场割裂。这就需要把各种外部市场或制度因素内生化到企业层面，这是本研究的独特之处。

二　理论框架和成本模型：区分垄断的不同性质

1. 理论框架

标准的产出和价格理论把特定的产业结构当作既定的，一旦假定产业是垄断的或完全竞争的，人们就沿着这个思路去考察和分析产出和价格的决定。然而，Baumol 等（1982）[1] 提出，结构可以是内生的，其与产业的产量和价格可以同时决定。他把垄断与竞争放在一个统一框架内进行研究，因而打破了其间的传统区别。他认为，如果一个产业在结构上是可竞争的，那么它在行为上也会相应地表现为竞争行为。然而，如果一个产业从自然的角度来看是竞争的，但它仍可能被寡头所控制。即使在可竞争市场，垄断也是可能产生的，因为一个可竞争市场可能只有一个垄断者，因为它的竞争者从来就没有进入的空间。

一般认为，只有在垄断行业的企业才是垄断的，然而，在竞争

---

[1]　本文涉及 Baumol 的理论及相关论述均来自该文献。

行业的企业也可能是寡头的或垄断的。一般还以为，某种产品市场只有一个卖方或买方才是垄断的，然而，在某个市场局部，即使是可竞争市场，只要能形成足够高的市场进入壁垒，只要能够把新进入者的成本（包括实际成本和潜在成本）提高到一定程度而使之无法进入，或者使其进入后无利可图，也会形成局部垄断市场。因此，垄断与竞争的分野，一定程度上是结构内生的结果，而不一定是其前提。由于潜在进入者面临的进入障碍，即使这些市场按自然性质来讲是竞争的，但是某些特殊障碍导致其成为垄断市场。因此，竞争市场或垄断市场固然是由其自然属性或技术属性所决定，但这些市场结构往往还由其中的企业制度及其行为来决定。

这样，我们可以从中得出垄断的定义：不管是什么产业或市场，只要在一定范围内，仅有一家企业面对若干客户进行经营，别的企业无法进入，客户也无选择的余地，这种"一对多"的相对格局，就会形成垄断。如果无法进入的是一个行业或一个产品市场，那么是行业垄断或市场垄断；如果是一个地区，这是地区垄断；如果是一个产业链的某个环节，那么是产业链垄断；如果是某个产品的销售经营范围的垄断，则是特许权垄断；如果是某个项目的实施需要招标投标，围绕招标者周围也可能存在一定的进入壁垒，形成项目垄断；如此等等。总之，较大范围的垄断往往形成产业垄断或地区垄断，较小范围内的垄断则为局部垄断。不管哪一种垄断，其本质都是一样的。

当然，如果这种垄断是由于各种创新所产生，那么这就是积极的，能够创造新价值的，但也迟早会有新的力量打破它，从而推动经济发展。如果这种垄断是纯自然或纯技术决定的，是人的力量难以控制和影响的，那么这可能是自然垄断。如果这种垄断是利用公权力，人为地设置进入壁垒，人为地制造经营风险，人为地制定歧视政策，导致新进入者无法进入，那么这就是典型的非经济性垄断。

从传统的垄断和竞争的市场结构理论来看，垄断市场和竞争市

场是基本独立的，因而难以理解中国这种独特的竞争市场与垄断市场的相互交叉或重叠的结构，甚至在一个可竞争行业内，一种产品的可竞争范围内，都会存在若干大小不同的局部垄断市场。这在要素正常流动的市场经济情形下是不太可能的，或者是不可持续的，但在中国现实中，我们可以大量地见到这样的市场结构。传统理论往往独立地解释竞争和垄断，只能从产品特征、技术性质、规模经济等不同的角度外生地加以解释，而 Baumol 则能够从系统内生的角度理解它们，因而能充分解释这种竞争和垄断相互交织和转化的市场结构。

2. 成本模型

为了考察市场结构是否具有可竞争的性质，或者企业是否具有市场力量，即垄断的性质，首先我们需要从企业进入市场的行为来加以考察。

Baumol 认为，当企业的进入是自由的，退出是无成本的，新进入者和在位者可以完全对称地竞争。在位者没得到进入者得不到的补贴，潜在进入者也不需要承担特别的成本，即在位者不承担的成本。这样完全对称的企业成本竞争行为，表明了完全可竞争市场的基本性质[①]。

根据上述理论，假定一个市场是由在位者 I 和新进入者 N（或潜在进入者）这两种类型的企业所组成，它们之间的关系决定了市场结构的性质。在完全可竞争市场，由于在位者与新进入者之间是对称的成本竞争，因此可得到两种完全对称的简化成本函数之间的关系如下：

$$C (Y^I) = C (Y^N) \qquad\qquad (1)$$

其中，$C (Y^I)$ 为在位者 I 的成本函数，$C (Y^N)$ 为新进入者 N 的成本函数，Y^I 和 Y^N 分别为在位企业 I 和新进入企业 N 的产量。

---

① 完全可竞争的定义是理论上的，在现实中的竞争行为则是复杂多变的，并不一定表现为这种纯粹的形式，但从长期看，通常是围绕这个均衡水平波动的。因此，它作为理论的参照系而存在，是以"看不见的手"的方式起作用。

　　然而，倘若这两者之间的关系是不对称的，则存在某种垄断力量。例如，自然垄断，Baumol 认为，如果在某个市场范围内，企业的成本函数是次可加的，即一企业能生产某种给定产出比许多企业联合生产更便宜，据此，Baumol 给出的自然垄断的简化成本函数的关系如下：

$$C（y）< \sum_{1}^{k} C（y^{j}），其中 y = \sum_{1}^{k} y^{j}，j = 1，2，\cdots，k （2）$$

　　对于自然垄断市场上的在位者与新进入者，前者的成本通常小于后者。如果我们把这种情形推广到所有的经济性垄断，例如规模经济，或创新形成的领先地位，各种专利和新技术等，可以发现，实际上这种在位者的成本也是小于新进入者的。因为在某个时期的特定领域或市场，只要先入者或在位者的成本低于潜在的新进入者，那么后者就没有进入的空间。因此，对于这类富有效率的垄断，我们定义为经济性垄断[①]，其与自然垄断具有共同的特征，可以采用以下简化的成本函数关系式来表现：

$$C（Y^{I}）< C（Y^{N}） \tag{3}$$

　　在自然垄断的行业中，由于一家企业的生产成本低于多个企业的生产成本，新进入者的成本必然高于在位者，否则不成其为自然垄断。在创新形成的垄断下，创新者在一定时期和一定范围内，具有市场支配地位和不可替代性，故新进入者的成本不具有任何优势。根据 Bain（1956）的定义，进入壁垒是产业内在位企业相对于潜在进入企业所具有的优势。由此可见，在合理垄断的范围内，新进入者的成本通常高于在位者，这才能阻碍其进入后者的市场势力范围。

　　以上这种进入壁垒是依靠规模经济或创新等因素而形成的，因而表现为原在位者的优势，这样的在位者与新进入者之间的非对称竞争产生了垄断。沿着 Baumol 的这个思路，我们可以推论，只要是在位者与新进入者之间存在非对称的竞争关系，那么就可能会存在

---

　　① 经济性垄断的本质在于，它是成本最低的，有助于提高配置效率。

垄断。如果说在位者的低成本优势产生了合理的经济性垄断，那么相反，在位者的高成本则会产生不合理的非经济性垄断①。非经济性垄断经常表现为，在市场上本来是存在新进入者的进入空间，但是，由于种种原因，使新进入者面临着种种难以逾越的障碍，或不得不面对较大的隐性成本。由此可得：

$$C（Y^I）>C（Y^N）\tag{4}$$

由式（4）表现的产业结构不能满足一定产业或市场范围内的成本最小化要求，其含义是，即使在位者成本高于新进入者，但后者也无法进入，因而是低效率的、非经济的垄断市场结构。在正常的市场经济下，这种状态是不可持续的。然而，由于这种进入壁垒的原因在于非经济的力量，则使之能够持续发展，这种进入壁垒表现为：①从产品市场来看，围绕各种审批权或特许权形成的寻租行为产生的寻租成本，由各种"关系"交易形成的额外租金费用都是进入的成本；②从要素市场来看，在位者通过要素市场的分割壁垒得到潜在保护或补贴，即使高成本也无退出压力，因为新进入者无法与在位者平等竞争。这种隐性的垄断租金和补贴性保护，成为中国式垄断壁垒的主要原因。②

在位者与新进入者之间的非对称竞争在这里表现为成本函数的非对称形式，当新进入者的成本中包含了潜在的进入障碍或困难，使其潜在成本大大提高，这种状况类似于 Stigler（1968）定义的进入壁垒，即在位企业不必承担，而潜在进入企业必须承担的生产成本。同时，在位者成本中包含了保护性壁垒下的种种补贴，而新进入者则不可能享受这些补贴。这两种情形的综合结果使竞争市场转变为局部垄断或寡头垄断的结构，使看来不可持续的市场结构得以保持稳定。

---

① 非经济性垄断是相对于经济性垄断而言的，它的高成本不仅表明自身效率低下，也会使整体资源配置效率降低。

② 造成这种进入壁垒的原因比较复杂，除了那些明显可观察的原因外，还有一些难以直接观察的潜在因素。本文无法一一展开，拟另文进行详尽研究。

这种非经济性垄断通常也称为行政性垄断或制度性垄断，它的特征是在位者的成本高于新进入者，然而新进入者却无法进入，因而造成效率损失和社会福利的损失。

三 检验非经济性垄断的存在性

沿着上面的思路，我们通过测定在位者与新进入者的成本函数，然后从平均成本和边际成本这两个维度，来检验非经济性垄断的存在以及企业是否具有行使非经济性垄断的市场力量：①基于平均成本，检验在位者与新进入者（垄断者与竞争者）之间的成本关系是否对称，即 $C(Y^I) > C(Y^N)$ 是否成立。考察不公平竞争的市场力量是否存在，尤其是在那些"自然"本性是竞争的行业，是否存在着具有非经济性垄断特征的市场力量。因为当企业在产品市场拥有垄断力量时，垄断者会以高于竞争性企业的成本生产给定的产出品（泰勒尔，1997）。②基于边际成本，通过勒纳（Lerner）指数重点考察企业边际成本是否偏离均衡价格，即从产品价格与市场均衡价格的关系来检验企业的市场力量或垄断力量。竞争性企业的需求有无限大的弹性，而与此不同的是，在给定市场上行使垄断力量的企业能够把价格提高到边际成本之上，而不会失去其所有顾客（泰勒尔，1997）。

1. 平均成本曲线的拟合：在位企业与新进入企业的比较

为了考察进入壁垒，我们首先需要确定哪些企业是新进入企业或潜在的可进入企业，才能进行合理的比较。由于难以确定后者，即 Bain 和 Stigler 的进入壁垒度量往往难以得到经验数据，这样只能选择新进入企业进行比较。那么，按照什么时间界限来合理确定新企业和老企业？如果以较短年限为界，那么新进入者的成本显然会受到较大的沉淀成本的影响。如何解决这个难题？

中国的经济转轨过程提供了一个合理的时间区间的划分。绝大多数国有企业都是较早成立的，是先天的在位者，相对来说，非国

有企业都是后来进入的，它们或多或少都需要承担各种进入成本，面临着各种进入障碍。在这个意义上，我们可以近似地把非国有企业确定为新进入企业，而把国有企业作为原在位企业的代表。因此，通过选择三种不同的所有制企业，我们便能近似地区分出老的在位企业和新进入的企业，进而通过不同所有制企业的成本函数关系来考察进入壁垒的存在性①。

本文对不同所有制企业的成本函数分别估计，进而得到各类企业的总成本函数、平均成本函数和边际成本函数。由于总成本函数是由超越对数形式的二次近似得到，平均成本函数和边际成本函数与其一样，仍然是产量和各种要素价格的函数，存在于多维空间。不同所有制企业的平均和边际成本函数中的要素价格取该类企业所有观测值的均值，则平均成本函数和边际成本函数被降维为二次平面上的曲线（Christensen and Green，1976）。由此获得三种所有制企业的平均成本曲线，可以发现其间是否存在明显差异。

2. 边际成本：企业产品价格与市场价格的模拟比较

通常来说，测定市场力量或垄断力量只要通过度量市场价格和边际成本之差即可，因此，一般的勒纳指数定义为：

$$L = (P - MC) / P \tag{5}$$

其中 L 为勒纳指数，P 为市场价格，MC 为企业的边际成本。本文中，我们使用行业中所有企业的以产值比重进行加权平均的边际成本，作为市场价格的替代变量。

我们分别对在位企业（国有企业）与新进入企业（民营企业和"三资"企业）进行勒纳指数的测定。通过考察这两类企业的边际成本是否等于市场均衡价格来确定企业是否行使市场垄断力量。在一个竞争市场，价格等于边际成本，如果两者不相等，或企业的边际成本显著不同于市场价格，则表明该企业正在行使某种市场力量。在教科书里，勒纳指数通常是正数，因为在竞争市场经济下不可能

---

① 即使在新老企业之间的界定上可能会有一些误差，但这种度量至少也能反映出所有制造成的进入壁垒。

存在负值的勒纳指数。然而，在中国的市场上，企业的边际成本高于市场价格的情形是可能存在的，那么勒纳指数为负值也是完全可能的，这反映了企业的市场力量不是积极的推动效率的力量，而是消极的阻碍效率的力量。因此，可以通过勒纳指数来检验究竟是存在积极的还是消极的市场力量。

四　模型的估计与数据处理

为了获得企业的平均成本和边际成本，需要估计企业的成本函数，得到相应的参数。成本函数的估计涉及的主要问题：①成本函数的形式与估计方法；②各种要素投入价格的确定；③行业选择和数据处理。

1. 成本函数的形式与估计方法

传统的计量模型是以成本函数的某些特点为假设来构造的，如柯布—道格拉斯（Cobb-Douglas）函数形式就要求所有要素的替代弹性等于单位弹性，Morrison 和 Schwartz（1996）采用里昂惕夫（Leontief）成本函数和要素需求方程组研究了美国各州的基础设施对该州制造业生产率和绩效的影响，但里昂惕夫成本函数则要求固定比例投入。Arrow 和 Intriligator（1982）构造了一种常替代弹性（CES）函数，使得函数形式相对灵活，但是该函数形式仍然施加了可加性和齐次性约束，同时限定了替代弹性的形式。Berndt 和 Wood（1975），Griffin 和 Gregory（1976），Nadiri 和 Mamuneas（1994），Morrison（1997），Paul 等（2004），张光南等（2010）都利用超越对数成本函数或其与要素需求函数形成的方程组，对各种要素之间替代或互补关系以及不同要素对制造业生产成本和生产绩效的影响进行了研究。基于成本函数对市场结构和规模经济进行研究的种子文献来自 Nerlove（1963）、Christensen 和 Green（1976）的一系列关于美国电力企业规模经济和成本变迁的研究文章，它们都是基于超越对数成本函数的。Jha 等（1993）利用同样的模型考察印度 4 个制造行业的技术进步、

要素替代和规模经济的问题。

总体来说，对于任何二次可微的成本函数，超越对数形式是最为灵活的二次近似，无须对生产要素的替代弹性设立任何先验的假设，也使得平均成本曲线得到经典的 U 形。因此，本文采用超越对数成本函数，一般表达式为：

$$\ln C = \beta_0 + \sum_p \alpha_p \ln y_p + \sum_m \beta_m \ln \omega_m + \frac{1}{2} \sum_p \sum_q \alpha_{pq} \ln y_p \ln y_q$$

$$+ \frac{1}{2} \sum_m \sum_n \beta_{mn} \ln \omega_m \ln \omega_n + \sum_p \sum_m \gamma_{pm} \ln y_p \ln \omega_m + v \qquad (6)$$

其中 C 为总成本，p、q 为产品的种类，m、n 为投入的种类，y_p、y_q 为第 p 种和第 q 种产品的产量，ω_m、ω_n 分别为第 m 种和第 n 种投入的价格，v 为符合古典假定的随机扰动项。

行为合理的企业成本函数应该满足价格的齐次性，即：对于任一固定水平的产出，当所有要素价格同比例增长，总成本也应该同比例增长，故对模型施加参数约束：

$$\sum_m \beta_m = 1, \quad \sum_m \gamma_{pm} = 0 \,\forall\, p, \quad \sum_m \beta_{mn} = 0 \,\forall\, n \qquad (7)$$

本文的研究基于货币形式的单一产出——总产值，模型简化为

$$\ln C_i = \beta_0 + \alpha_1 \ln y_i + \sum_m \beta_m \ln \omega_{mi} + \frac{1}{2} \alpha_{11} \left(\ln y_i\right)^2$$

$$+ \frac{1}{2} \sum_m \sum_n \beta_{mn} \ln \omega_{mi} \ln \omega_{ni} + \sum_m \gamma_m \ln y_i \ln \omega_{mi} + v_i \qquad (8)$$

由于存在三种所有制类型的企业，如果针对企业类型采用只变截距的固定效应模型意义不大，因为企业类型更可能改变的是成本函数中各种价格弹性或产出弹性。同时，如果采用截距和斜率同时改变的面板数据模型，由于超越对数函数形式本身的复杂性，交叉乘积项太多，模型系数和经济含义都变得模糊了。因此，针对特定的研究目的，我们分别对三种所有制企业单独建模，采用约束最小二乘法进行估计，得到不同所有制企业的特定成本函数估计，进而获得平均成本函数和边际成本函数的估计，便可发现不同企业之间是否存在成本函数的差异：AC = c/y，AC 为平均成本；MC = ∂lnc/

∂lny，MC 为边际成本。

2. 各种要素投入价格的确定

构造企业的总成本函数，不仅需要产出的数量指标，而且需要这些投入要素的价格指标。制造业的投入要素主要包括固定资产、劳动力和中间投入。中间投入通常包括各种各样的原材料、能源、零部件采购，以及外购或外包的某些服务。确定这些要素的价格，尤其是中间投入的定价，成为成本函数估计的难点，阻碍了成本函数在制造业中的广泛应用。

目前，国外对制造业成本函数的研究文献大部分基于国家州层面或者行业层面的集合数据，因此，各种投入的价格大部分采用了各国统计部门或制造业相关研究机构给出的相应的价格指数：劳动力价格采用劳动力价格指数，中间投入价格采用原材料、能源和服务购买的价格指数。固定资产采用建筑物和设备的投资价格平减指数，或者生产者耐用品和非居住建筑物的迪氏价格指数（Divisia Index），各种能源机构也提供能源的价格指数（Berndt，Wood，1975；Griffin，Gregory，1976；Nadiri，Mamuneas，1994；Morrison and Schwartz，1996；张光南等，2010）。

基于企业层面的数据研究来自 Nerlove（1963），Christensen 和 Green（1976），主要涉及资本、劳动力和能源的价格。其中，劳动力价格由每个公司的工资、福利、保险和年金构成的劳动力总成本与劳动力数量的比值得到。企业所用各种能源则被折合为英国热量单位的数量，然后根据该数量计算出能源的价格指数。资本品的价格采用固定资产投资价格指数经折旧、利率和税率调整。

在完全竞争市场，一般的市场价格固然可以满足一定市场范围或某个产业的基于集合数据的成本函数测定要求，但是中国的企业往往面临不同的市场环境，因而其投入要素具有不同的价格，若采取统一的价格指数，则很难发现不同企业之间成本函数的差异，也就不易发现市场结构的差异。因此，具有个性特征的成本函数测定是必要的，只有以企业实际投入要素价格为基础，才能反映出企业

所处的市场地位和市场结构，才能发现不同类型企业成本函数之间的差异。

因此，我们在成本函数中采用了企业实际投入价格，具体来说，根据现有数据，对各个投入要素价格的计算如下：

劳动价格 =（职工工资 + 福利 + 所有各类保险 + 住房公积金）/职工人数

资本价格 = 财务费用/总负债 + 固定资产折旧/固定资产原值

中间投入价格 = 中间投入/总产值

资本价格的计算基于资本的使用价格（User Cost）计算的简化（Burki，Khan，2004；袁堂军，2009）。资本价格包括两部分：一是其负债的价格，采用财务费用与总负债的比值作为企业贷款的实际价格；二是来自企业的不动产，包括机器设备和厂房等固定资产，采用当期折旧与固定资产原值的比值作为其实际价格的近似值。

本文将中间投入价格定义为中间投入/总产值，中间投入与总产出都是货币形式。实质上是将各种原材料、外购的半成品和服务等虚拟出一个综合的中间投入要素，一个单位产出需要一个单位的虚拟综合中间投入。一个单位产出对应的虚拟综合中间投入的价值，即一个单位中间投入要素的相对价格。之所以采取这种简化方式，原因在于中间投入既包括多种多样的原材料或半成品，也包括大量外包服务之类的劳务费用，同时，还包含了一定的技术进步或配置效率因素，否则很难对其进行分解。因此这个选择，能够综合反映所有的中间投入要素与最终产品之间的相对价格呈相对数量的变化关系。中间投入占制造业生产成本 60%—80%，回避中间投入的成本函数往往忽略了成本中最重要的部分，难以得到较为准确的企业成本估计值。

考虑到本文的主要研究目标，不是成本中各投入要素的价格弹性而是不同类型企业成本的相对关系，所以这个相对合理的处理方法可以解决成本函数的这个难题。这种中间投入相对价格的构建方

法受到效率与生产率测算中价值指数构造的启发，价值指数在产量不变的前提或价格不变的前提下，可分解为价格指数或数量指数，进一步演化成拉氏指数和迪氏指数（Coelli et al.，2008）。中间投入的相对价格即是中间投入与产出的相对价值指数。如果无需区分该价值指数的变化究竟来自两者价格变化还是两者数量的变化，或者两者都有，那么这种构造是对两者相对价值变化的较近似测度。①

此外，在成本函数中，企业的产出变量为货币形式的总产值，企业的实际总成本＝折旧＋财务费用＋管理费用＋销售费用＋劳动报酬＋中间投入，这些财务科目都是按实际发生额计入总成本，体现了企业自身的特性。

总之，以实际财务数据中的投入要素价格、产出和成本为基础构建企业的超越对数成本函数式（8），对其进行估计得到总成本函数中的所有参数，进而获得平均成本函数和边际成本函数的估计量，便可发现不同企业之间是否存在成本行为的差异。

3. 行业选择和数据处理

本文采用的数据来自国家统计局规模以上企业数据库（1998—2008），由于数据覆盖的行业众多，各行业技术差异很大，需要从中选择高度同质性产业的数据，因为只有同质性才具有进入的可比性，才能确定不同类型企业之间的可比较关系。对于那些存在极其明显的进入壁垒的行业，例如具有政府所赋予的资源垄断权的矿山、石油开采等资源依赖型产业，拥有政府经营特许权的烟草行业，还有那些具有自然垄断特征的公用部门，例如供水供气等部门，国有企业比重（以国有资本占总资本的比重来度量）多在80％—90％，因此，缺少可比较的新进入者作为对照组，不是本文的主要研究对象。

许多竞争性的行业，尽管表面上不存在明文规定的准入限制，但实际上也存在大量的隐性进入限制，造成了各种大大小小局部垄断的市场格局，妨碍企业的自由进入，阻碍企业的公平竞争。我们

---

① 如对具体推导感兴趣，可向作者索取。

从中选择了几个典型行业作为代表，进行成本曲线的估计和拟合。如果在这些产业中，国有企业与非国有企业之间存在不对称的成本函数关系，存在明显的由隐性进入成本造成的差异，那么就表明进入壁垒的存在，因而证实在可竞争市场不同所有制企业之间非经济性垄断的存在。

按照本文的主要研究对象，在竞争性行业中，我们大致以三类产业分类为基础，第一类是以重化工业为主体（国有比重较高），第三类是以轻纺、家用日用产品行业为主体（国有比重在 10% 以下），第二类是介于两者之间的其他竞争性产业。

在第一类中，由于钢铁业（产业代码 32）内部只有 4 个子产业，其同质性较高，故选择全部行业。化工行业中除了涂料和日化产品，也具有较好的同质性，因此以这些行业（产业代码 261—262）为分析基础。在第二类中，同质性较好的有化纤业（产业代码 28）。另一个是建材业中的水泥业（产业代码 3111）。在第三类中，同质性较好的是家具业（产业代码 21）和服装业（产业代码 1810）。这样，从以上三种类型行业中，各选择 2 个行业，共计 6 个行业作为我们成本分析的数据基础。

为了排除短期性、偶发性造成的垄断效果，须以较长期的面板数据为基础，这样才能得到某种系统性和稳定性的分析结果。因此，本文采用 1998—2008 年的面板数据，来自国家统计局规模以上工业企业数据库。其中，前 10 年的数据质量很好，但是 2008 年的数据项缺失很多，研究需要的重要基础变量包括企业的本年折旧、员工"三险"和中间投入，甚至增加值都缺失。对此，处理如下：以企业本年累计折旧与上年累计折旧之差推算本年折旧；以 2007 年员工"三险"与工资的比重推算 2008 年员工保险；以 2007 年中间投入与总产值的比重推算 2008 年的中间投入。①

---

① 考虑到一年之间企业的生产技术和管理不会出现明显变化，这是在数据限制条件下的近似选择。

五　实证检验结果

1. 进入壁垒的存在：成本函数的比较

（1）第一类以重化工业为代表

其中在所选择的钢铁和化工行业中，分别对国有、民营和"三资"类企业进行成本函数的估计，进而获得各自的平均成本函数，并通过代入要素价格均值降维后得到三条平均成本曲线，在图中显示为三条 L 形曲线，反映这三类企业的长期平均成本（1998—2008 年）[①]。图 1 和图 2 分别为化工行业和钢铁行业的平均成本曲线。

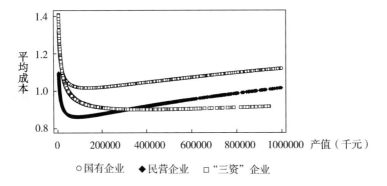

图1　化工行业：三种所有制分组的平均成本比较

资料来源：根据国家统计局规模以上工业企业数据库（1998—2008）计算。

以上测定的结果与人们对于自然垄断或经济性垄断的研究结果完全相反。新进入企业（以民营企业和"三资"企业为代表）在几乎所有产量上的平均成本不但不高于在位国有企业，还显著低于后者。如果从企业进入的行为来看，在这些产业中，既然低成本企业有明显优势，那么它们为什么不选择进入高成本企业的领域呢？因

[①]　值得注意的是，本文的产量是以货币单位表示的总产值，因此平均成本的含义为每一货币单位产值中成本所占的比重，而不是通常意义上的每一件产品的成本。

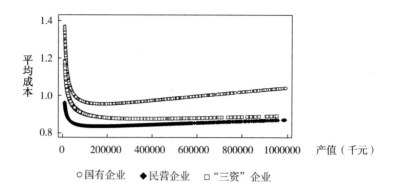

图2 钢铁行业：三种所有制分组的平均成本比较

资料来源：根据国家统计局规模以上工业企业数据库（1998—2008）计算。

此，这个测定结果证实了我们的假设：C（Y^I）＞C（Y^N），表明存在低效率的、非经济的进入壁垒。

在这两个行业内，低成本企业与高成本企业之间似乎存在某种不可逾越的壁垒，使得前者难以通过竞争得到这块潜在的收益。这种情况与通常创新形成的垄断不同，创新对市场的某种垄断表现为高效益或低成本，导致其他企业无法与之竞争。因此企业通过创新造成的市场垄断，其特征不可能是高成本。高成本企业在竞争条件下仍然能够生存，很可能是制度壁垒保护的结果，使得低成本企业无法与之有效竞争。

（2）第二类以化纤和水泥为代表

其平均成本曲线如图3和图4所示。即使在国有资产比重不太高的这两个行业，C（Y^I）＞C（Y^N）的情形也是存在的，这也是十分明显的进入壁垒的表现。也就是说，只要存在国有企业，为维持其发展空间，就必然会在其周围存在必要的保护性壁垒，以免其他企业进入。尽管该行业的国有资产比重不高，并不能形成覆盖全行业的进入壁垒，但在这些国有企业控制的局部范围，进入壁垒仍然存在，因此才会出现以上的民营企业与"三资"企业的低成本与国有企业的高成本并存的格局。

从以上4个产业的分析可以看到：国有企业则与民营企业或

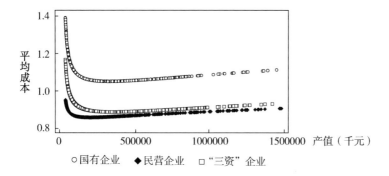

图3　化纤行业：三种所有制分组的平均成本比较

资料来源：根据国家统计局规模以上工业企业数据库（1998—2008）计算。

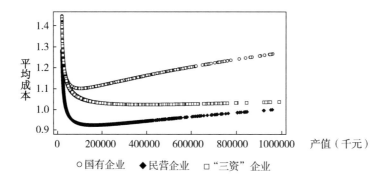

图4　水泥行业：三种所有制分组的平均成本比较

资料来源：根据国家统计局规模以上工业企业数据库（1998—2008）计算。

"三资"企业之间，无一例外地存在明显的成本差异；但是，民营企业与"三资"企业之间没有显著的成本差异（除了水泥）。从国有企业与非国有企业这两种成本曲线的变化趋势来看，不管企业规模如何变化，这种差异基本保持稳定不变。那么，是什么力量造成了这种差异稳定的存在呢？这实际上是依附于政府权力的进入壁垒，它是依靠一般市场竞争力难以打破的壁垒。

（3）第三类以为服装和家具为代表

第三类中，国有企业比重低于10%，图5和图6是服装行业和家具行业的平均成本曲线。在服装和家具行业，国有企业与民营企

业、"三资"企业的成本差异仍然存在。但相对钢铁等行业来说，这种平均成本差异的存在并不稳定，表现为国有企业数量的不断减少，企业规模也难以有效扩张。这与钢铁等行业国有企业显著的平均成本劣势与企业规模扩张并存的现象明显不同。

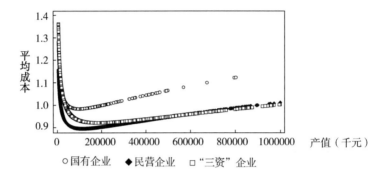

图5　服装行业：三种所有制分组的平均成本比较

资料来源：根据国家统计局规模以上工业企业数据库（1998—2008）计算。

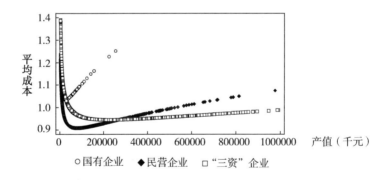

图6　家具行业：三种所有制分组的平均成本比较

资料来源：根据国家统计局规模以上工业企业数据库（1998—2008）计算。

同时可以看到，少数国有企业仍然有其存在的空间。大致有两方面原因，一是退出存在时滞，需要进行善后，需要有一定时间来消化。二是存在某种退出壁垒，影响企业的正常退出。如果存在稳定的退出壁垒，那么其本质与进入壁垒一样，也会导致新进入者难以进入。因为市场空间是有限的，所以两种结果一样，都会导致低

成本高效率的企业难以发展，导致效率的损失。

所以，无论是进入壁垒还是退出壁垒，其本质都是一样：政府通过一定市场保护或优惠方式，或者是阻止其他企业进入该领域，或者是给予其补贴，最终使得低效益高成本的国有企业能够持续生存发展而无须退出，因而使得低成本民营企业和"三资"企业无法通过竞争得到潜在的市场份额和提高社会经济效率。

总之，在同样的条件下，高成本企业无法进入低成本企业的领域，这应是某种合理垄断所致。但是低成本企业无法进入高成本企业的领域，因而导致了效率的损失，这只能说明在其间存在某种垄断的进入壁垒，导致两种不同企业之间无法实现成本趋同化。说到底，这种效率损失实质上就是进入壁垒成本所直接导致，进入壁垒成本越高，效率损失就越大。从某个角度来看，这两者几乎可以完全等同，即效率损失就等于进入壁垒，损失的数额实质上就是进入壁垒的量化概念。

2. 勒纳指数：边际成本与市场价格的比较

本文对以上六个产业（1998—2008 年），分别测定了不同所有制类型企业的边际成本，并以此为基础计算了各行业近似的市场价格，进而得到勒纳指数，该指数显示各类企业的边际成本是如何偏离市场均衡价格水平的（见表1）[①]。

表1　　　　　各行业不同所有制企业的边际成本和勒纳指数

行业	市场价格	国有企业边际成本	民营企业边际成本	"三资"企业边际成本	国有企业勒纳指数	民营企业勒纳指数	"三资"企业勒纳指数
化工	1.1126	1.2950	0.9733	0.9545	-0.1640	0.1252	0.1421
钢铁	1.5280	1.9604	0.8880	0.9862	-0.2830	0.4188	0.3545
化纤	1.0394	1.2864	0.9468	0.9646	-0.2376	0.0891	0.0720
水泥	1.0194	1.1796	0.9307	1.0303	-0.1572	0.0870	-0.0106
服装	0.9547	1.0263	0.9544	0.9509	-0.0750	0.0003	0.0039

① 为保持著者行文原貌，文中涉及的图表样式、数据除有考证外均不作修改。下同。

续表

行业	市场价格	国有企业边际成本	民营企业边际成本	"三资"企业边际成本	国有企业勒纳指数	民营企业勒纳指数	"三资"企业勒纳指数
家具	0.9595	1.0935	0.9431	0.9696	-0.1397	0.0171	-0.0105

注：①市场价格取行业内所有企业以产值比重进行加权平均的边际成本作为近似替代值。②化工行业取 261 和 262 这两个三位数代码行业为代表。

资料来源：根据国家统计局规模以上工业企业数据库（1998—2008）计算。

从表1可见，国有企业的边际成本都大于1，不仅高于民营和"三资"企业，也高于市场价格，因此，国有企业的勒纳指数均为负值，非国有企业的勒纳指数大多为正值，或在零值左右。这表明，国有企业的边际成本普遍高于市场价格，即高于市场平均的边际成本水平，反映了消极市场力量的存在。因此，勒纳指数的检验证实：国有企业具有非经济的市场势力，因而能够在高于市场价格的边际成本水平上进行生产，维持生存并发展扩张。这种市场力量不仅削减了资源配置效率，也会在一定程度上拉动整个行业价格水平的上升。

总之，以上两个维度的分析结果发现和证实，在中国的可竞争市场存在一种特有的非经济性垄断，导致低成本民营企业无力与高成本国有企业去竞争，表明这种垄断具有更强的市场力量和更高的隐性壁垒。

六 主要结论和政策含义

1. 主要结论：非经济性垄断造成公平和效率的共同损失

一般的垄断研究根据直接的进入壁垒，观察到高额垄断利润的来源，因此在这种壁垒保护下，垄断利润总是高于社会平均利润。然而，本文研究的这种垄断结果，却形成了低于竞争利润的反常效果，这似乎令人困惑，究其根源是进入壁垒所致。那么这样的进入壁垒究竟需要保护什么呢？实际上，这种壁垒保护了企业的市场份额，保护了企业的高成本得以持续。实际上，在高成本后面隐藏着设租寻租、在职消费、高工资福利、关联交易等，这是垄断超额利

润的另一种表现形式，它并不创造新的价值，与不合理的进入壁垒垄断产生的超额利润一样，都会导致社会福利的损失。

以前研究垄断往往从外生的市场结构或既定的制度环境出发，在行业之间或地区之间进行研究。从行业看垄断比较容易识别，然而从企业看，什么是垄断企业则比较难以把握。本文把外生的市场或制度影响，放在企业层面进行了内生化研究，因而能够对企业行为进行分析，从而通过企业行为追溯并发现制度和市场结构的影响效果，因此，根据我们界定的非经济性垄断的理论模型检验，这种垄断并非仅存在于行业层面，更重要的是它还存在于不同类型的企业之间。

通过企业成本函数分析，我们看到进入壁垒对于市场进行了分割，形成了大大小小的非经济性垄断势力控制的局部市场。在这些势力范围内，垄断者借助各种力量构筑了进入屏障，导致新进入者面临着很大的隐性进入成本。进入壁垒导致的非经济性垄断是社会效率损失的根本原因，也是企业效率低下的直接来源。

本文研究的对象虽然是企业，但与以往从激励或治理角度考察有所不同，是从市场而非产权的角度来考察的。非经济性垄断是造成企业成本差异的更深层次的原因，它能够解释为什么这些成本差异能够长期存在，为什么现有市场竞争不能消除这些差异，而这些是一般激励或治理理论所不能解释的。在这种垄断保护下，必然导致治理与激励机制的不合理，从而导致效率低下，而在充分竞争下产权制度趋于合理。

从公平竞争的视角来看，可以发现，国有企业的市场地位是依靠保护得到的，国有企业的高成本和低效率行为是在垄断壁垒下才能维持的。这样的不公平市场地位直接导致了国有企业的市场垄断的长期稳定化，导致其不求进取、不思创新、依靠各种内部"关系"的行为得到固化。这种不公平的市场竞争实际上是以削弱社会福利最大化为代价来设置进入壁垒，实质上是要保护壁垒之后的既得利益。

本文揭示了现实经济生活中大量存在的不公平竞争或垄断行为，

它们并不仅仅存在于那些明显的具有政府法规政策保护的领域，而且也大量存在于"看不见的壁垒"的领域。由于人们认为在这一领域的市场化似乎已经解决，往往容易忽视其中的问题，导致这种垄断难以识别。然而，这种可能渗透在市场每个层面的隐性壁垒所带来的危害往往更大，它直接损害了市场经济的公平性，导致了大量的不公平的收入分配结果。因此，可以说，垄断是腐败的温床，也是形形色色腐败行为的经济根源，要真正解决腐败问题，就必须从其源头入手。总之，没有公平竞争的经济不是真正意义上的市场经济。市场化和公平化的大敌来自这种不合理的垄断，这应当成为我们下一步改革深化的一个重要突破口。

2. 政策建议：破除壁垒有助于在公平的基础上获得效率源泉

（1）深化改革的突破口

首先需要识别和界定非经济性垄断，这样才能既不损伤积极的竞争创新力量，同时又能遏制消极的、低效率企业的不断扩张发展。解决这个问题的关键需要政府作为真正的独立于某些企业利益之外的中性仲裁者，防止政府官员滥用公权力来设置壁垒保护某些企业，或赋予某类企业享有特权，或作为企业的保护伞或利益共同体，在企业与政府官员之间实现利益输送或共享。在目前清理政府职能的改革中，这一点尤其应作为首要的目标。

（2）垄断是腐败的根源

为了消除腐败就要从根本上消除这种垄断。否则，滋生腐败的土壤和根源大量存在，腐败就会持续不断地发酵。那么，如何消除垄断？单纯依靠反垄断机构是远远不够的。对于国有企业在可竞争市场上的这种普遍性的垄断，需要政府通过调整现行的产业政策和规制，清理那些不利于竞争的政策法规来消除进入壁垒与退出壁垒。对于如何消除进入壁垒，笼统地说，只要法律不禁止的就可以进入，但是这还不足，还需要有更详细的产业政策细则来遏制垄断，并引导和促进合理竞争。对于退出壁垒也是如此，没有必要的善后政策及措施，企业的退出也是不容易的，尤其是国有企业。这就需要政

府为此做好扎实的退出安置工作，拿出足够的补偿来解决问题，而不要为此留下长期持续占用社会资源的寻租空壳。

（3）消除直接进入壁垒

除产业政策的调整外，重要的是在那些存在"一对多"的不对称交易的领域，尽可能地引进新的竞争主体，消除这种交易主体的不对称。在实在无法消除上述不对称的条件下，或在涉及某些需要投标招标的领域，则需要对设租寻租行为进行有效监督，要制定有效的制度规范，加强交易信息的透明性和对称性，市场信息的公开性是最好的防腐剂，市场信息的对称性则是最好的促竞争良方。

参考文献

Arrow, K. J. , Intriligator, M. , *Handbook of Mathematical Economics*, North Holland Publishing Company, 1982.

Bain, J. S. , *Barriers to New Competition*, Cambridge: Harvard University Press, 1956.

Baumol, W. J. , Panzar, J. C. and Willig, R. D. , *Contestable Markets and the Theory of Industry Structure*, New York: Harcourt Brace Jovanovich Publisher, 1982.

Berndt, E. R. , Wood, D. O. , Technology, Price, and the Derived Demand for Energy, *Review of Economics and Statistics*, 1975, 8.

Burki, A. A. , Khan, M. H. , Effects of Allocative Inefficiency on Resource Allocation and Energy Substitution in Pakistan's Manufacturing, *Energy Economics*, 2004, 26.

Christensen, R. L. , Green, H. W. , Economics of Scale in U. S. Electric Power Generation, *Journal of Political Economy*, 1976, 8.

Coelli, T. J. , et al. , *An Introduction to Efficiency and Productivity Analysis*, New York: Springer, 2008.

Griffin, J. M. , Gregory, P. R. , An Intercountry Translog Model of Energy Substitution Responses, *The American Economics Review*, 1976, 5.

Jha, R. , Murty, M. N. , Paul, S. and Rao, B. , An analysis of Technological Change, Factor Substitution and Economies of Scale in Manufacturing Industries in India, *Applied Economics*, 1993, 10.

Nadiri, M. I. , Mamuneas, T. P. , The Effects of Public Infrastructure and R&D Capital on the Cost Structure and Performance of US Manufacturing Industries, *Review*

of Economics and Statistics, 1994, 9.

Morrison, J. C. , Assessing the Productivity of Information Technology Equipment in U. S. Manufacturing Industries, *Review of Economics and Statistics*, 1997, 8.

Morrison, J. C. , Schwartz, A. E. , State Infrastructure and Productive Performance, *The American Economic Review*, 1996, 12.

Nerlove, M. , "Returns to Scale In Electricity Supply", in Measurements in Economics——Studies In Mathematical Economics and Econometrics in Memory of Yehuda Grunfeld, Stanford: Stanford University Press, 1963.

Paul, et al. , Public Infrastructure and the Productive Performance of Canadian Manufacturing Industries, *Southern Economic Journal*, 2004, 4.

Stigler, G. J. , *The Organization of Industry*, Irwin: Homewood, IL: Richard D. , 1968.

［法］泰勒尔：《产业组织理论》，中译本，中国人民大学出版社 1998 年版。

袁堂军：《中国企业全要素生产率水平研究》，《经济研究》2009 年第 6 期。

张光南、朱宏佳、陈广汉：《基础设施对中国制造业企业生产成本和投入要素的影响——基于中国 1998—2005 年 27 个制造业行业企业的面板数据分析》，《统计研究》2010 年第 6 期。

（原载《中国工业经济》2014 年第 4 期）

为什么僵尸企业能够长期生存？*

一　问题提出

2006 年中国颁布的《中华人民共和国企业破产法》规定，企业法人不能清偿到期债务，并且资产不足以清偿全部债务或者明显缺乏清偿能力的，可以向人民法院提出破产清算申请。这是从偿债能力的角度表明了僵尸企业的一个基本特征。在现实中，一些企业长期亏损、扭亏无望、生产停滞，却依靠输血勉强存活，经济学上称这样的企业为"僵尸企业"（Zombie Firm）。2017 年 7 月召开的中央政治局会议再次强调僵尸企业的处置问题，要求"紧紧抓住处置'僵尸企业'这个牛鼻子，更多运用市场机制实现优胜劣汰"。由此可见，僵尸企业急需清理已经毋庸置疑。

从 20 世纪 90 年代后半期开始，大量低效率亏损的国有企业就不断出现，这些陷入经营困境的国有企业满足僵尸企业的所有条件：从流动性状况看，没有偿债能力，处于破产境地（何帆、朱鹤，2016a，2016b）。事实上，一些发达国家也曾经或者正在面临僵尸企业的困扰。20 世纪 90 年代早期日本资产价格泡沫破裂，银行为了掩饰坏账，给那些已经丧失盈利能力的企业提供贷款展期（Evergreening）和更低的贷款利率，催生了大量僵尸企业。Caballero 等（2008）估计 1998—2002 年日本制造业僵尸企业的资产占比接近 10%、建筑业

*　合作者：王万珺。

接近20%、房地产业接近30%。僵尸企业成为日本陷入经济衰退和"失去十年"的主要原因（Ahearne and Shinada，2005；Fukao and Kwon，2006；Kwon et al.，2015）。2005年前后韩国房地产市场异常繁荣，政府出台一系列政策抑制房价并限制银行的抵押信贷扩张，随后，银行为了扩大信贷，将资金贷给大量经营不善的企业，并最终形成僵尸企业（Hoshi and Kim，2012）。OECD估计，2013年僵尸企业的资本占比在希腊、意大利、西班牙分别达到28%、19%和16%（McGowan et al.，2017a）。

关于僵尸企业的研究，国内外已有一定数量的文献基础，本文将其大体归纳为三个方面：①僵尸企业的识别及其短期特征研究。②僵尸企业存在的原因和处置。③僵尸企业的危害[①]。

关于僵尸企业的识别，国外的研究集中在信贷补贴法（Caballero et al.，2008）、实际利润法和持续借贷法（Fukuda and Nakamura，2011）。在这两种识别方法的基础上，国内文献对识别中国的僵尸企业做出了有益尝试，并在识别之后，对其特征进行了详细描述和归纳总结（申广军，2016；聂辉华等，2016；朱鹤、何帆，2016；何帆、朱鹤，2016a，2016b；黄少卿、陈彦，2017；谭语嫣等，2017）。例如，分所有制来看，国有企业和集体企业中僵尸企业的比例最高，远高于民营企业和外资企业；分地区来看，在经济发展程度较低的地区，僵尸企业的比例高于经济发达地区；分规模来看，大中型企业更可能成为僵尸企业；分行业来看，在公共部门和资源型产业，僵尸企业的比重偏高，等等。

现有文献对于僵尸企业的识别，基本都是基于短期，至多三年。如果仅从短期两三年的周期来识别，则会把本来就可能要淘汰的企

---

① 关于僵尸企业危害的研究更为丰富，这不是本文研究的重点。一般而言，其危害体现在：一是抑制合理有效的投资。僵尸企业对投资产生的挤出效应已经在不同国家得到实证经验的支持，包括日本（Caballero et al.，2008）、韩国（Hoshi and Kim，2012）、中国（Tan et al.，2016）、OECD国家（McGowan et al.，2017a）。二是扭曲劳动力市场（Caballero et al.，2008）。三是导致资源错配，并抑制生产率（Fukao and Kwon，2006；Kwon et al.，2015；McGowan et al.，2017a；Gopinath et al.，2017）。

业也归入僵尸企业的范畴。我们的问题是，如何把那些大量的在市场试水的失败经营者与那些久经市场却屡屡经营不善的企业区分开来？即如何区分短期市场波动与长期制度疾病所导致的不同结果？要解决这个问题，识别出真正的僵尸企业，需要对现有的识别理论框架进行必要的调整，找出那些能够经过较长时间的实证检验的方法和路径。

本文拓展了中国僵尸企业的识别方法，提出实际利润法和偿债能力法，相对于通常的短期分析，本文利用1998—2013年中国工业企业数据库，选取存续期十年以上的企业为样本，研究了中国僵尸企业的长期属性和动态特征。因为只有在长期，才可以排除短期市场波动的干扰，深入研究中国僵尸企业存在的"非市场化"制度性根源。经济短周期往往是短期市场波动的表现，因而表现为短期的亏损，之后很快还会恢复正常，这与长期亏损扭亏无望的企业是有本质区别的。僵尸企业本身也会受到市场经济波动的干扰，在波动的谷底，僵尸企业的亏损情况会更严重，即使宏观经济进入上升通道，僵尸企业仍然无法摆脱僵尸状态，只是程度可能会轻一些；而非僵尸企业则过了经济波动周期后，会随着经济景气的到来和市场需求的重振而复苏。通常来说，长期扭亏无望的企业在正常市场经济下就会自行退出，没有人愿意再往里投资，如果仍然坚持不退，那么就必然有市场外的力量所致，很可能是政府的过度干预、软约束或其他原因所致。

在不同的国家、制度和文化环境下，基于不同经济主体（政府、银行、企业）之间的关系，僵尸企业形成的原因错综复杂，也不尽相同。①在发达国家，僵尸企业的形成主要是因为银行为经营不善的企业提供了信贷补贴、贷款展期和低利息贷款，例如，日本（Caballero et al.，2008）、韩国（Hoshi and Kim，2012）。②不同的企业破产司法制度对僵尸企业的清退产生不同的影响。McGowan 等（2017b）认为，如果破产制度的设计降低了企业重整的障碍，那么僵尸企业更容易退出市场，资本可以更快地配置给生产率更高的企

业。在破产制度设计不合理的国家，僵尸企业的比例更高，例如，希腊、意大利、葡萄牙。这篇文献指出日本的企业破产制度改革，大力清除企业重整和清算的障碍，使得日本企业破产的效率仅次于效率最高的英国。这很可能成为2000年以后日本经济逐步恢复的重要原因之一（Fukuda and Nakamura，2011）。

中国僵尸企业的形成除了上述两种原因，其背后，更为深层次的原因是什么呢？已有研究指出，是政府对经济的过度干预（邓洲，2016）；2008年国际金融危机后政府的大规模刺激后遗症、政企合谋、银行的信贷歧视（聂辉华等，2016）；违背企业发展的要素禀赋优势和技术比较优势（申广军，2016）。上述论证都表明了这些深层原因在于，政府和国有银行体系对企业发展和资源配置进行大量的非市场化干预①。然而，现有文献对这种制度性根源，基本上还停留在定性描述性分析层面，本文则利用面板数据回归模型，更深入地探讨并实证检验了中国僵尸企业长期存在的非市场化原因。

本文在相关研究的基础上，提出经过修正的识别僵尸企业的主要标准。以此标准为基础，区分和比较了僵尸企业与非僵尸企业的差异，描述了僵尸企业在不同发展时期的变化，并考察其背后的原因。本文特别关注了僵尸企业能否长期持续生存的问题，探讨了某些僵尸企业的短期恢复为什么是不可持续的？为什么会反复出现僵尸状态？本文试图弄清这些问题，并基于生产率的角度来分析僵尸企业的持续性问题。通过一个较为长期的发展过程的考察，区分出那些短期退出的被市场淘汰的企业，因而能够得到比较纯粹的体制因素导致的结果。通过实证方法来验证和发现这种体制性根源的存在，希望能从根本上寻找僵尸企业长期不断出现的根源。这可能是本研究的主要贡献。

---

① 依据经济学的理性分析，企业长期亏损却不退出市场，合理的解释必然是存在退出成本。退出成本包括各种可能的补贴（银行补贴、政府补贴和税收减免），官员地位、级别、隐形收益，以及进入破产程序产生的司法成本，等等，其中有很多难以量化的因素。

二　僵尸企业的识别

国内僵尸企业的识别方法均起源于 CHK 法（Caballero et al.，2008），也称为信贷补贴法。Fukuda 和 Nakamura（2011）对 CHK 标准进行了改进，提出实际利润法和持续借贷法，简称 FN-CHK 标准。CHK 标准、FN-CHK 标准，针对的都是日本的僵尸企业。国内的识别方法几乎都是 FN-CHK 标准的延续（申广军，2016；聂辉华等，2016；朱鹤、何帆，2016；黄少卿、陈彦，2017；谭语嫣等，2017），此外，黄少卿和陈彦（2017）基于修正后的实际利润法，得到考虑连续三年平滑的实际利润法。与国内现有的识别方法不同，本文提出实际利润法和偿债能力法。国内僵尸企业的生存，主要依赖持续滚动的借新债还老债的路径，因此，本文方法的核心是基于企业的现金流来考察，企业增长乏力、缺乏盈利能力的同时现金流也必然不足，因而不能清偿到期债务。这是识别僵尸企业的一个重要依据，也是本研究与其他研究的不同之处。

1. 识别方法

CHK 法尝试计算银行给予企业的信贷补贴。第一步，计算企业的最低应付利息 R_{it}^*：

$$R_{it}^* = rs_{t-1}BS_{i,t-1} + \left(\frac{1}{5} \sum_{j=1}^{5} rl_{t-j} \right) BL_{i,t-1}$$

BS_{it}，BL_{it} 分别表示企业 i 在 t 年末的短期负债和长期负债，rs_t，rl_t 分别是 t 年的平均短期最低利率和长期最低利率。R_{it}^* 是企业获得市场最低优惠利率时所支付的利息。第二步，企业实际支付的利息 R_{it} 与 R_{it}^* 比较，得到利率差：$x_{it} = \dfrac{R_{it} - R_{it}^*}{B_{i,t-1}}$。其中，$B_{i,t-1}$ 为企业 t−1 期的总负债。如果利率差 $x_{it} < 0$，表示企业 i 获得信贷补贴，该企业识别为僵尸企业。

FN-CHK 标准对 CHK 进行改进，得到实际利润法和持续借贷法。第一步，计算实际利润，实际利润等于企业的息税前收入（EBIT）减

去最低应付利息：

$$realpro_{it} = EBIT_{it} - R_{it}^* = 利润总额 + R_{it} - R_{it}^* = 利润总额 - (R_{it}^* - R_{it})$$

其中，$R_{it}^* - R_{it}$ 等于企业获得的信贷补贴。如果实际利润大于 0，则不应该被识别为僵尸企业。

第二步，持续借贷法，是指企业的实际利润为负，负债超过总资产的 50%，且 t 期负债大于 t – 1 期负债，则该企业被识别为僵尸企业。FN-CHK 标准认为，那些盈利性很差、杠杆率较高却持续增加贷款的企业，应该被认定为僵尸企业。

本文认为 FN-CHK 标准用于识别中国的僵尸企业，存在一定的不足：①资产负债率 50% 的标准过低。资产负债率国际警戒线的认定标准是 70%，中国一些问题企业的资产负债率甚至更高。②持续增加贷款，忽视了企业的偿债能力。如果企业的息税前收入足够支付贷款利息，企业可以通过借新债还旧债，继续存活。如果持续增加贷款的同时，企业的销售和资产也在增加，很可能属于正常经营。本文提出僵尸企业的识别，重点考察企业有无偿债能力。僵尸企业通常明显缺乏偿债能力，现金流不足，无法清偿到期债务。综合考虑企业的盈利能力和偿债能力，本文的识别方法如下：

（1）借鉴 CHK 法计算信贷补贴。利用央行公布的 6 个月以内（含）、6 个月至 1 年（含）人民币贷款基准利率的算术平均，计算得到每年的短期最低利率；利用 1—3 年（含）、3—5 年（含）、5 年以上贷款基准利率的算术平均，计算得到每年的长期最低利率。计算最低利率时，根据央行公布调息日期的前后时间区间，计算时间权重，加权平均得到每年的短期、长期最低利率。随后，将每年的短期、长期最低利率下浮 10%①，结合工业企业的流动负债和长期负债，计算得到最低应付利息。利用最低应付利息减去实际利息支付，得到信贷补贴。

（2）借鉴 FN-CHK 法计算工业企业的实际利润。僵尸企业的特

---

① 1998—2011 年央行规定金融机构贷款利率浮动区间的下限是基准利率的 0.9 倍，2012 年后基本仍在基准利率下浮 10% 以内，参考谭语嫣等（2017）。

点之一是缺乏持续盈利能力，靠"吸血"维持生存。低效率的僵尸企业僵而不死，是因为可以获得银行的信贷补贴[①]。利用工业企业的利润总额，扣除信贷补贴，得到企业的实际利润。由此，给出僵尸企业识别的第一个条件，即实际利润小于等于0，此时，企业还可以继续生存下去，但所有权人无利可图甚至发生亏损。

（3）计算僵尸企业的现金流。僵尸企业的特点之二是现金流不足，不能及时清偿到期债务。缺乏流动性是针对企业的短期负债而言，企业一旦短期偿债能力不足，陷入严重的财务风险，就会面临被清算或破产的可能。参考 Guariglia 等（2011）的方法，利用利润总额扣除所得税得到净利润，再加上当期折旧和利息支付，可以得到现金流。利用 t 期流动负债减去 t–1 期流动负债得到流动负债的流量[②]，如果流动负债的流量大于0，表明企业在持续增加短期借款。由此，给出僵尸企业识别的第二个条件，即现金流小于流动负债的流量。

（4）考虑到新生企业在初创时期容易遭遇经营困难，陷入盈利性和现金流不足的困境，本文在僵尸企业的识别中排除新生企业。给出僵尸企业识别的第三个条件，即企业的年龄大于3岁。综上所述，满足实际利润小于等于0、现金流小于流动负债的流量、企业年龄大于3岁这三个条件的工业企业，将被定义为僵尸企业标准 Z1。

（5）考虑到利润总额中包含企业的非经常性损益，例如政府的政策性补贴、投资性收益，对僵尸企业的认定可能产生偏误。本文利用营业利润代替利润总额，修订僵尸企业识别的第一个条件，结合第二、第三个条件，得到僵尸企业的认定标准 Z2。计算 Z1 与 Z2 的相关性，发现两者的相关系数高达0.95，表明是否考虑政府补贴

---

① 由于政府补贴比较复杂，很多政府补贴属于合理的政策范畴，例如进出口退税补贴、技术改造补贴等，因此，本文仅考虑信贷补贴，不考虑政府补贴。

② 资产负债表反映了企业在一定时期（通常是会计期末）的全部资产、负债和所有者权益状况，是一定时点财务状况的静态报表，因此工业企业数据库中披露的资产、负债均为存量指标。

和企业的投资性收益，并不会影响僵尸企业的认定。后文涉及的僵尸企业均采用 Z1 标准。①

2. 数据处理

中国工业企业数据库由国家统计局维护，数据来源于工业企业提交给统计局的季度和年度财务报表汇总，样本范围包括规模以上工业企业。本文基于 1998—2013 年工业企业数据，由于质量问题，2010 年的数据暂不能使用，并将 2009 年和 2011 年视为连续的年份处理。

参考 Brandt 等（2014）的方法：①构造面板数据，利用企业代码、名称、法人代表、地址、邮编、行业代码、主要产品、区县、开业年份对企业样本进行匹配。这种方法可以将改制或重组之后，企业代码或企业名称发生变化的企业重新匹配起来，因而能够保持企业改制重组前后的连贯性和一致性。②对行业代码进行匹配，将2002 年及以前的产业分类标准 GB/T4754—1994，统一到 2002 年之后的标准 GB/T4754—2002，并将 2013 年的两位数行业匹配到 GB/T4754—2002。

计算现金流的过程中，本文重点处理了所得税、利息支付和当期折旧的缺失值。2008—2009 年工业企业数据库没有披露当期折旧，2011—2013 年当期折旧的缺失值分别达到 1.5 万元、2 万元和 2 万元，而这三年工业企业数据库的样本量分别是 30 万元、31 万元和34 万元。基于多重插值法（Multiple Imputation）来估计缺失值，即使用固定资产和两位数行业信息，利用单值插补和多元线性回归重复插值十次后，选取第十次的插值替代缺失值。通过统计比较发现，插值后当期折旧的基本分布特征与插值之前的分布特征非常接近。最终本文得到的全部样本量接近 393 万。

----

① 考虑到僵尸企业更可能是连续数年出现亏损，我们采用黄少卿等（2017）的方法，将第一个识别条件修改为"连续三年平滑的实际利润为负"，结合其他两个识别条件，得到的僵尸企业标准 Z3。计算发现，Z1 和 Z3 的相关系数达到 0.87。表明仅考虑当年的实际利润为负，可能存在过度识别问题，但情况并不严重。

三 僵尸企业的基本特征及其分布

1. 僵尸企业与非僵尸企业的比较

基于本文的方法，识别出僵尸企业和非僵尸企业。通过比较两者的特点，可以发现僵尸企业的资产负债率更高、盈利能力更差、生产率水平更低，如表1① 所示。1999—2013 年，僵尸企业的数量约55.7 万家，占全样本的15%，非僵尸企业数量占全样本的65%②。僵尸企业的资产和负债规模均高于非僵尸企业，两类企业的负债差距更大，导致僵尸企业的资产负债率远高于非僵尸企业。非僵尸企业的资产负债率平均水平是51.78%，而僵尸企业高达78.84%，这表明僵尸企业的财务风险更高，现金流不足时资金链一旦断裂将不能及时偿还债务。比较盈利性发现，非僵尸企业的销售利润率是4.04%，僵尸企业是 −26.79%，处于严重亏损状态。此外，非僵尸企业的就业规模平均是311 人，僵尸企业是344 人。综合分析资产、负债和就业，僵尸企业比非僵尸企业的规模更大。

表1 　　　　　 **1999—2013 年僵尸企业与非僵尸企业的比较（均值）**

	资产（千元）	负债（千元）	资产负债率（%）	销售利润率（%）	Mlnsales	Mlnprod	就业（人）	样本量（家）
非僵尸企业	151145	76819	51.78	4.04	0.2035	0.1426	311	2439542
僵尸企业	166559	114905	78.84	−26.79	−0.2350	−0.4742	344	557158

注：资产负债率是负债/资产，销售利润率是利润总额/营业收入，Mlnsales 是生产率，Mlnprod 是劳动生产率。

---

① 为保持著者行文原貌，文中涉及的表格样式、数据除有考证外均不作修改。下同。

② 1999—2013 年，成功识别的僵尸企业和非僵尸企业之和约占全部样本的80%，剩余20% 的样本无法识别，原因在于两个方面：一是由于识别方法利用了负债的滞后一期，导致每一年新进入数据库的企业在当年无法识别；二是变量存在的缺失值导致无法识别。此外，1999 年是利用1998 年的数据作为滞后期，因此，1998 年的企业不做识别。

参考 Guadalupe 等（2012）的方法，本文构造了两种生产率指标，以比较两类企业的生产率水平。第一种指标是劳动生产率，首先计算人均工业增加值的对数（lnprod），然后计算企业所在两位数行业的劳动生产率的算数平均值（$\overline{\text{lnprod}}$），两者相减（即 lnprod-$\overline{\text{lnprod}}$），得到标准化的劳动生产率 Mlnprod。由于 2008—2013 年工业企业数据库没有提供工业增加值，本文利用企业的营业收入构造第二种指标，首先计算营业收入的对数（lnsales），类似以上的标准化，得到 Mlnsales。标准化处理的生产率指标，在面板数据结构中可以反映不同企业的生产率时间上的动态演变。利用两种生产率指标的计算结果显示，僵尸企业的生产率均低于非僵尸企业。

2. 僵尸企业的动态变化与持续性特征

（1）僵尸企业在不同时期的变化特点。从企业数量看，1999 年僵尸企业占当年全部企业的 24%，此后僵尸企业的占比一直趋于下降，2011 年之后占比略有上升。从规模来看，僵尸企业的就业规模高于非僵尸企业，利用就业加权计算的僵尸企业占比一直高于利用企业数量计算的占比。1999 年僵尸企业占当年全部企业就业量的 29%，此后的变化趋势与企业数量的占比一致，首先是逐步降低，并一直维持到 2010 年，2011 年之后僵尸企业的就业占比开始回升。

利用负债加权计算的僵尸企业占比最高，资产加权的僵尸企业占比则表现出与负债加权一致的变化。1999 年僵尸企业的负债占当年全部企业负债的 30%，此后一直维持在 20% 以上，2013 年数量上占 11% 的僵尸企业占据了 23% 的企业负债。与企业数量和就业加权明显不同的是，2007—2009 年利用负债加权计算的僵尸企业占比急剧上升，不再维持从 1999 年开始的下降趋势。其原因可能是，在国际金融危机期间，大量的资本涌入了僵尸企业。本文的研究与钟宁桦等（2016）一致，他们指出国际金融危机后有少数的大型、国有、上市公司在显著"加杠杆"，资金配置越来越偏向国有企业，负利润的僵尸企业更容易得到贷款。

2012—2013 年僵尸企业的负债和资产占比骤然增加的势头格外突出，这与 2011 年开始的僵尸企业数量、就业占比持续上升的趋势保持一致。负债占比与就业占比的差距也越来越大，1999 年占 30% 负债规模的僵尸企业提供了 29% 的就业岗位，但 2013 年占 23% 负债规模的僵尸企业提供的就业岗位仅占 14%，僵尸企业的资本集中度越来越高。

（2）僵尸企业的持续时间。平均而言，如果僵尸企业持续的时间越长，意味着僵尸企业越难以恢复到正常状态或者不能退出市场，表明僵尸企业的处置难度更高，更不利于整个社会资源的重新配置。如果僵尸企业长时间占据较多的资本和劳动资源，将阻碍生产要素从低生产率、低回报率的地方转移到高生产率、高回报率的地方，必然降低整体经济的生产率。

给出僵尸企业持续时间的定义，如果企业在 t，t＋1，t＋2，…，t＋s 连续的 s 年中一直保持僵尸状态，那么在 t－t＋s 这段时期该僵尸企业的持续时间是 s 年。图 1 显示了 1999—2013 年全部以及不同所有制僵尸企业平均的持续时间。2011 年"规模以上"的统计标准从主营业收入超过 500 万元提高到 2000 万元，导致 2009 年一部分僵尸企业在 2011 年不再被工业企业数据库收录，表现在图 1 中 2009 年僵尸企业的平均持续时间突然下跌。为了避免该问题的影响，这里分 1999—2009 年和 2011—2013 年两个时段考察。平均而言，全部僵尸企业的持续时间大约是 2 年，国有和集体僵尸企业的持续时间明显高于民营和外资僵尸企业，国有僵尸企业的持续时间最长。1999—2009 年国有僵尸企业平均的持续时间是 2.4 年，2011—2013 年是 1.9 年；1999—2009 年民营和外资僵尸企业平均的持续时间是 1.9 年，2011—2013 年是 1.7 年（见图 1）。

（3）企业的长期僵尸状态。以上僵尸企业的持续时间是短期僵尸状态的持续情况，本文认为有必要在更长期考察企业的僵尸状态，即在数据库可以观测到的企业完整的存续期内考察长期的僵尸状态。一家企业可以在某些年份出现僵尸状态，另一些年份出现非僵尸状

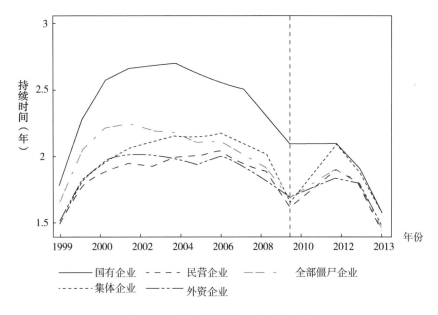

图1 分所有制的僵尸企业持续时间

态，企业在存续期内出现僵尸状态的年份越多，则表明该企业僵尸问题越严重。1998—2013 年中国工业企业数据库包含 86 万家企业，存续期在 3 年（含）以内的企业占 53.61%，存续期在 10 年（含）以上的企业占 10.68%，存续期最长的是 15 年（不考虑 2010 年），占 2.57%。图 2 显示了不同存续期的企业，僵尸状态平均出现几年。整体而言，随着企业存续期的延长，存在僵尸状态的年份增加，国有企业的僵尸状态也逐步超过集体、民营和外资企业，后三者长期的僵尸状态则非常接近。当存续期为 8 年时，国有企业的僵尸状态平均是 3 年；当存续期为 15 年时，国有企业的僵尸状态平均是 4 年。可见，在长期，国有企业的僵尸问题仍然最为严重，容易在存续期内反复出现僵尸状态，国有僵尸企业的退出壁垒显然高于其他企业（见图 2）。

在完整的存续期内，从未出现过僵尸状态的企业可称为长期的非僵尸企业。本文也区分了不同程度出现过僵尸状态的企业：①计算"僵尸比例"，是存续期出现僵尸状态的年数与企业存续期的比

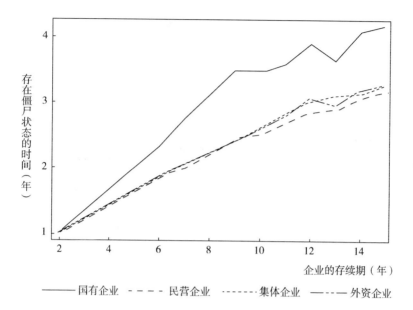

图2 不同存续期企业的僵尸状态

值，该比值越大，表示企业在存续期内出现僵尸状态的年份越多；②按照僵尸企业比例的分位数将僵尸企业五等分组，第一组是僵尸状态出现最少的企业，第五组则是僵尸状态出现最多的企业。表2比较了长期非僵尸企业和五组僵尸企业的特征。

结合资产负债率、销售利润率和劳动生产率看，整体而言，僵尸企业的绩效水平低于长期非僵尸企业。随着僵尸企业比例的提高，从第一组到第五组，僵尸企业的绩效水平逐步降低，表现为资产负债率逐步提高，利润率和生产率逐步下降。可以说，第三、第四、第五组是僵尸状态最容易反复出现也是退出壁垒最高的僵尸企业，这三组僵尸企业还有一个共同点，是整个存续期都面临现金流不足，第五组则面临最严重的现金流不足①。由表2可知，长期非僵尸企业的现金流之和远超过总负债之和，表明健康的企业必须拥有相当充裕的现金流。

---

① 计算存续期内企业的"现金流之和"与"总负债之和"，如果现金流之和低于总负债之和，则意味着现金流不足。

表 2　　　　　长期非僵尸企业与不同程度僵尸企业的特征（均值）

		长期非僵尸企业	僵尸企业（按照僵尸比例的分位数五等分组）				
			1 组	2 组	3 组	4 组	5 组
国有	资产负债率	0.5708	0.5878	0.7060	0.7332	0.7478	0.8716
	销售利润率	− 0.0216	0.0083	− 0.1647	− 0.3396	− 0.4335	− 1.2437
	劳动生产率	− 0.0909	− 0.0747	− 0.4279	− 0.6381	− 0.7313	− 1.1201
	现金流之和	869639	918839	423479	239335	152846	56493
	总负债之和	296586	640608	280083	297386	250086	202748
	样本量	62846	41531	44694	80525	43171	96287
集体	资产负债率	0.4947	0.5984	0.6595	0.7218	0.7663	0.8449
	销售利润率	0.0601	0.0421	0	− 0.0512	− 0.0325	− 0.2403
	劳动生产率	0.3944	0.1684	− 0.0216	− 0.1483	− 0.3219	− 0.5278
	现金流之和	108597	113956	44316	34641	25895	11786
	总负债之和	42112	61984	28339	31851	45936	42410
	样本量	129298	40632	34393	48253	20728	33750
民营	资产负债率	0.4514	0.5785	0.6353	0.6900	0.7320	0.7786
	销售利润率	0.0657	0.0428	0.0252	0.0071	0	− 0.0283
	劳动生产率	0.2767	0.0942	− 0.0477	− 0.1498	− 0.2211	− 0.3204
	现金流之和	82648	117985	55008	40195	31841	15161
	总负债之和	32121	83363	50014	53351	64739	60083
	样本量	897146	195505	167446	211719	95385	143495
外资	资产负债率	0.4261	0.4809	0.5314	0.5866	0.6401	0.7271
	销售利润率	0.0750	0.0360	0.0033	− 0.0220	− 0.0416	− 0.1024
	劳动生产率	0.5171	0.3644	0.1294	− 0.0208	− 0.1185	− 0.2677
	现金流之和	310432	276536	131207	89423	55525	22651
	总负债之和	84498	102402	73508	81735	82455	99608
	样本量	231518	108932	88463	110659	51438	63626

　　注：现金流之和表示完整的存续期内企业各年现金流的加总，总负债之和表示存续期内企业各年的总负债流量的加总，总负债流量是当期总负债减去上一期总负债，单位是千元。从第 1 组到第 5 组的僵尸企业，表明企业存续期内出现僵尸状态的年份逐步增多。

　　分所有制看，国有长期非僵尸企业的绩效水平均低于集体、民营和外资的长期非僵尸企业，但负债规模远超过后三者。外资长

期非僵尸企业的绩效水平最高，资产负债率最低，利润率最高，生产率最高，且现金流充足，其现金流之和超过了总负债之和的3倍。分析五组不同的僵尸企业，发现国有僵尸企业的绩效水平都低于相应组内的其他所有制，尤其是第五组国有僵尸企业的绩效水平最低。表2还显示，第五组国有僵尸企业的样本量高于其他四组国有僵尸企业，以及国有长期非僵尸企业，与此相反，其他所有制样本量最高的都集中在长期非僵尸企业。因此，国有僵尸企业的退出壁垒更高，反复重现僵尸状态的国有企业难以退出市场。

四　僵尸企业的状态转变：不变、恢复和退出

僵尸企业的合理处置通常意味着僵尸企业可以成功恢复健康，难以恢复的企业能够有序地退出市场。一般情况下，僵尸企业的处置方式可以分为两类：一是尊重市场机制，灵活运用宏观产业政策，通过改组、重组等方式，帮助僵尸企业恢复到正常的生产经营状态；二是进入破产程序，退出市场。在国内、国际市场形势趋于好转的情况下，一些企业可以通过兼并重组、改组等方式，改善经营、提高生产率、恢复盈利和偿债能力，逐步恢复健康。对僵尸企业的清理，应该让市场机制在配置资源中起决定性作用，完善高效的司法破产程序，推动那些盈利性极差、缺乏偿付能力、生产率偏低、处于产能严重过剩行业的企业尽快破产退出。那么，具体而言，哪些僵尸企业利用重组可以恢复健康？哪些应该破产清退？哪些僵尸企业仅仅是短期恢复？哪些则能够长期恢复健康？为此有必要从长期重点考察僵尸企业的状态转变。

1. 僵尸企业的短期状态（从 t 期到 t＋1 期内的变化）

僵尸企业在 t 期的状态可分为三种情况：短期恢复、退出、短期保持不变。①短期恢复，表示企业从 t 期的僵尸状态恢复到 t＋1 期的正常状态，根据前文僵尸企业的定义，这里的正常状态指企业的

实际利润为正，或者现金流超过流动负债的流量，即企业短期恢复盈利能力或者偿债能力；②退出，表示 t 期的僵尸企业在 t + 1 期退出市场，也意味着企业从数据库消失；③短期保持不变，表示企业在 t 期的僵尸状态延续到 t + 1 期未变。其中，短期恢复和退出都表示僵尸企业得到处置，不过，短期恢复的僵尸企业可能在后期重新转变为僵尸状态，而退出行为没有长期、短期之分，意味着这类企业的问题得到较为彻底的了断。

2. 僵尸企业的长期状态（10 年以上存续期内的变化）

由于短期内企业的变化容易受到经济波动周期影响，不容易反映其本质特征，需要从长期来考虑这个问题，把短期波动影响排除，才能分析基本的市场机制是否真正发挥了应有的作用。所以，需要考察这些僵尸企业的长期变化特征。如果不考虑退出市场，僵尸企业成功处置的根本标准应该是长期恢复正常，须在更长的存续期内观察企业生存状态的变化情况。针对僵尸企业的长期处置问题，本文选择 1998—2013 年数据库中存续期在 10 年及以上的企业为研究对象。

本文尝试给出长期恢复正常、长期保持不变、长期非僵尸企业的定义。①长期恢复正常的僵尸企业，是指存续期内曾经有过僵尸状态，但在存续期的后半期再没有出现僵尸状态的企业；②长期保持不变的僵尸企业，是指存续期内有 1/3 的时间出现僵尸状态，而且在存续期的后半期仍然存在僵尸状态的企业；③长期的非僵尸企业，是指存续期内从来没有出现僵尸状态的企业，这是企业健康的经营状态。表 3 显示了存续期 10 年及以上的企业在这三种不同长期状态下的特征。长期非僵尸企业的资产负债率为 45.34%，销售利润率为 8.17%，劳动生产率为 50.12%，而且，不同所有制的长期非僵尸企业资产负债率、销售利润率和劳动生产率都非常接近平均水平。

表 3 　　　　　　　　不同长期状态企业的绩效特征比较（均值）

长期状态		存续期 10 年以上的长期绩效				
		资产负债率（%）	销售利润率（%）	劳动生产率（%）	现金流之和（千元）	总负债之和（千元）
全样本	恢复正常	57.37	3.70	15.85	309019	157567
	保持不变	73.30	−7.93	−29.68	116787	239870
	非僵尸状态	45.34	8.17	50.12	536286	177054
国有	恢复正常	62.82	0	−7.96	828302	573398
	保持不变	74.91	−26.11	−57.63	263485	523411
	非僵尸状态	49.79	10.00	48.07	2535158	738880
集体	恢复正常	64.53	3.01	11.96	162758	77700
	保持不变	78.30	−2.32	−32.52	42024	78853
	非僵尸状态	48.84	7.93	53.13	275916	121412
民营	恢复正常	58.18	4.68	12.43	158418	78151
	保持不变	74.79	0	−22.18	54506	107274
	非僵尸状态	45.62	7.41	37.44	227366	106357
外资	恢复正常	50.83	3.53	35.68	375427	128368
	保持不变	66.13	3.30	−6.05	83235	143642
	非僵尸状态	41.37	9.17	74.44	682809	192661

　　长期恢复正常的僵尸企业资产负债率是 57.37%，销售利润率是 3.70%，劳动生产率是 15.85%。分所有制看，长期恢复正常的国有、集体僵尸企业三项指标都比民营、外资更差。长期恢复正常的国有企业资产负债率是 62.82%，集体是 64.53%，民营是 58.18%，外资是 50.83%。长期恢复正常的国有僵尸企业销售利润率、劳动生产率全部低于其他所有制。可见，即使国有僵尸企业在长期得到一定恢复，但相对社会平均绩效水平来说，仍然处在较差的经营状况，只能说是勉强脱贫，而非从根本上恢复。推测其原因很可能来自政府的倾向性救助政策和经济景气的短期拉动，并非靠企业自身内在的力量。

　　长期保持不变的僵尸企业三项指标都劣于长期恢复正常的僵尸企业和长期非僵尸企业。通过计算存续期内企业的现金流之和、总

负债之和，表 3 显示长期保持不变的僵尸企业销售利润率平均为负，现金流之和远低于总负债之和，分所有制看，现金流不足的问题都非常严重。例如，长期保持不变的民营僵尸企业平均的销售利润率为 0，在完整的存续期内利润率可能有正有负，但现金流之和仅占总负债之和的一半。相反，长期恢复正常的、长期非僵尸企业的现金流相对充足，"现金流之和"都超过了"总负债之和"。

分所有制看，除了资产负债率相差不大，长期保持不变的国有僵尸企业销售利润率和劳动生产率仍然低于其他四种所有制。国有僵尸企业的问题更可能是一种长期顽疾，更高比例的国有企业长期保持僵尸状态（如表 4 所示）。表 4 给出了存续期 10 年及以上的企业，在长期不同生存状态下的数量占比。其中，国有企业共 16499 家，有 38.17% 属于长期保持不变的僵尸企业，远高于其他四种所有制的占比；国有企业的长期非僵尸企业占比仅为 13.31%，远低于其他四种所有制的占比（36.69%、40.70%、27.66%、32.12%）。

表 4　　　　**存续期 10 年及以上的不同长期状态的企业占比**　单位：% ；家

	恢复正常	保持不变	长期非僵尸	企业数量
国有	13.97	38.17	13.31	16499
集体	14.47	18.14	36.69	21050
民营	14.85	15.56	40.70	29572
外资	14.34	20.19	27.66	21506
其他混合所有制	13.85	19.70	32.12	3350

由表 3 可知，长期的非僵尸国有企业，存续期内平均的现金流之和高达约 25 亿元，大约是长期非僵尸集体企业的约 9 倍，民营的约 11 倍，外资的约 3.7 倍。其原因何在？进一步从这些企业的市场地位来考察。上述企业的行业分布显示：①长期非僵尸国有企业在数量占绝对优势的行业全部集中在垄断行业，企业数量都超过其他所有制的长期非僵尸企业，对应的行业包括石油和天然气开采，烟

草，电力热力燃气水的生产和供应。②在长期中恢复正常状态和保持不变状态的僵尸企业主要集中在煤炭，食品，纺织，服装，化学原料及制品，非金属矿物制品，以及通用设备、专用设备、交通运输、电气机械等设备制造业①。不难发现，这些都是竞争性较强的行业。因此，对比之下，长期非僵尸国有企业的特别充裕的现金流与其垄断地位高度关联。

3. 长期存续中的企业生产率的变化

虽然长期的非僵尸企业在存续期内平均的负债率、利润率和生产率都优于恢复状态的僵尸企业，但是，如果恢复后的僵尸企业在后半期能够达到长期非僵尸企业的健康状态，那么，这种长期恢复就是成功的。本文重点关注僵尸企业长期发展过程中生产率的变化。使用样本期更完整的营业收入标准化的指标 Mlnsales，比较企业在存续期的前半期和后半期生产率的变化。

图3、图4给出了生产率的核密度图。图3显示长期保持不变的僵尸企业生产率低于长期非僵尸企业，后者位于图形中更靠右的位置。区分所有制，图4比较了长期中处于恢复状态的僵尸企业在存续期的前半期和后半期生产率的变化情况。国有僵尸企业在恢复的后半期生产率并没有改善，相反，长期恢复状态的集体、民营、外资、其他混合所有制企业，后半期的生产率都不同程度地高于前半期，尤其是民营和其他混合所有制企业，生产率的改善非常明显。由此可知，长期中处于恢复状态的僵尸企业的生产率必须在后半期提升到健康的水平，否则，长期恢复的状态很可能在将来又会演变为僵尸状态，长期保持不变的僵尸企业如果既无法成功恢复健康，又不能及时退出市场，就会真正成为死不了、活不好的状态，成为一种长期无法摆脱的顽疾。

综上所述，在长期，国有僵尸企业持续时间更长，反反复复地重复僵尸企业状态，更高比例地长期保持僵尸状态，即使是长期看

---

① 存续期10年及以上不同状态的企业的行业分布情况可在《中国工业经济》网站（http：//www. ciejournal. org）下载。

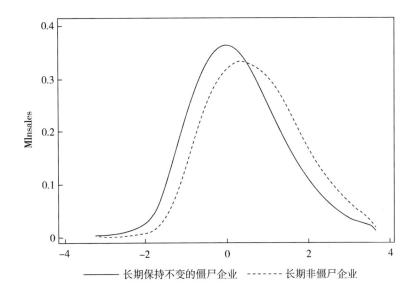

图 3 长期保持不变的僵尸企业和长期非僵尸企业生产率的比较

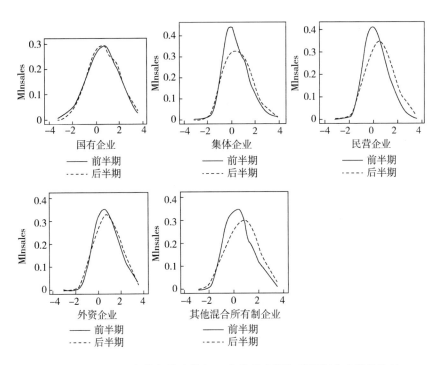

图 4 分所有制长期恢复状态的僵尸企业前半期和后半期生产率的比较

来有所恢复，但它们的经营状况也比其他所有制更差，资产负债率更高、销售利润率和劳动生产率更低。最关键的是，长期恢复状态的国有僵尸企业的销售利润率、资产负债率等指标虽然有所恢复，但是其劳动生产率并未得到相应改善，从图 4 的国有企业的前半期与后半期的劳动生产率的对照，就能明显地看出来，两条曲线几乎完全重合。这实际上表明，如果不根除国有僵尸企业存在的根本性制度障碍，不消除僵尸企业处置中的不公平标准，那么国有僵尸企业问题很可能长期延续下去。

五　决定长期僵尸状态的非市场化因素

本文识别僵尸企业的核心指标是现金流与流动负债流量的比较，反映了企业的债务偿还能力，而且现金流与净利润正相关，企业盈利性的提升将增加现金流水平。一系列综合了企业盈利性、流动性和偿债能力的财务指标被广泛用于预测企业的经营困境和破产（Alt-man，1968），Beaver（1966）指出现金流与债务之比则是预测企业破产的最佳单一指标。僵尸企业恰恰是一类陷入经营困境本应该退出市场、却依然存活的企业，尤其是长期保持僵尸状态的企业更应该破产清算，这类企业难以退出的背后，必然存在制度性障碍。本文构造现金流与流动负债流量的比值（简称：现金流比率），通过面板固定效应回归，实证检验并区分了中国僵尸企业长期存在的"非市场化"因素。

1. 现金流比率的变化

基于统计性描述，1999—2013 年中国工业企业的现金流比率趋于上升，均值从 0.2 增加到 1.5，表明整体而言企业的流动性和偿债能力明显改善。分所有制来看，民营企业和集体企业的现金流比率显著提高，这与企业销售利润率上升、资产负债率下降是同步的（于泽等，2014；聂辉华等，2016）；国有企业的现金流比率最低，提升相对缓慢；2008 年以后，受到国际金融危机影响，外资企业平

均的现金流比率明显降低。图 5（a）显示，长期非僵尸企业的现金流比率明显提升，其次是长期恢复的企业，长期保持僵尸状态的企业现金流比率则一直保持较低水平。例如，2013 年长期非僵尸企业的现金流比率达 2.19，长期恢复企业达 1.38，而长期保持僵尸状态的企业仅为 0.23，几乎没有债务清偿能力。分析资产负债率发现，1998—2013 年中国工业企业的资产负债率趋于下降，且针对不同所有制企业的"去杠杆"现象都存在。然而，长期保持僵尸状态的企业从 1998 年开始就一直在"加杠杆"，长期非僵尸企业和长期恢复的企业则明显"去杠杆"，如图 5（b）所示。

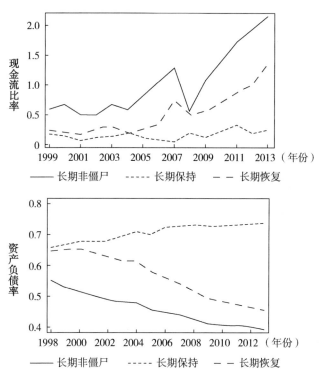

图 5　现金流比率和资产负债率的变化

2. 回归分析

Li 等（2009）指出所有制结构和制度性因素显著影响了中国企业的资本结构，"有形之手"对资源配置进行干预，金融体系将大量

的资金分配给缺乏效率、生产率偏低、没有债务偿还能力的企业，导致这些企业的现金持有行为和融资行为不符合市场经济体制下的现代公司治理模式。基于企业的现金持有理论和债务决定理论，参考 Li 等（2009）、于泽等（2014）、钟宁桦等（2016），本文选取了影响企业现金流比率的诸多因素，重点考察市场化因素（如资产负债率、经营性风险、劳动生产率），制度和政策因素（如所有制结构）。构建的基准模型如下：

$$\text{cashrate}_{it} = \beta_0 + \beta_1 \text{cashrate}_{it-1} + \beta_2 \text{daratio}_{it-1} + \beta_3 \text{sdros}_{it} + \beta_4 \text{Mlnsales}_{it-1}$$
$$+ \beta_5 \text{lnkl}_{it-1} + \beta_6 \text{size}_{it-1} + \beta_7 \text{exportint}_{it-1} + \beta_8 \text{age}_{it-1} + \gamma \text{dummies} + \text{FE}_i + \varepsilon_{it}$$

$$(1)$$

其中，被解释变量是现金流比率（cashrate），FE 是企业固定效应，解释变量包括：①上一期的现金流比率，资本结构理论指出企业存在"最优现金持有水平"，如果偏离最优水平，企业会将实际水平往最优水平调整。②负债率（daratio），现金是负向的负债，加杠杆对企业的流动性和债务偿还能力产生负向影响。③经营性风险（sdros），以企业过去三年销售利润率（ros）的标准差度量，利润的波动增加了企业未来现金流的不确定性，导致企业更难获得外部融资机会，激励企业持有更多现金，预防现金不足，对现金流比率产生正向影响。④生产率（Mlnsales），生产率更高的企业更可能在市场竞争中占据优势，获取更大规模的利润，提升企业的债务偿还能力。⑤资本密集度（lnkl），是资本净值与就业比值的对数，资本密集程度越高的企业，作为债权融资的抵押物越多，借贷能力就越强，与现金流比率负相关。⑥企业规模（size），是就业人数的对数，规模更大的企业也更容易获得债权融资，与现金流比率负相关。⑦出口密集度（exportint），一方面，外资企业的负债率相对而言低于内资企业（Li et al.，2009），另一方面，2008年以后受国际金融危机冲击较大，外资企业尤其是加工贸易企业利润率下降，偿债能力减弱，因此，出口密集度与现金流比率的关系可能为正，也可能为负。⑧企业年龄（age）。此外，模型还控制

年份、所有制、省份、行业虚拟变量。表 5 给出了变量的描述性统计结果。

表 5 　　　　　　　　　　　**变量的描述性统计结果**

变量	观察值（家）	均值	标准差	最小值	最大值
cashrate	2850799	0.6264	10.8330	−83.3500	113.9375
daratio	3819910	0.5565	0.2797	0.0059	1.4410
sdros	3803208	0.0330	0.0893	−0.6134	0.3381
Mlnsales	3806082	0.0005	1.1568	−3.2503	3.6638
lnkl	3722199	3.7225	1.3225	−0.1001	7.4142
size	3781688	4.8739	1.0557	2.3026	7.8360
exportint	3387834	0.1466	0.3148	0	1.0680
age	3837046	10.0181	9.3581	0.5000	51.3333

注：主要变量利用缩尾处理了 1% 和 99% 分位数两侧的极端值。

在数据提供的范围内，以上尽可能地选择了所有的可能影响现金流比率的解释变量，来阐述其中的因果关系。通过面板固定效应模型，尽可能控制模型的遗漏解释变量问题、双向因果关系问题，具体而言：①控制年份、省份和两位数行业的虚拟变量，例如，年份虚拟变量可以排除宏观经济周期波动的影响①。②利用企业层面的固定效应，控制企业不随时间变化、不可观测的异质性（例如，企业与政府之间的政治关联），而且所有模型都使用了企业层面的聚类标准差。③放入滞后一期的解释变量，以削弱企业特征变量与现金流比率之间的反向因果关系，其中，经营性风险是利用过去三年销售利润率计算得到的标准差。

表 6 给出了面板固定效应模型的估计结果，模型（1）是全样本，模型（2）—模型（5）是区分所有制结构的回归，分别对应国有、集体、民营和外资企业，模型（6）—模型（8）分别是存续期

---

① 此外，我们在面板固定效应模型中添加了省份和行业的时间趋势以补充稳健性检验。结果可在《中国工业经济》网站（http://www.ciejournal.org）下载。

表6

不同企业现金流比率的回归分析（一）

	（1）全样本	（2）国有	（3）集体	（4）民营	（5）外资	（6）长期非僵尸	（7）长期保持不变	（8）长期恢复
Lcashrate	-0.2121 *** (0.0023)	-0.1787 *** (0.0070)	-0.2330 *** (0.0085)	-0.2419 *** (0.0033)	-0.1785 *** (0.0039)	-0.1354 *** (0.0044)	-0.1322 *** (0.0047)	-0.1219 *** (0.0062)
Ldaratio	-1.5869 *** (0.0697)	-0.5496 *** (0.2127)	-1.5492 *** (0.2895)	-1.7878 *** (0.1058)	-1.4387 *** (0.1294)	-3.0433 *** (0.2365)	-0.2694 ** (0.1117)	-1.4348 *** (0.2241)
sdros	1.1956 *** (0.3094)	-0.4329 (0.6267)	0.6550 (1.3699)	1.7523 *** (0.6227)	0.9605 * (0.5496)	3.0951 ** (1.4463)	0.7010 (0.4496)	3.0788 *** (1.0872)
LMlnsales	0.2400 *** (0.0258)	-0.1477 * (0.0768)	0.3580 *** (0.1053)	0.3286 *** (0.0391)	0.0502 (0.0506)	0.4975 *** (0.0837)	0.0117 (0.0373)	0.3926 *** (0.0839)
Llnkl	-0.0775 *** (0.020)	-0.1355 ** (0.0599)	-0.1600 * (0.0862)	-0.1001 *** (0.0292)	-0.0791 *** (0.0399)	-0.1734 *** (0.0634)	-0.0596 ** (0.0279)	-0.1310 *** (0.0625)
Lsize	-0.1086 *** (0.0321)	-0.1266 (0.1017)	-0.2322 (0.1441)	-0.1773 *** (0.0493)	-0.0262 (0.0596)	-0.1583 (0.1007)	-0.0830 * (0.0472)	-0.1959 * (0.1052)
Lexportint	-0.1032 (0.0651)	-0.2530 (0.3889)	-0.1163 (0.3844)	-0.1005 (0.1055)	-0.1781 * (0.0918)	0.1432 (0.2188)	-0.1771 * (0.1012)	-0.3626 (0.2234)
Lage	0.0008 (0.0023)	0.0013 (0.0053)	0.0153 (0.0096)	0.0010 (0.0035)	-0.0023 (0.0090)	0.0033 (0.0076)	-0.0012 (0.0028)	-0.0073 (0.0068)

续表

	(1)全样本	(2)国有	(3)集体	(4)民营	(5)外资	(6)长期非僵尸	(7)长期保持不变	(8)长期恢复
观测值	1333962	111968	109417	693177	319204	192629	144534	97802
组数	340819	33426	40961	213832	74630	27970	18898	13023
组内 R²	0.0410	0.0309	0.0503	0.0520	0.0306	0.0187	0.0176	0.0144

注：括号内为企业层面的聚类标准差，*、**、***表示显著性水平分别为10%、5%、1%。所有模型均包含了企业固定效应、年份、所有制、省份和行业虚拟变量。下表同。

10 年及以上的长期非僵尸企业、长期保持僵尸状态的企业和长期恢复正常的企业。结果表明：①现金流比率的调整系数为负，考虑其绝对值，民营企业高于其他所有制企业，即民营企业的调整速度最快，长期非僵尸企业的调整速度则高于长期保持僵尸状态和长期恢复的企业。②资产负债率的系数显著为负，分所有制看，民营企业系数的绝对值最高，国有企业的最低，表明民营企业的现金流比率对资产负债率更为敏感。原因在于，总负债是流动负债和长期负债之和，民营企业的债务融资方式更可能是流动负债，而国有企业更可能是长期负债，这种现象也从根本上说明了非市场化的制度性因素对企业资本结构的影响（Li et al.，2009）①。类似的，对于长期保持僵尸状态的企业，其总负债利用长期负债融资的比重也更高。③在全样本中经营性风险的系数显著为正，在民营企业、外资企业、长期非僵尸企业、长期恢复的企业样本中均不同程度显著为正，但是，在国有企业、集体企业、长期保持僵尸状态的企业样本中不显著。这表明，对于国有和集体企业，市场的经营性风险对企业的现金流比率没有显著影响，也不影响长期保持僵尸状态的企业。与长期非僵尸企业、长期恢复的企业相比，长期保持的僵尸企业很可能并非由市场风险所导致，而更多是由于非市场因素所致。④生产率的系数在全样本、集体、民营、长期非僵尸、长期恢复企业中显著为正，表明生产率对于现金流比率的决定作用是正常的，即生产率越高，企业的现金流越充裕，则效益越高。但是，在国有企业中生产率的系数显著为负，表明生产率越高，现金流比率反而更低。这似乎是比较反常的现象，也说明存在某种隐藏的非市场力量在扭曲企业行为。生产率的提升可以显著改善长期非僵尸企业、长期恢复的企业的现金流比率和债务清偿能力，但是，对于长期保持僵尸状态的企业，生产率的系数不显著，其影响接近为零。总之，对长期保持的僵尸企业而言，经营性风险和生产率这样的市场化因

---

　　① 经计算发现，长期负债的中位数为 0，表明有一半的企业没有长期负债；负债率与现金流比率的相关系数仅为 -0.04。

素对于现金流比率或者说对于企业市场竞争力并无影响，体现了决定这些企业长期生存状态的非市场化特征。能够长期保持僵尸状态而不退出市场，本身即是制度和政策干预的结果。⑤资本密集度的系数，在所有模型均不同程度地显著为负，这意味着资本密集度越高，现金流比率越低，或债务负担越重。⑥企业规模的系数在全样本和民营企业中为负，且通过1%的显著性水平，说明规模越大的民营企业，债务清偿能力更差。⑦出口密集度和企业年龄对现金流比率的影响不显著。

综上所述，对于民营、长期非僵尸、长期恢复的企业，现金流比率的决定因素与经典的资本结构理论更为一致，市场化因素（如经营性风险、生产率）决定了企业的生存状态，这反映了市场经济的基本规律。然而，对于国有企业、长期保持僵尸状态的企业，决定它们的资本结构的因素中，市场化因素失去效力，这恰恰是非市场化制度和政策干预的体现。

进一步，本文选取长期非僵尸的民营企业作为参照系，对长期非僵尸的国有企业、长期保持僵尸状态的国有企业、长期保持僵尸状态的民营企业样本分别回归，结果如表7的模型（1）—模型（4）所示。其中，对于长期非僵尸的民营企业，现金流比率的决定更为市场化，重要的特征变量均显著，而且符号与经典资本结构理论基本一致。模型（1）显示，对于国有长期非僵尸企业，除现金流比率的滞后期，其他特征变量都不显著，这恰恰与这类企业长期保持的垄断地位相一致，是非市场化因素作用的结果。模型（2）和模型（4）显示，对于长期保持僵尸状态的企业，无论是国有还是民营，重要的市场化因素（如资产负债率、经营性风险、生产率）都不显著，表明制度性因素决定了这类企业长期保持僵尸状态，难以退出市场。

考虑国际金融危机之后，加杠杆对企业债务清偿能力的影响，本文构造了虚拟变量 post2008，2008 年（含）以后，取值1，并与上一期的资产负债率相乘，选取全样本、长期保持僵尸状态的企业、长期非僵尸的民营企业，分别对应模型（5）—模型（7）。post2008

表7 不同企业现金流比率的回归分析（二）

| | 国有 | | | 民营 | | 全样本 | 长期保持 | 民营 |
| | (1) | (2) | (3) | (4) | (5) | | (6) | (7) |
	长期非僵尸	长期保持	长期非僵尸	长期保持	全样本		长期保持	长期非僵尸
Lcashrate	-0.1355*** (0.0199)	-0.1444*** (0.0098)	-0.1538*** (0.0061)	-0.1381*** (0.0085)	-0.2110*** (0.0022)		-0.1309*** (0.0048)	-0.1540*** (0.0061)
Ldaratio * post2008					-0.6582*** (0.1050)		-0.3101* (0.1729)	-1.1805** (0.5263)
Ldaratio	-1.3401 (1.4603)	-0.1835 (0.2804)	-2.8958*** (0.3270)	-0.2821 (0.1781)	-1.2618*** (0.0804)		-0.1470 (0.1214)	-2.4039*** (0.3720)
sdros	-0.8082 (5.2529)	0.7637 (0.7938)	4.5072* (2.4393)	0.8748 (0.8427)	1.1508*** (0.3038)		0.5610 (0.4451)	4.5047* (2.4393)
LMlnsales	0.0837 (0.4753)	0.0299 (0.0992)	0.6936*** (0.1173)	0.0215 (0.0575)	0.2399*** (0.0255)		0.0168 (0.0368)	0.6924*** (0.1173)
Llnkl	-0.3545 (0.3213)	-0.1251* (0.0723)	-0.2317*** (0.0889)	0.0288 (0.0411)	-0.0760*** (0.0195)		-0.0481* (0.0276)	-0.2363** (0.0888)
Lsize	-0.5629 (0.4962)	-0.1495 (0.1291)	-0.3427** (0.1440)	-0.0168 (0.0755)	-0.1163*** (0.0316)		-0.0900** (0.0458)	-0.3558** (0.1437)

续表

| | 国有 | | 民营 | | 全样本 | | 民营 |
	(1)	(2)	(3)	(4)	(5)	(6)	(7)
	长期非僵尸	长期保持	长期非僵尸	长期保持		长期保持	长期非僵尸
Lexportint	0.6266	0.0125	0.2736	-0.1111	-0.0978	-0.1647*	0.2746
	(1.9664)	(0.4996)	(0.3311)	(0.1547)	(0.0648)	(0.1000)	(0.3312)
Lage	0.0026	-0.0006	-0.0019	-0.0008	-0.0006*	-0.0005	-0.0018
	(0.0029)	(0.0009)	(0.0014)	(0.0005)	(0.0003)	(0.0003)	(0.0014)
观测值	8181	30716	106349	57788	1350770	149545	106349
组数	1896	5601	19610	9959	342210	19133	19610
组内 R^2	0.0231	0.0236	0.0237	0.0187	0.0406	0.0172	0.0238

与资产负债率交互项的系数显著为负，说明 2008 年国际金融危机后，提升资产负债率的加杠杆行为进一步削弱了企业的现金流比率和债务清偿能力；长期保持僵尸状态企业的系数绝对值更小，因为这类企业的总负债中长期负债的比重继续偏高，长期非僵尸的民营企业依然更多地利用流动负债加杠杆，这进一步加剧了资金配置的扭曲程度。这些不合理的政策调控是非市场化干预的体现，实际上产生逆市场效应，加重了僵尸企业对银行或外部债务的依赖性，导致企业经营难以恢复正常。

六 结论和政策建议

市场经济下企业有生有死，有进有退，那都是常态。因此，短期内出现僵尸企业不足为奇。据统计中国企业的平均存续期通常只有三年，大多数企业都会经历一个市场淘汰的过程，都会经历反复的市场选择，最终能存活下来的都是特别有竞争力的企业。然而，僵尸企业若长期持续而不退出市场，则表明了市场未能决定资源配置，表明其后存在某种有形之手在控制市场，或者存在某种持续的保护力量，给予僵尸企业足够的生存空间而不退出。这就不是一种正常的市场出清状态，这种扭曲的市场资源错配势必会拖累经济发展和增长，直接阻碍了社会福利最大化的实现。

本文针对中国企业与银行的软预算关系，企业能通过银行不断输血而维持生存的特点，从现金流和偿债能力的角度提出识别僵尸企业的改进标准，从而能更准确地把握僵尸企业的本质。本文还从企业生产率的角度来考察僵尸企业，这通常是不可直接观察的，是企业内在的较为稳定的本质特征。这两个方面的综合可以提供更深入的研究视角，也是相对于以前相关研究的独特之处。

本文的主要发现大致如下：①僵尸企业从 1999 年开始，经历了逐渐下降的发展趋势，然而，2008 年之后则首先出现了资产负债率上升，此后则出现僵尸企业占比全面上升的趋势。②国有企业的数

量中有 38.17% 属于长期保持的僵尸企业，明显高于其他所有制的占比。③从长期来看，对于大多数企业来讲，劳动生产率在僵尸企业状态变化方面有着重要的决定作用，然而，僵尸企业中的部分国有企业虽然利润等指标看来恢复到正常状态，但其劳动生产率并未相应提高，因而这样的僵尸企业的利润恢复是缺乏实力基础的，也是不稳定的。④从长期来看，一直保持僵尸状态的企业，无论是国有企业还是民营企业，非市场化因素起着主要影响作用。

本文的贡献是，区别了决定企业的僵尸状态及程度的市场因素与非市场因素，针对中国僵尸企业的反复不断出现，随着经济周期和调控政策的不断起伏的状态，从长期的视角来研究僵尸企业，因而能够消除短期生存周期和短期经济波动的影响，真正把握僵尸企业的本质。企业发展可持续性的决定因素，在于它们的生产率水平，这是一种内在的稳定力量，是由既定的生产技术和设备，加上既定的组织生产的方式，也就是由企业的硬件和软件共同决定的。通常来说，企业在既定的投资和技术条件下，其制度则决定了企业绩效。要把握这一点，则应该从长期来观察。通过建立计量模型，本文对所有可能影响长期僵尸状态的因素进行回归分析，比较了不同制度和市场化因素对企业的不同作用和效果，发现对非僵尸企业产生显著影响的市场因素，例如生产率指数和市场风险指数，对僵尸企业则没有影响效果，因而从这个角度证实僵尸企业的非市场决定因素。同时，相关的制度和宏观调控政策对于加重僵尸企业状态则产生直接的作用。

如何解决僵尸企业问题，无非是从三个层面着手。一是破产，完善企业破产法，给予更多的破产援助，从社会福利最大化角度来看，只要破产的成本小于其带来的社会福利的增加，带来更多的社会经济的发展，则破产援助成本是必要的。因此，不可拘泥于眼前的成本，而把这些问题留给未来，结果负担会如滚雪球那样越来越重。二是从制度层面来解决，也就是通常所说的改制重组、完善公司治理机制等方式，关键是要从实质上改善企业的激励约束机制，

一方面加强激励，刺激技术创新和改制创新；另一方面严格约束，从银行信贷约束到市场竞争约束，都需要服从市场规则，切忌以行政手段替代市场规则。三是从政策层面着手，这主要是短期的调整和较小的修补，不伤筋动骨，只涉及表皮修复。这样的解决途径适于临时救济，是权宜之计，只能解决那些只有小毛病的患者，不能解决久治不愈的顽疾。总之，真正发挥市场机制的决定作用，实行优胜劣汰，是解决僵尸企业的根本之道。

参考文献

Ahearne, A. G. and N. Shinada, Zombie Firms and Economic Stagnation in Japan, *International Economics and Economic Policy*, 2005, 2 (4): 363 – 381.

Altman, E. I. , Financial Rratios, Discriminant Analysis and the Prediction of Corporate Bankruptcy, *The Journal of Finance*, 1968, 23 (4): 589 – 609.

Beaver, W. H. , Financial Ratios as Predictors of Failure, *Journal of Accounting Research*, 1966, (4): 71 – 111.

Brandt, L. , J. Van Biesebroeck and Y. Zhang, Challenges of Working with The Chinese NBS Firm-level Data, *China Economic Review*, 2014, (30): 339 – 352.

Caballero, R. J. , T. Hoshi and A. K. Kashyap, Zombie Lending and Depressed Restructuring in Japan, *American Economic Review*, 2008, 98 (5): 1943 – 1977.

Fukao, K. and H. U. Kwon, Why Did Japan's TFP Growth Slow Down in The Lost Decade? An Empirical Analysis Based on Firm-level Data of Manufacturing Firms, *The Japanese Economic Review*, 2006, 57 (2): 195 – 228.

Fukuda, S. I. and J. I. Nakamura, Why Did "Zombie" Firms Recover in Japan?, *The World Economy*, 2011, 34 (7): 1124 – 1137.

Gopinath, G. , Kalemli-özcan and L. Karabarbounis, Capital Allocation and Productivity in South Europe, *The Quarterly Journal of Economics*, 2017, 132 (4): 1915 – 1967.

Guadalupe, M. , O. Kuzmina and C. Thomas, Innovation and Foreign Ownership, *American Economic Review*, 2012, 102 (7): 3594 – 3627.

Guariglia, A. , X. Liu and L. Song, Internal Finance and Growth: Microeconometric Evidence on Chinese Firms, *Journal of Development Economics*, 2011, 96 (1):

79 – 94.

Hoshi, T. and Y. Kim, *Macroprudential Policy and Zombie Lending in Korea*, Working Paper, University of California at San Diego, 2012.

Kwon, H. U. , F. Narita and M. Narita, Resource Reallocation and Zombie Lending in Japan in the 1990s, *Review of Economic Dynamics*, 2015, 18 (4): 709 – 732.

Li, K. , H. Yue and L. Zhao, Ownership, Institutions, and Capital Structure: Evidence from China, *Journal of Comparative Economics*, 2009, 37 (3): 471 – 490.

McGowan, M. A. , D. Andrews and V. Millot, *Insolvency Regimes*, *Zombie Firms and Capital Reallocation*, OECD Publishing, 2017a.

McGowan, M. A. , D. Andrews and V. Millot, *The Walking Dead? Zombie Firms and Productivity Performance in OECD Countries*, OECD Publishing, 2017b.

Tan, Y. , Y. Huang and W. T. Woo, Zombie Firms and the Crowding-Out of Private Investment in China, *Asian Economic Papers*, 2016, 15 (3): 32 – 55.

邓洲:《我国处置"僵尸企业"的进展、困境及对策》,《经济纵横》2016 年第 9 期。

何帆、朱鹤 (2016a):《僵尸企业的处置策略》,《中国金融》2016 年第 13 期。

何帆、朱鹤 (2016b):《僵尸企业的识别与应对》,《中国金融》2016 年第 5 期。

黄少卿、陈彦:《中国僵尸企业的分布特征与分类处置》,《中国工业经济》2017 年第 3 期。

聂辉华、江艇、张雨潇:《我国僵尸企业的现状、原因与对策》,《宏观经济管理》2016 年第 9 期。

申广军:《比较优势与僵尸企业:基于新结构经济学视角的研究》,《管理世界》2016 年第 12 期。

谭语嫣、谭之博、黄益平:《僵尸企业的投资挤出效应:基于中国工业企业的证据》,《经济研究》2017 年第 5 期。

于泽、杜安然、钱智俊:《公司持有现金行为的理论与证据:争论和进展》,《经济学动态》2014 年第 4 期。

钟宁桦、刘志阔、何嘉鑫:《我国企业债务的结构性问题》,《经济研究》2016 年第 7 期。

朱鹤、何帆:《中国僵尸企业的数量测度及特征分析》,《北京工商大学学报》(社会科学版) 2016 年第 4 期。

（原载《中国工业经济》2018 年第 10 期）

国有企业的扩张行为:动机及其效应[*]

一 问题的提出

国有企业的扩张速度近年来特别明显,以民营企业、外资企业等企业分组为参照系,就可看到这种明显的高速扩张趋势。以 1998 年作为初始起点来看,国有控股企业的平均资本规模为 5000 多万,到 2004 年就翻了 1 倍多,到 2008 年则是 2004 年的 3 倍,到 2013 年则又是 2008 年的 2 倍多,在此期间平均规模共提升了 15 倍多。这样的增长速度是其他类型企业都没有的。相对来看,法人控股企业的增速是 2 倍多,个人控股企业的增速是 4 倍多,外资控股企业则只有不到 3 倍。从横向比较来看,1998 年,国有控股企业的平均规模只比法人控股、外资控股企业略高一些,然而到了 2013 年,国有控股企业的平均规模是法人控股、外资控股企业的 8—9 倍(见表 1[①])。

表 1	各类控股企业的平均资本规模比较		单位:千元	
年份	国有控股	法人控股	个人控股	外资控股
1998	54356	42405	7435	34819
2002	91117	51121	8862	56641
2004	124323	44981	9188	51110
2006	215142	57012	12184	67489

---

[*] 合作者:杜君。

[①] 为保持著者行文原貌,文中涉及的图表样式、数据除有考证外均不作修改。下同。

续表

年份	国有控股	法人控股	个人控股	外资控股
2008	382401	57602	14257	40337
2011	751510	101141	26250	93528
2013	845148	93038	31825	96283

注：①2011 年开始，企业统计口径是 2000 万元销售收入以上，在此之前则是 500 万元以上。

②本表选择了几种主要的控股企业，不包含集体、港澳台和其他类型的企业。

③本表选择企业的固定资本作为测定规模的依据。

资料来源：根据国家统计局工业企业数据库计算。

从以上各类企业的平均规模增长状况来看，国有企业表现为超常的增长。同期的民营企业或外资企业，其平均规模的变动趋势较小，保持某种平缓的发展趋势。如果由于市场需求容量提升而导致规模扩大，那么外资企业、民营企业的平均规模并未有相应的迅速增长，这说明国有企业的规模扩张更快，这可能主要来自更多投资的增长拉动。另外，从数据库提供的国有企业的数量来看，从期初的 5 万多家，急剧下降至 4 千多家。这些减少的企业部分已经改制为非国有企业，部分可能破产倒闭，但相当多的企业却并未退出，而是被兼并，或被重组，其资产往往被并入到一些国企大集团。因此，这也是国有企业规模迅速增长的原因之一。

为什么国有企业能够获得如此的规模扩张？我们可以从其扩张的行为动机入手来考察。

二　国有企业的目标函数

效用最大化是国有企业的目标函数，这是一个多元化的复合目标，它构成国有企业的主要激励机制。具体来说，在效用目标中包括企业绩效（包括利润和销售收入增长率），企业负责人在体制内地位的晋升和相应待遇，在职消费，企业员工工资及福利，高管薪酬及福利，以及隐含的私人利益（包括利益输送等）。在这种多元化复合目标中，什么是首要的或决定性的？激励如来自市场，企业应以

企业绩效为首要目标。激励如来自政府,企业则会追求其他的非利润目标,例如等级地位晋升等。如果企业追求市场之外的自身或个人目标,则会以薪酬福利最大化、私人利益最大化等为目标。因此,我们可以用效用最大化来概括所有这些利润和非利润目标,这个效用目标是由多元化的追求目标所组成。

Max U = F (roa, sale, wage-welfare, prom, private-benefit) (1)

在中国的产业中,资本的投入及其累积存量通常能够反映企业的等级地位。按照国家划分企业规模等级的标准,资本是最为重要的,其他规模指标还包括就业人数和销售收入,但就业人数经常是可变的和不稳定的,企业有着大量的非正式编制员工或合同工、临时工等,企业越大,这样的员工就越多。这些员工经常不纳入正式统计范畴,因而无法通过企业员工这个指标来准确反映企业规模。销售收入与资本存量的关系比较密切,通常会存在某种较固定的比例,可以与资本存量作为同样的反映规模的指标。但是销售收入受市场波动影响较大,处于上升时期的企业的销售收入增长会大大高于处于不景气阶段中的企业,即使它们的资本投入差不多。因而这个指标的稳定性和波动性不如资本存量指标更稳定。

由于上述效用目标包含很多难以量化的要素,无法直接使用,故本文采用企业规模最大化作为替代指标,这可能是较为近似的可量化目标。规模最大化的实现,可包含上述效用中的绝大多数元素,有了规模就能满足上述各种多元目标。在这个意义上,则有

$$Max\ K = Max\ U \qquad (2)$$

该目标函数的主要约束条件取决于外部融资,即可融资能力决定了企业的扩张能力和边界。此外,外部市场竞争力是另一重要约束条件,也就是企业的市场占有率决定了企业的扩张程度。

约束条件 1　可融资能力 = F (融资成本,抵押能力,贷款授权,资本市场吸纳力)

$$Max\ Finance = F\ (fcost,\ mog,\ auth,\ stoc) \qquad (3)$$

其中,融资成本和贷款授权取决于政府的支持力度,抵押能力

取决于企业规模，资本市场吸纳力取决于企业在证券市场上的发行规模和募集新资本的能力。可融资能力取决于以上要素，即融资成本越低，可融资能力越强，其他三个要素则与融资能力成正比。

约束条件2　竞争力 = F（市场占有率或市场份额增长）

$$\text{Max Compete} = F\ (\text{sale/mshare}) \tag{4}$$

这个约束条件主要反映了市场对于企业绩效的评价，通常情况下，这是来自市场的约束。这个约束表明，当企业的竞争力不足以支持市场份额的扩张时，企业的扩张行为就会受阻。

因此，由式（1）、式（2）、式（3）、式（4）可组成国有企业目标函数的方程组。

从理论上来看，首先，规模与效益并不是呈完全的正比关系，规模越大，不一定带来效益同步增长，当规模达到某个临界点时，成本不但无法递减，反而可能会递增。因此在效用最大化的前提下，企业竞争力或盈利能力并不会成为限制企业扩张的基本条件。其次，规模越大，并不一定带来技术创新，由于企业会随规模增加而得到更多垄断机会或寻租机会，从而减少创新竞争的动机。再次，规模扩张带来管理成本上升，各种内部利益关系很难摆平，会产生很多不必要的内耗摩擦等，结果很可能产生递增的管理成本。

然而，规模扩张对于企业带来的好处则是直接的，具体包括：对于规模经济的企业来说，可能的边际成本下降带来效益提升；企业越大，贷款越多，需要支付的融资成本就越低；对于企业高管来说，黑箱程度大大提高，所有者难以实现有效监管，可得到的种种私人福利/消费和利益输送更方便；同时，高管的社会政治地位和晋升机会也大大提高。因此，从企业效用目标来看，规模带来的好处很多，对于企业高管则更加实用可靠。至于规模经济成本递减的好处能否实现，还取决于种种其他提高成本因素的相对比较，各种成本递增的拖累，会把可能得到的效益消耗殆尽。

在规模最大化的目标函数框架下，我们提出以下假设：

假设1：为了追求更多资本投入，不惜大量借贷，由于借贷成本

低于市场水平，导致资本负债比持续居高不下，同时并不存在偿债压力，融资约束很少存在。

假设2：规模越大，企业成本也同步增长，并不一定出现边际成本递减，甚至可以说是不计效益的增长。由于企业的效用目标经常可以通过成本来满足，成本约束难以实现。典型表现为管理成本递增，其中隐藏部分剩余，用以满足各种效用目标。

假设3：规模扩张有利于增加企业的市场势力，通过这种力量可以控制市场供给，提高企业作为卖方市场的地位，有利于获取市场垄断利润。

三　统计描述验证

以下从几方面来验证涉及国有企业规模扩张行为的相关假设。

（1）企业扩张的融资成本低，有利于扩张，但会导致负债率居高不下。因为有股市、债券和银行低息贷款，以及土地担保等金融补贴支持，这种低融资成本给不断扩张提供资金来源。为使国有企业具有市场参照系，以下考察各类不同所有制企业的实际利息率和股本负债率（见表2、表3）。

表2　　　　　　　各类企业的实际利息率（财务费用/总负债）

年份	国有控股	集体控股	法人控股	个人控股	港澳台资控股	外资控股	其他
1998	0.0351	0.0889	0.0922	0.0910	0.0527	0.0434	0.0808
1999	0.0307	0.0724	0.0577	0.0851	0.0738	0.0328	0.0732
2000	0.0223	0.0758	0.0676	0.0672	0.0560	0.0366	0.0498
2001	−0.0051	0.0706	0.0669	0.0612	0.0476	0.1564	0.0529
2002	0.0451	0.0739	0.0907	0.0525	0.0306	0.0481	0.0529
2003	0.0352	0.2453	0.1253	0.1558	0.4496	0.1446	0.0416
2004	0.0164	0.0440	0.0471	0.0545	0.0218	0.0301	0.0620
2005	0.0421	0.0779	0.1161	0.0902	0.0198	0.0649	0.0363
2006	0.0172	0.1635	0.0975	0.0662	0.3053	−0.0257	0.0859

续表

年份	国有控股	集体控股	法人控股	个人控股	港澳台资控股	外资控股	其他
2007	0.0184	0.0669	0.0982	0.1028	0.0872	0.0694	0.0605
2008	0.0684	0.0684	0.1476	0.1180	0.1975	0.0534	0.1156
2011	0.0326	0.1298	0.1746	0.1838	0.0400	0.2869	0.0561
2012	0.0567	0.0232	0.5611	0.2477	0.0753	0.2798	0.0996
2013	0.0332	0.0631	0.1554	0.2470	0.0526	0.2690	0.1523

注：①本表对于2005年和2012年出现的4个极端值，分别删除了其所在分组的一个最大值，然后进行计算。②未统计2009年、2010年数据。

资料来源：根据国家统计局工业企业数据库计算。

表3　　　　　　　各类企业的股本负债率（长期负债/实收资本）

年份	国有控股	集体控股	法人控股	个人控股	港澳台资控股	外资控股	其他
1998	8.2144	2.5475	1.5425	1.2180	0.2335	0.2127	0.8664
1999	12.8552	3.7045	3.4785	1.2041	0.2446	22.0529	0.7002
2000	4.1940	1.5010	11.7630	1.0891	0.3182	416.588	0.6086
2001	3.2326	1.6618	7.5548	1.5147	0.1658	446.104	0.7272
2002	6.1140	4.2177	2.0427	1.1683	0.1455	333.348	0.5982
2003	19.2162	2.0846	0.7334	0.7198	0.1807	161.563	0.5336
2004	35.0613	1.8984	0.8270	0.5148	0.1486	0.3050	0.6001
2005	45.1827	0.9091	5.4601	0.9063	0.2313	0.2606	0.8370
2006	27.9108	1.1899	0.6239	0.4641	27.9107	6.0908	0.3858
2007	459.9729	0.9448	0.8823	0.7356	0.1886	2.0129	0.8344
2008	914.7733	1.2828	1.5286	0.7118	21.4549	1.1210	0.5159
2011	1420.827	371.843	161.715	13.304	0.798	312.781	306.288
2012	2057.517	318.544	101.116	1.673	0.278	196.518	101.067
2013	2776.737	272.276	110.257	2.486	701.280	201.945	22.409

注：①本表对于2011年、2012年和2013年出现的5个极端值，分别删除了其所在分组的一个最大值，然后进行计算。②未统计2009年、2010年数据。

资料来源：根据国家统计局工业企业数据库计算。

从表2可见，国有企业的平均实际利息率远低于其他企业，这早就是大家公认的常识。然而，从表3可见的情形，却有些出人意料。企业的股本负债率实际反映了企业以资本金为基础，长期占用

的外部融资资源,该比例越大,表明同等资本占用的融资资源越多。长期负债的利息率只要低于企业的折旧率,那么企业就可以通过占用这种资源获取好处,至少能维持生存。因此可以看到,国有企业的长期负债大大超过了其资本金。只要企业能维持投资不断扩张的趋势,保持大企业的市场地位,无须创新,就可以不断占用越来越多的长期融资资源。否则,只要停止数量扩张,又无创新,那么企业很快就会萎缩下去。所以,扩张就是企业的生存之路,这也是国有企业不断诉诸数量型投资扩张的原因之一。

从上述股本负债率的计算结果可以发现,2007 年或 2008 年之后,出现了十分显著的股本负债率的增长,不论是哪一种类的企业,都表现出大幅上升的股本债务率。最为明显的是国有企业,相对其他企业来说,其股本负债率的飙升,不仅远超自身股本很多[①],也远远超过其他企业若干倍。这样高的杠杆率,表现出国有企业在融资方面具有明显的强势,表明社会融资资源显著倾向于国有企业,由此带来的资本规模扩张则是必然结果。

(2)规模扩张虽然可能导致企业成本递减,发挥规模经济的作用,然而同时也会造成管理成本和其他相关的黑箱成本的上升,效益则很可能下降。因此,在一定条件下,企业边界扩张很可能带来成本递增,效益递减。然而,成本是递减还是递增,有时会由于各种正反两方面因素难以分离,导致相互抵消,很难得到准确判断。不过,我们可以从以下统计数据来判断,国有企业实际上更在乎规模扩张,而并不在意效益递减(见表4)。

表 4　　　　各类企业总资产利润率 Roa (总利润/总资产)

年份	国有控股	集体控股	法人控股	个人控股	港澳台资控股	外资控股	其他
1998	− 0.0223	0.1090	0.0571	0.0691	0.0200	0.0196	0.0560
1999	− 0.0141	0.0948	0.0543	0.0762	0.0240	0.0350	0.0590

---

① 对此计算结果,经过反复检测和多方核实,并删去了几个极大值,依然如此。

续表

年份	国有控股	集体控股	法人控股	个人控股	港澳台资控股	外资控股	其他
2000	− 0. 0082	0. 0948	0. 0553	0. 0722	0. 0343	0. 0504	0. 0554
2001	− 0. 0078	0. 0918	0. 0563	0. 0757	0. 0270	0. 4516	0. 0604
2002	− 0. 0057	0. 0961	0. 0695	0. 0797	0. 0412	2. 3481	0. 0641
2003	− 0. 0057	0. 0961	0. 0695	0. 0797	0. 0412	2. 3481	0. 0641
2004	− 0. 0057	0. 1104	0. 0712	0. 0828	0. 0363	0. 0494	0. 0605
2005	0. 0019	0. 1195	0. 1479	0. 0996	0. 0432	0. 0978	0. 0619
2006	− 0. 2404	0. 1179	0. 1078	0. 1118	0. 0539	0. 0735	0. 0715
2007	0. 0228	0. 1294	0. 1262	0. 1347	0. 0613	0. 0792	0. 0768
2008	0. 0392	0. 1170	0. 1300	0. 1402	0. 2718	0. 1020	0. 0995
2011	0. 0661	0. 2352	0. 1738	0. 2134	0. 0953	0. 3159	0. 7991
2012	0. 0653	0. 1369	0. 1608	0. 2074	0. 1035	0. 6836	0. 1331
2013	0. 0628	0. 1380	0. 1793	0. 2242	0. 0739	0. 2067	0. 1139

资料来源：根据国家统计局工业企业数据库计算。

由此可见，国有企业的利润率平均来看，远低于一般的市场企业。1998—2008 年，国有企业平均利润率大多为负值，或者围绕零值徘徊，但是国有企业的总体规模却一直在迅猛增长。如果把利润看作市场信号的话，那么可以看到，国有企业的扩张并不主要以市场为主要导向来发展，而是隐含其他更多元化的目标动机。

由于数据缺乏，难以从企业的运营成本中分解出可量化的消极因素，然而在企业的财务数据中，管理费用是独立于一般生产销售成本的，因而我们可以从这个指标，得以一窥随企业规模扩张带来的相应管理费用的变化效果（见表5）。

表5　　　　　　管理费用率的变化（管理费用/运营成本）

年份	国有控股	集体控股	法人控股	个人控股	港澳台资控股	外资控股	其他
1998	0. 7476	0. 1328	0. 1797	0. 0967	0. 1134	0. 1997	0. 1546
1999	0. 8537	0. 1259	0. 2075	0. 0944	0. 1080	0. 4515	0. 1234
2000	0. 7760	0. 1299	0. 2098	0. 0892	0. 1106	0. 1637	0. 1379

续表

年份	国有控股	集体控股	法人控股	个人控股	港澳台资控股	外资控股	其他
2001	0.8878	0.1482	0.1890	0.0841	0.0980	0.1631	0.1513
2002	1.0649	0.1949	0.1656	0.0792	0.1742	0.2220	0.1387
2003	1.5499	0.1404	0.1319	0.0768	0.0958	0.1498	0.1310
2004	1.4590	0.1040	0.2092	0.0709	0.1070	0.1378	0.1651
2005	1.1117	0.1037	0.3248	0.0253	0.1008	0.1183	0.1283
2006	1.3796	0.1154	0.1061	0.0732	0.1022	0.1133	0.1315
2007	0.7449	0.1063	0.0968	0.0779	0.1060	0.1129	0.1108
2008	3.3714	0.2055	0.1204	0.2906	0.1069	0.0860	0.1421
2011	0.1529	0.0814	0.0730	0.0759	0.0792	0.2503	0.1014
2012	0.2688	0.0882	0.0742	0.0580	0.0929	0.0670	0.1144
2013	0.1461	0.0900	0.0791	0.0606	0.0929	0.0659	0.1143

资料来源:根据国家统计局工业企业数据库计算。

由表5可以看到,国有企业的管理费用率相当高,远远高于一般企业,而且是持续性的,在十多个年份中,有6个年份的管理费用甚至高于生产销售成本,其他几个年份也高达70%—80%。与此相比,同期一般企业的管理费率仅在10%—20%,而民营企业通常不超过10%。

(3)规模扩张有利于提高企业的市场实力或垄断力量,即提高集中率,增加企业控制市场的能力,从而可以减轻效益下降的压力,有利于获取垄断利润。这种高集中率带来的市场实力以及控制市场的能力,已经一再地表现出来了。国有企业近年来的利润率的提升,在很大程度上越来越依赖于这种路径。

表6　　　　　　　　**行业集中率的大致变化趋势**　　　　　单位:%

年份	CR4 占比 30% 以上的行业数	CR8 占比 30% 以上的行业数
1998 年	34	64
2006 年	24	52
2012 年	32	62

注:①合计196个三位数产业。
②CR4 和 CR8 分别为该行业中 4 户或 8 户最大企业所占的市场份额。

由表6、表7可见，行业集中率在经历了一段时间的下降之后，近年来又开始回归到改革早期阶段，呈现出一种倒 U 形。这表明经济开放程度有所减少，垄断程度开始上升。

表7 典型行业的集中率

年份	炼铁		炼钢		煤炭	
	CR4	CR8	CR4	CR8	CR4	CR8
1998	0.2735	0.3292	0.3189	0.4571	0.6751	0.8029
1999	0.3115	0.3630	0.2905	0.4316	0.6767	0.7836
2000	0.2536	0.3154	0.3002	0.4407	0.6240	0.7671
2001	0.1458	0.2080	0.2642	0.4001	0.5590	0.6969
2002	0.0821	0.1374	0.2754	0.4173	0.5426	0.6969
2003	0.1100	0.1790	0.2976	0.4740	0.5092	0.6720
2004	0.2188	0.2817	0.3125	0.4536	0.4536	0.6140
2005	0.1464	0.2169	0.2887	0.4184	0.3974	0.5712
2006	0.2322	0.3112	0.2771	0.3933	0.3474	0.5048
2007	0.2499	0.3259	0.2656	0.3760	0.3291	0.4940
2008	0.3058	0.3802	0.3304	0.4607	0.3573	0.5096
2009	0.2282	0.3948	0.3679	0.5076	0.2556	0.3736
2011	0.2774	0.4048	0.3829	0.5036	0.4718	0.6001
2012	0.3610	0.5212	0.3595	0.4651	0.5110	0.6112
2013	0.5537	0.6747	0.3792	0.4922	0.5796	0.6562

资料来源：根据国家统计局工业企业数据库计算。

虽然集中率提升并不一定就会导致垄断，但是垄断的趋势势必会由集中率而产生。在市场竞争下，由于企业效率提升带来的市场份额增加是合理的，是值得鼓励的。但是，由于行政干预，把效率低下的企业，通过拉郎配整合到大企业集团，这样带来的集中率提高和规模扩张，并不是合理的。政府官员有个简单的逻辑，认为搞好企业只需靠某个有能力的经营者就行，只要把那些差企业合并到好企业名下，就能把差企业变好。可惜的是，通过这样的兼并方式

的成功率实在太低。

　　然而,这种兼并型扩张带来的好处是显而易见的。通过企业规模扩张带来的集中率提高,从而增加企业市场实力,实际上是国有企业诉诸垄断来提升效益的一种方式。近年来,这种方式屡见不鲜,十分有效。然而这不是靠效率取胜,而是靠行政干预来强制性地设立市场壁垒,靠不公平竞争的方式来实现的。可以说,近年来在这方面,政府和国有企业运用这种方式来扭亏为盈已经越来越普遍。通过控制市场供给,可以使国有企业扭亏为盈。这表明,我们不仅需要付出更高成本,而且以牺牲市场竞争的公平规则作为代价,而后者可能会毁掉我们的市场经济基石。

　　(4) 规模扩张产生的一系列的最大化效用,都可能隐藏在企业成本和管理费用之中。实际上,这些难以量化的成本都是企业的退出壁垒。企业长期亏损却不退出市场,合理的解释必然是存在退出成本。退出成本包括各种可能的补贴 (银行补贴和政府补贴等),官员地位、行政级别、隐形收益,以及进入破产程序产生的司法成本,等等,其中绝大多数都是难以量化的因素,无法通过一般的统计回归分解出来。

　　为了获得这些实际效用最大化,企业即使长期亏损,也不愿意退出,而成为僵尸企业。通过对 10 年及以上存续期企业的考察和分析,我们发现,国有企业的数量中有 38% 属于长期保持不变的僵尸企业,明显高于其他四种所有制企业的占比[①] (见表 8)。

表 8　　　　　　　存续期 10 年及以上的不同长期状态的
企业占比比较　　　　　　　　　单位:%;家

	恢复正常状态	保持僵尸状态	保持非僵尸状态	企业数量
国有	14	38	13	16499
集体	14	18	37	21050

　　① 王万珺、刘小玄:《为什么僵尸企业能够长期生存》,《中国工业经济》2018 年第 10 期。

续表

	恢复正常状态	保持僵尸状态	保持非僵尸状态	企业数量
民营	15	16	41	29572
外资	14	20	28	21506
其他	14	20	32	3350

资料来源：根据国家统计局工业企业数据库计算。

以上统计数据分别为我们的假设提供了不同角度的证据。由此可见，除了以上可量化成本因素外，势必还存在很多隐含的难以量化的因素，例如企业的公款消费、私人福利、设租寻租和利益输送等，这些因素都隐藏在企业的各项成本之中，而且都会促使企业通过扩大规模来搭便车，并能通过成本上升来满足这些效用目标。否则就无法解释，为什么企业规模扩张伴随着利润下降而依然在持续，而且在无利可图条件下还能够进行投资扩张？在这些统计描述的基础上，我们以下将对国企行为模型进行更深入的检验。

四　统计回归检验

以上统计描述分别为我们的假设提供了不同角度的证据。在此基础上，采用国有企业的数据，我们可以通过回归模型来进一步检验本文建立的国有企业行为模型及其相关假设。

以国有企业的资本规模为被解释变量，选择运营成本、管理费用、实际利率和利润率这几个指标作为核心解释变量，来考察在企业规模与其成本或效益之间存在怎样的相互影响关系。此外，添加一系列控制变量，例如企业人均资本变量，来控制企业的资本密集度对企业规模的影响；又如企业年龄变量，控制企业各种积累能力的影响效应。年份、地区与隶属关系作为虚拟分组的控制变量。在此基础上，形成计量模型。分别按行业为基础进行 OLS 回归，主要结果报告如表9。

核心解释变量的回归结果：（1）运营成本变量，其回归系数均

表9　国有企业规模最大化模型的检验（1998—2008年）

	全部	食品加工	食品制造	饮料制造	烟草加工	纺织	服装加工	皮毛制品
企业年龄	0.0068*** (28.92)	0.0029*** (4.51)	0.0027*** (2.66)	0.0066*** (6.62)	0.0099*** (4.76)	0.0096*** (11.85)	0.0049*** (2.78)	0.0059** (2.42)
人均资本	0.498*** (144.70)	0.510*** (51.84)	0.493*** (34.02)	0.515*** (30.89)	0.462*** (9.53)	0.400*** (33.11)	0.460*** (19.31)	0.396*** (13.46)
总资产利润率	0.276*** (8.28)	0.274*** (3.73)	0.686*** (5.02)	0.761*** (4.24)	1.367*** (3.16)	0.740*** (4.28)	0.189 (1.09)	0.700** (2.32)
实际利率	-2.272*** (-38.17)	-1.806*** (-18.23)	-2.251*** (-10.45)	-3.086*** (-11.13)	-2.797*** (-2.26)	-3.007*** (-12.46)	-2.146*** (-6.30)	-2.067*** (-6.27)
管理费	0.428*** (137.70)	0.327*** (44.57)	0.323*** (27.49)	0.355*** (24.64)	0.437*** (11.54)	0.395*** (36.69)	0.364*** (20.30)	0.316*** (12.19)
运营成本	0.114*** (74.36)	0.123*** (28.95)	0.142*** (20.50)	0.162*** (18.48)	0.0694*** (7.31)	0.112*** (19.45)	0.107*** (12.27)	0.126*** (8.30)
中央企业	0.0469*** (2.96)	0.225*** (2.77)	-0.170* (-1.85)	-0.131 (-1.07)	0.562*** (2.91)	0.209** (2.13)	0.0224 (0.16)	0.0998 (0.30)
省属企业	0.0595*** (4.61)	0.126** (2.54)	0.0365 (0.54)	-0.0612 (-0.81)	0.527*** (2.71)	0.268*** (4.62)	-0.0129 (-0.18)	-0.249* (-1.75)
地市企业	-0.0603*** (-6.24)	-0.111*** (-3.25)	-0.130*** (-2.73)	0.144*** (2.74)	0.182 (0.95)	0.265*** (6.46)	-0.227*** (-3.91)	0.00150 (0.02)

续表

	木材加工	家具制造	造纸制品	印刷	文体用品	石油加工	化学制造	医药制造
企业年龄	0.0023* (1.65)	0.0041 (1.32)	0.0093*** (6.43)	0.0104*** (12.22)	0.0058* (1.91)	0.0094*** (3.88)	0.0114*** (13.75)	0.0083*** (7.31)
人均资本	0.539*** (26.93)	0.410*** (11.00)	0.570*** (27.71)	0.596*** (40.81)	0.439*** (11.16)	0.445*** (12.02)	0.554*** (48.38)	0.512*** (27.14)
总资产利润率	0.00750 (0.04)	-0.0000859 (-0.00)	0.279 (1.31)	1.152*** (9.66)	1.043*** (3.16)	-0.350*** (-3.47)	0.0773 (0.71)	0.476*** (3.21)
实际利润率	-1.268*** (-7.15)	-1.407*** (-5.15)	-2.597*** (-7.53)	-1.537*** (-5.05)	-2.226*** (-3.01)	-2.037*** (-5.30)	-2.931*** (-13.36)	-2.897*** (-7.58)
管理费	0.356*** (17.06)	0.366*** (9.73)	0.394*** (23.26)	0.471*** (43.67)	0.439*** (9.19)	0.534*** (16.92)	0.427*** (39.94)	0.397*** (20.39)
运营成本	0.145*** (12.71)	0.147*** (6.32)	0.127*** (13.34)	0.0978*** (18.35)	0.114*** (6.70)	0.0965*** (6.74)	0.109*** (19.11)	0.119*** (12.83)
中央企业	0.146 (1.13)	-0.147 (-0.78)	0.0281 (0.25)	-0.172*** (-3.00)	-0.740*** (-4.68)	0.0589 (0.55)	0.0395 (0.71)	-0.0856 (-1.23)
省属企业	0.303*** (3.43)	0.0588 (0.44)	0.0766 (0.89)	-0.212*** (-4.31)	-0.266* (-1.68)	-0.0578 (-0.45)	0.218*** (5.10)	-0.0918* (-1.69)
地市企业	-0.0777 (-1.25)	-0.105 (-0.99)	0.0534 (1.10)	-0.276*** (-5.78)	-0.322*** (-3.19)	0.0812 (0.95)	0.0700** (2.22)	0.0366 (0.83)

续表

	化学纤维	橡胶制品	塑料制品	建材	钢铁	有色金属	金属制品	普通机械
企业年龄	0.0096*** (2.78)	0.0104*** (4.67)	0.0091*** (5.30)	0.0073*** (10.92)	0.0149*** (8.65)	0.0071*** (4.63)	0.0110*** (9.23)	0.0091*** (11.22)
人均资本	0.492*** (11.23)	0.504*** (15.13)	0.457*** (24.37)	0.549*** (56.70)	0.561*** (22.56)	0.496*** (20.28)	0.454*** (26.86)	0.465*** (34.18)
总资产利润率	0.952** (1.98)	0.433 (1.40)	0.397** (2.33)	-0.0468 (-0.67)	0.284 (1.47)	-0.0259 (-0.21)	-0.0479 (-0.35)	0.442*** (3.02)
实际利率	-2.939*** (-2.87)	-2.550*** (-6.58)	-2.831*** (-8.73)	-2.344*** (-18.79)	-4.555*** (-6.91)	-2.432*** (-6.65)	-2.522*** (-8.19)	-3.162*** (-11.25)
管理费	0.537*** (10.90)	0.369*** (12.61)	0.388*** (21.90)	0.390*** (46.46)	0.422*** (21.26)	0.490*** (24.10)	0.410*** (27.44)	0.454*** (35.05)
运营成本	0.108*** (4.91)	0.157*** (9.13)	0.112*** (12.58)	0.105*** (24.90)	0.111*** (11.90)	0.143*** (15.37)	0.120*** (17.27)	0.124*** (23.22)
中央企业	0.0780 (0.36)	-0.0591 (-0.36)	-0.0650 (-0.67)	-0.0563 (-1.14)	-0.00473 (-0.04)	0.187** (2.09)	0.0300 (0.48)	0.0104 (0.22)
省属企业	0.302* (1.76)	0.0920 (0.73)	-0.0861 (-1.20)	0.0588 (1.58)	0.528*** (5.92)	0.171** (2.26)	0.0552 (0.96)	0.0257 (0.64)
地市企业	0.176 (1.16)	0.0696 (0.79)	-0.208*** (-3.91)	-0.0353 (-1.38)	0.0596 (1.09)	-0.0193 (-0.33)	-0.143*** (-3.27)	-0.0137 (-0.40)

续表

	专用设备	交通运输设备	电气机械	电子及通信设备	仪器仪表	其他制造
企业年龄	0.0071*** (8.70)	0.0123*** (13.86)	0.0049*** (3.64)	0.0088*** (5.32)	0.0046* (1.72)	-0.0250** (-2.59)
人均资本	0.449*** (33.41)	0.529*** (39.82)	0.449*** (25.79)	0.441*** (16.17)	0.378*** (12.64)	0.528*** (6.76)
总资产利润率	0.865*** (5.44)	1.344*** (9.99)	0.770*** (4.03)	1.088*** (4.24)	0.252 (0.78)	0.717 (1.01)
实际利率	-3.338*** (-10.04)	-2.790*** (-8.51)	-1.396*** (-2.79)	-1.579** (-2.25)	-2.392*** (-6.36)	4.433*** (3.44)
管理费	0.481*** (39.79)	0.513*** (46.04)	0.544*** (26.35)	0.511*** (15.13)	0.386*** (13.77)	0.465*** (6.30)
运营成本	0.119*** (20.66)	0.114*** (23.51)	0.0986*** (11.20)	0.0912*** (6.28)	0.114*** (8.58)	0.0445 (1.64)
中央企业	0.188*** (3.62)	0.107** (2.56)	-0.204*** (-3.18)	-0.202** (-2.18)	0.0846 (0.53)	0.000368 (0.00)
省属企业	0.0186 (0.41)	-0.0437 (-0.99)	-0.0188 (-0.31)	-0.206** (-2.27)	-0.327*** (-2.65)	-0.360 (-0.98)

续表

	专用设备	交通运输设备	电气机械	电子及通信设备	仪器仪表	其他制造
地市企业	-0.00126 (-0.03)	-0.177*** (-4.84)	-0.0895* (-1.79)	-0.354*** (-3.94)	-0.379*** (-4.06)	0.703*** (2.92)

注:①被解释变量为企业总资产取对数;解释变量分别对运营成本、管理费用、人均资本取对数;实际利率=财务成本/总负债;利润/总负债=总利润率=财务成本以下的企业以下的控制变量的回归结果。②控制的虚拟变量包括企业隶属等级,以地市隶属以上工业企业数据库。为节省篇幅,略去省份与年份与地区的控制变量的回归结果。

资料来源:国家统计局规模以上工业企业数据库。

为显著的正值，表明企业成本是随着规模而递增。（2）管理费用也是如此，不仅显著为正，而且系数相当大，表明随着规模的扩大，管理费用的相应增加更快更多。（3）企业的实际利率显著为负值，表明企业投资越多，利息支出越少。这可能也是国有企业投资扩张的一个原因。即使成本上升，但是利息下降，因而可以抵消成本上升的不利影响。上述三个解释变量都涉及成本，前两项成本综合起来表明企业的规模带来的成本递增，超过了融资成本下降带来的效益。由于在成本中还可以隐藏很多难以直接观察到的个人消费和福利，利益输送和交换，等等，这些都会促使企业通过扩大规模来搭便车，因而能通过成本上升满足这些效用目标。

企业的利润率（roa）指标，在制造业的 30 个产业中，12 个与规模基本不相关，1 个表现为显著的负相关。这表明规模扩张与企业盈利能力没有什么相关性，甚至可能呈相反变动趋势。这种情况在石油加工行业十分明显，即规模越大，企业亏损越多。这些表现为与利润率不相关的产业包括钢铁、有色金属冶炼、金属制品、仪器仪表和其他制造业等。也就是说，不管这些企业是否具有竞争力，它们依旧保持着持续的投资扩张行为。

以上检验结果表明，企业的融资约束基本不存在，投资规模越大，则融资成本越低，因此，不仅没有约束作用，反而起着推动规模扩张的作用。企业市场竞争力的约束仅存在于部分下游产业，而在上游的重化工、资源等部门，基本上没有什么市场约束力。由此可见，除了以上可量化成本因素外，势必还存在很多隐含的难以量化的因素在推动企业扩张行为。这里包括企业高管追求的等级地位和晋升因素等，还有更多的因素隐藏在企业的成本之中，例如企业的公款消费、私人福利、设租寻租和利益输送等。否则，我们就无法解释，为什么企业规模扩张伴随着绩效下降而依然在持续。究竟为什么这样无利可图的企业还能够进行投资扩张？其中原因，大家想必都十分清楚，"亏了是国家的，盈了是自己的"。

五　现行激励机制及其产生的效应

通过结合以上统计分析的结果，我们基本证实了国有企业行为及相应机制的本质特征，这就是在缺乏基本约束条件下，以成本递增为代价，来追求企业规模最大化。

国企的现行激励体制包含着多元化目标，在这些目标的复合体中可以看到，除了可量化指标可以检验外，其他无法量化的指标，例如高管的晋升地位、福利待遇、私人利益之类，只能根据现实中的大量真实案例，并通过与上述指标的相互关联性加以逻辑上的判断。例如，当某种可量化的市场经济指标出现明显反常，那么其所包含的某些不可量化的因素就会越多，来自行政体制或市场外的激励也就可能越多，这样才能弥补市场激励方面的不足，达到某种平衡。或者，当企业成本递增、利润微薄甚至亏损时，企业仍然还在扩张，从实践和逻辑上可以认定，它们可以从成本中而不是从利润中获得更多效用的满足。

我们能够发现一个完整的国有企业行为的系统模式。企业的多元化目标，使之能够充分利用转轨过程中的市场和政府体制的交集，在这两者之间，寻找最有利的获益机会。多元化目标能够成功地保护企业免受竞争压力和相应风险，但是却降低了企业有效率的核心竞争力。因为存在各种保护伞和其他可选择的效用最大化机会，而无必要坚持不懈地努力增强竞争力。这就是一元化目标与多元化目标的差异。

现行的国有企业激励机制结合了市场和政府的双重性质，一方面是采用行政制度激励，另一方面是采取企业控制权激励，将这两方面配套，形成国有企业特有的激励机制。一般来说，控制权激励来自市场，是具有完全自主权的企业特征，而行政等级制来自政府，是计划体制下的企业特征。然而国有企业的控制权并非完全来自市场，而在很大程度上来自政府授权，于是就形成一套独特的激励机

制，即政府行政体制主导下的企业控制权。这种机制给企业较大的
市场空间，但又不失对企业的把控，把具有较大自主权的企业纳入
政府的行政控制系统。这种机制的特点就是行政体制与控制权的配
套激励，其好处是在政府不失权力控制的条件下，能够利用市场激
励来适当提升企业效率。

不可否认，企业控制权变革给无数企业带来了积极有效的促进
效率提高的效果。然而，企业控制权通常是市场竞争的产物，是企
业竞争力的结果，而不是某种外部行政力量授予的。因而这是把
"双刃剑"，一方面固然是激励，另一方面也是可能包含腐败的黑箱。
也就是说，在产生激励的同时，也会产生腐败，尤其是这种权力缺
乏必要的外部市场约束。当企业控制权来自行政权力的授予，同时
后者又无法有效监控企业行为的情形下，其结果还不仅仅是腐败，
还有其他一系列的不良效应。

为了遏制腐败，政府引入了更多的行政上的激励约束机制。这
在过去的计划经济时期屡见不鲜的特征表现为，什么样的企业就有
什么样的级别，企业规模越大，级别越高。有了较高级别，除了规
定的薪酬待遇，还有其他相应的待遇，等等。这些与体制内地位相
关的待遇或回报，往往是以非直接货币化方式体现出来的，通常容
易受到种种官僚体制的支配，不具有市场公开透明性，而是具有更
多的服从性的计划安排特征，具有很大的体制保守惰性，缺乏积极
进取的面向市场的创造性行为。

为什么许多国有企业难以使用正常的市场激励机制？从企业来
看大致有以下原因：

首先，难以确定合理的市场契约关系，难以给企业创新者形成
合理的市场预期回报。因为国有企业已经习惯了过去按层级结构的
体制规范运行，其遵循的主要是官场规则，而非市场规则。企业的
人力投入的预期即使考虑了市场回报效应，但最后仍然要落实在体
制地位方面，体制的干预效果要大于市场的激励约束，因此来自市
场的激励效应会大打折扣。

其次，企业面临的外部市场具有很大的不确定性，大量的人力物力的创新型投入，也不一定能够得到满意的预期效果。采用单纯的数量投入或模仿跟进式投入，则能得到较为确定的企业规模的扩张效果，也会带来稳定的预期回报效果。

再次，大量的人力资本要素，包括管理要素、技术要素、知识产权要素，等等，缺乏在市场上取得独立地位的条件，无法在市场上进行交易或流通，因而也无法形成相应价格。没有价格的人力资本，也就没有独立的谈判条件，无法在企业获得界定清晰的合理契约，结果不得不依附于原有体制。在这样的依附关系下，很难会有人的创新潜力得以充分发挥。

因此，当来自市场激励的行为受到削弱，而来自行政方面的约束激励机制得到强化，使得企业追求规模最大化的行为得到加强。结果，这样的激励机制可能产生十分不合理的消极效应。归纳起来，大致有以下几个方面：

①追求规模最大化，以数量投入和模仿跟进方式投资，造成低效率的产能过剩。

②没有合理激励去创新，缺乏核心竞争力。

③追求个人效用最大化，难以避免腐败。

④追求垄断的市场势力，依靠行政壁垒，以大压小，导致不公平的市场竞争。

以上不良效果，包括数量投资、产能过剩、腐败等现象，我们早已熟知，但是它们的微观基础何在，却不是每个人都清楚的。政府对投资过度和产能过剩总是采取"面多了加水"之类的短期权宜之计，而不是从企业行为上根治病症。对于腐败等行为，更是单纯地试图走行政化管理的老路来遏制，不知"双刃剑"可能会伤及自身。国有企业的扩张或腐败，在于其效用最大化的行为动机，只要体制基础在，就难以杜绝。如果说腐败最初是来自市场化和企业控制权，那么只能通过更深入有效的市场化竞争机制加以遏制，辅之以合理的市场规制以及配套的严格法制，才能从根本上解决，单纯

靠政府去行使人治监管是无济于事的。

对于创新者来说，人的潜力的充分发挥，取决于他面对的回报机制，通过互动式的市场机制，才能最大限度发挥其能动性。这样的反馈机制越直接透明，反馈时间越短越快，则效果越好。相对冗长复杂的官僚机制的传递环节来说，市场机制具有更好的信息反馈的传递效果，往往也更真实可靠。即使市场本身是不确定的，但是这个机制是确定的，它就能够明确地揭示市场信息，因而给予生产者明确的信号。在市场信息公开、没有人为操纵的基础上，这样的市场机制就是可靠的，能够给人以较合理的创新预期。

六 结论和政策含义

本文建立了国有企业最基本的目标函数模型。在这个理论框架下，通过统计检验，我们证实了国有企业追求规模最大化目标的行为模式，是在缺乏正常的市场约束和融资约束的条件下，同时在政府主导的激励机制下，出现的必然结果。由此在现实中产生了一系列的不可避免的消极效应。

现在面临的两难是，通过行政方式激励企业做大做强，因而产生追求规模最大化的产能过剩、成本递增等消极效应，还是依靠市场激励企业，产生主动创新的积极效应？简言之，企业的激励约束是来自市场，还是来自政府？现在政府似乎选择了折中的后者，然而，这样的结果往往是两方面的好处难得，而弊端兼得：企业不仅能够借助多元目标获取更多利益，还能够得到政府的垄断保护而免于竞争压力。在这样的双重机制下，企业能得到最大化的好处，虽然可能会面临一些风险，但总的来说，好处更多：企业可进可退，进可得到来自市场的好处，退则有体制的保护。

现实中，政府用自己最为拿手的行政的"人治"方法来管理企业，这实质上依旧是以行政等级控制结构来主导国有企业，导致难

以实现市场化激励。实际上，依靠国有企业的最终所有人——各级政府，无法确定一个能包括所有交易信息在内的契约，因而也无法通过确立一个最优契约来实现公司治理。现在我们出问题最多的就是这些产权边界模糊的地带，从产能过剩，到设租垄断，再到权钱交易的腐败，种种不良效应往往都来自企业具有的这种多元化效用目标的体制。

改革最为简单的办法之一是，确定企业的一元化目标函数。一旦确定哪些产业或企业要按市场化运作，就要实行市场激励，以市场绩效作为一元化的发展目标，政府放手，给予企业控制权，大胆推进创新，并由市场来约束其行为。否则两头都沾边，产权边界模糊，最容易出问题。因此，实行分类改革，确定政府和市场之间的清晰边界，是目前最为迫切的改革选择，这个问题不解决，其他都是空谈。对于那些市场失灵，不适合完全市场化的公共部门或公益部门，则可以按照政府激励机制运作。

在市场激励制度下，确立合理合法的权益配置，确立最优企业契约，才是避免腐败同时又能实现最优市场化改革效果的核心。这里的关键在于，尽快推动市场化的成熟，加强横向市场关系的形成，尤其是形成要素市场可流动的平台，打破各种垄断壁垒，打破以纵向条条为基础的行政控制机制，才有可能真正通过市场化的最优资源配置，实现最优公司治理和股权配置的优化效果。否则，在垄断体制下，任何混合所有制之类的改革，都无法实现最优配置。打破垄断，充分发挥市场激励的积极作用，应是改革的当务之急。

参考文献

王万珺、刘小玄:《为什么僵尸企业能够长期生存》,《中国工业经济》2018 年第
　　10 期。

Jensen, M. and Meckling, W., "Theory of the Firm: Managerial Behavior, Agency
　　Costs and Ownership Structure", *Journal of Financial Economics*, Oct., 1976.

Oliver Hart:《企业、合同与财务结构》（*Firms, Contracts, and Financial Struc-*

ture），牛津大学出版社 1995 年版，格致出版社 2016 年版。

Ronald H. Coase，"The Nature of the Firm Economic"，*Economic*，Vol. 4，No. 16，November，1937.

（原载《南方经济》2018 年第 12 期）

编选者手记

本书收集了刘小玄 1987—2018 年在国内发表的十几篇论文，文集的编选工作是按照时间顺序来做的。由于篇幅限制，未能选入更多的论文，而将选入的论文聚焦在企业改革的经历、理论及经验分析方面，反映了那个改革时代的重要特色。

在编选这些论文的过程中，发现所涉及的论文及相关问题的研究几乎与企业改革的过程完全同步。回顾一下，中国的企业改革是从国企扩大自主权开始的，紧接着扩大自主权之后就是承包制的推行，这个过程持续了若干年。在这段时期，相关的几篇论文都涉及国企最初的改革，扩大自主权和引入奖金激励的效果评价。随着企业改制的逐步深入，开始涉及产权问题，研究也继续从理论上深入，运用现代企业的契约理论来探讨中国企业的剩余支配权的问题。此外，刘小玄还深入调研，密切结合实践撰写了一些调研报告，其中有涉及改革过程中国企面临的问题、民营企业的发展及其行为特征、国企进行分立重组的案例研究，等等，由于篇幅的限制，而未能收入本书。

刘小玄的研究成果中的一个突出特点是，注重经验分析或实证研究，在当时实证研究缺乏的中国经济学领域是一个亮点。中国在改革初期，经济学研究也相当落后薄弱，急需从理论和方法上都开辟出一条新路，以便适应新时代的发展和融入国际化的需求。刘小玄的研究大量地采用了当时比较先进的计量分析技术，用来测定和评价中国的改革绩效。刘小玄运用世界银行项目的调查数据，测定并比较了国有企业、集体企业和乡镇企业的效率；运用中国社会科

学院与英美学者的国际合作项目中的企业调研数据，测定了国企的技术进步和效率，并探讨其决定因素的研究；运用国家统计局的普查大数据，分析了工业企业的所有制结构/产权结构对效率差异的影响。这些实证研究的成果来自实践的经验数据，因而能够合理评估改革的效果，对中国的市场化改革转轨具有积极的影响效果。

刘小玄的几篇获奖论文，反映了她在不同时期具有代表性的研究成果。伴随着改革的深化，国有企业的改制席卷了全国，民营化也成为很多企业的选择。刘小玄在这个改革过程中进行了大量的调研，访问了企业的不同利益相关者。以现代公司治理和契约理论为基础，根据这些来自改革实践中的第一手资料，发现了一些问题，为了实现满足各个利益相关者的基本利益目标，建立了相应的多元化的最优均衡。论文《国有企业民营化的均衡模型》正是反映了那个时代的特色，是从那个时代的社会改革实践中抽象出来的理论模型，不仅具有一定的理论意义，更具有推动和优化改革的积极效应。因此，2003 年该论文获得了孙冶方经济科学奖。

在论文编选的过程中，通过每一篇论文，都能感受到那个改革时代跳动的脉搏，回忆起那些令人难忘的改革岁月。这些论文凝结着作者辛勤的汗水，包含着她为促进改革的不懈努力，同时也为中国的企业改革历程留下了比较完整的宝贵记录。

本书收集的刘小玄 1987—2018 年的研究论文，代表了这个时代的改革特征和面临的各种值得研究的理论与实践问题。这些论文紧密联系中国的改革实践，尤其是中国国有企业改革的基本发展脉络，是研究中国改革经历的很有价值的参考文献。

刘小玄

2021 年 12 月

《经济所人文库》第二辑总目(25 种)

（按作者出生年月排序）

《汤象龙集》　　《李伯重集》

《张培刚集》　　《陈其广集》

《彭泽益集》　　《朱荫贵集》

《方　行集》　　《徐建青集》

《朱家桢集》　　《陈争平集》

《唐宗焜集》　　《左大培集》

《李成勋集》　　《刘小玄集》

《刘克祥集》　　《王　诚集》

《张曙光集》　　《魏明孔集》

《江太新集》　　《叶　坦集》

《李根蟠集》　　《胡家勇集》

《林　刚集》　　《杨春学集》

《史志宏集》